当 代 世 界 学 术 名 著

Men, Women, Messages, and Media:
Understanding Human
Communication (2nd Edition)

# 传播学概论

## 第二版

新闻与传播学
译丛
大师经典系列

[美] Wilbur Schramm
威尔伯·施拉姆
威廉·波特
William E. Porter / 著

何道宽 / 译

中国人民大学出版社
·北京·

新闻与传播学译丛·大师经典系列　　　　　　　　　展江　何道宽 /主编

# "当代世界学术名著"
# 出版说明

　　中华民族历来有海纳百川的宽阔胸怀，她在创造灿烂文明的同时，不断吸纳整个人类文明的精华，滋养、壮大和发展自己。当前，全球化使得人类文明之间的相互交流和影响进一步加强，互动效应更为明显。以世界眼光和开放的视野，引介世界各国的优秀哲学社会科学的前沿成果，服务于我国的社会主义现代化建设，服务于我国的科教兴国战略，是新中国出版工作的优良传统，也是中国当代出版工作者的重要使命。

　　中国人民大学出版社历来注重对国外哲学社会科学成果的译介工作，所出版的"经济科学译丛"、"工商管理经典译丛"等系列译丛受到社会广泛欢迎。这些译丛侧重于西方经典性教材；同时，我们又推出了这套"当代世界学术名著"系列，旨在迻译国外当代学术名著。所谓"当代"，一般指近几十年发表的著作；所谓"名著"，是指这些著作在该领域产生巨大影响并被各类文献反复引用，成为研究者的必读著作。我们希望经过不断的筛选和积累，使这套丛书成为当代的"汉译世界学术名著丛书"，成为读书人的精神殿堂。

　　由于本套丛书所选著作距今时日较短，未经历史的充分淘洗，加之判断标准见仁见智，以及选择视野的局限，这项工作肯定难以尽如人意。我们期待着海内外学界积极参与推荐，并对我们的工作提出宝贵的意见和建议。我们深信，经过学界同仁和出版者的共同努力，这套丛书必将日臻完善。

中国人民大学出版社

# "新闻与传播学译丛·大师经典系列"
# 总　　序

　　新闻与大众传播事业在现当代与日俱增的影响与地位，呼唤着新闻学与传播学学术研究的相应跟进和发展。而知识的传承，学校的繁荣，思想的进步，首先需要的是丰富的思想材料的积累。"新闻与传播学译丛·大师经典系列"的创设，立意在接续前辈学人传译外国新闻学与传播学经典的事业，以一定的规模为我们的学术界与思想界以及业界人士理解和借鉴新闻学与传播学的精华，提供基本的养料，以便于站在前人的肩膀上作进一步的探究，则不必长期在黑暗中自行摸索。

　　百余年前，梁启超呼吁："国家欲自强，以多译西书为本；学子欲自立，以多读西书为功。"自近代起，许多学人倾力于西方典籍的迻译，为中国现代社会科学和自然科学的建立贡献至伟。然而，由于中国新闻学与传播学的相对年轻，如果说梁任公所言西学著述"今之所译，直九牛之一毛耳"，那么新闻学与传播学相关典籍的译介比其他学科还要落后许多，以至于我们的学人对这些经典知之甚少。这与处在社会转型过程中的中国的社会经济文化发展的要求很不协调，也间接造成了新闻与传播"无学"观点的盛行。

　　从1978年以前的情况看，虽然新闻学研究和新闻教育在中国兴起已有半个世纪，但是专业和学术译著寥寥无几，少数中译本如卡斯珀·约斯特的《新闻学原理》和小野秀雄的同名作等还特别标注"内部批判版"的字样，让广大学子避之如鬼神。一些如弥尔顿的《论出版自由》等与本学科有关的经典著作的翻译，还得益于其他学科的赐福。可以说，在经典的早期译介方面，比起社会学、政治学、经济学、法学、心理学等现代社会科学门类来，新闻学与传播学显然先天不足。

　　1978年以后，尤其是20世纪90年代中期以来，新闻与传播教育和大众传播事业在中国如日中天。但是新闻学与传播学是舶来品，我们必须承认，到目前为止，80％的学术和思想资源不在中国，而日见人多势众的研究队伍将80％以上的精力投放到虽在快速发展、但是仍处在"初级阶段"的国内新闻与大众传播事业的研究上。这两个80％倒置的现实，导致了学术资源配置的严重失衡和学术研究在一定程度上的肤浅化、泡沫化。专业和学术著作的翻译虽然在近几年渐成气候，但是其水准、规模和系统性不足以摆脱"后天失调"的尴尬。

我们知道，新闻学产生于新闻实践。传播学则是社会学、政治学、心理学、社会心理学等学科以及新闻学相互融合的产物。因此，"新闻与传播学译丛·大师经典系列"选择的著作，在反映新闻学研究的部分代表性成果的同时，将具有其他学科渊源的传播学早期经典作为重点。我们并不以所谓的"经验学派/批判学派"和"理论学派/务实学派"划线，而是采取观点上兼容并包、国别上多多涵盖（大致涉及美、英、德、法、加拿大、日本等国）、重在填补空白的标准，力争将20世纪前期和中期新闻学的开创性著作和传播学的奠基性著作推介出来，让读者去认识和关注其思想的原创性及其内涵的启迪价值。

法国哲学家保罗·利科（Paul Ricoeur）认为，对于文本有两种解读方式：一种是高度语境化（hypercontextaulisation）的解读，另一种是去语境化（decontextaulisation）的解读。前者力图从作者所处的具体社会语境中理解文本，尽可能将文本还原成作者的言说，从而领会作者的本意；后者则倾向于从解读者自身的问题关怀出发，从文本中发现可以运用于其他社会语境的思想资源。本译丛的译者采用的主要是第一种解读方式，力图通过背景介绍和详加注释，为读者从他们自身的语境出发进行第二种解读打下基础。

"译事之艰辛，惟事者知之。"从事这种恢弘、迫切而又繁难的工作，需要几代人的不懈努力，幸赖同道和出版社大力扶持。我们自知学有不逮，力不从心，因此热忱欢迎各界读者提出批评和建议。

"新闻与传播学译丛·大师经典系列"
编委会

# 译者序

## 版本

本书的英文版是威尔伯·施拉姆1973年旧作 *Men, Messages, and Media：A Look at Human Communication* 的修订本。新版增加了一位作者：威廉·波特。

施拉姆这本书已有两个中译本。由于原英文书名很长，如果直译，似不太符合汉语习惯，故以前的两个中译本都取其意而作了适当简化，香港中文大学余也鲁教授的译名是《传学概论：传媒、信息与人》，大陆的译本进一步简化为《传播学概论》（陈亮、周立方、李启译，新华出版社，1984）。龚文庠教授在北大英文影印版（2007）的"导读"中主张维护汉译本的"书名权"。我们这个新译本也主张沿用国内20多年来习惯的译名：《传播学概论》。

## communication 的考论与翻译

"communication"是一个形态不分明、界定不清晰的观念，很少有什么观念像它这样受陈词滥调的困扰。与其对应的拉丁语词"communicare"的意义是告知、分享、使之共同。"communicare"在14、15世纪进入英语，与英语的丰厚（munificent）、共享（community）等词有联系。起初，communication 丝毫没有心灵所指的意思：一般地说，communication 和具体的可触摸之物有关系。在经典的修辞理论中，communication 是一个表示风格的术语。

"communication"在英语里有三个意思：给予或告知（giving or imparting）；迁移或传输（transfer or transmission）；交换（exchange）。

到了20世纪20年代，"communication"才获得"传播"的意义。在此之前，其意义主要是"交流"。彼时，以无线电广播为代表的"大众媒介"促进了"大众传播"的发展。

点对点的交流（含一人对一人的面对面交流）也可以称为互动、交际、传播、人际交流、人际互动、人际传播。

点对面、一人对多人的交流多半是单向的"交流"，实际上是单向的"撒播"（dissemination）、"散播"（dispersion）、"迁移"（transfer）或"传输"（transmission）。

"communication"有很多意思，要看其所指领域而定。如上所述，用于人际交往时，它有三种意思：给予或告知、迁移或传输、交换。

仅以其中的第三种意思"交换"而论，它就有交流、交际、交往、沟通、交易等意思，甚至有"关系"（relations）和"性交"（intercourse）的意思。

"communication"还可用于物与物、动物与动物、机器与机器之间的信息流动。电路与电路之间有信息流动，机器与机器之间有信息流动，此可谓"通讯"；动物与动物、动物与人之间有信息流动，此可谓"交流"。

"communication"的翻译，实在是难。迄今为止，与其"对应"的译文有十余种：交通（比如交通银行、中西交通史）、交流（比如国际交流）、交际（比如跨文化交际、非语言交际）、交往（比如交往理论）、交换（比如形象交换）、流布（比如对外传播）、通讯（比如通讯理论）、沟通（比如互相沟通）、传播（比如传播学）、传通、传理……

在本书的翻译中，我大体上使用两条分界线。一条是时间分界线，一条是复合术语的分界线。时间分界线是 20 世纪 20 年代，此前的"communication"尽量翻译为"交流"，亦考虑翻译为"传播"，但断不会翻译为"传播学"。20 世纪 20 年代以后，"communication"的翻译则视情况而定，最多的译法是"传播"、"交际"、"交流"。然而在复合的术语中，"communication"多半都翻译成"传播"，例子有"传播理论"、"传播学"、"大众传播"、"信息传播"、"传播界"、"传播工具"、"传播技术"、"传播研究"、"传播行为"、"传播渠道"、"传播对象"、"传播媒介"。

同理，离开这本书的语境，经常可见的复合术语还有很多："传播学会"、"数字传播"、"图像传播"、"跨文化传播"、"跨学科传播"、"跨区域传播"等。

# "传播学"考

传播理论兴起于 20 世纪 20 年代，出现了五种互相交叠的视野：交流是公共舆论的管理；交流是语义之雾的消除；交流是从自我城堡中徒劳的突围；交流是他者特性的揭示；交流是行动的协调。

20 世纪 30 年代，大众传播和人际交流的分野奠定基础；传播学研究和通讯技术研究分道扬镳。在这十年里，以拉扎斯菲尔德为代表的经验主义传播研究走向成熟，后来就成为美国传播学的主流。这个学派的研究常常和商业活动有关，其重点是大众媒介的内容、受众和效果。

20 世纪 40 年代，施拉姆与社会学家拉扎斯菲尔德、政治学家哈罗德·拉斯韦尔、心理学家库尔特·勒温和卡尔·霍夫兰等共同开拓传播学研究的新领域。施拉姆将新闻学、社会学、心理学、政治学融为一炉，创建了传播学。

他创造了"四个第一"：建立首批以"传播"（communication）命名的教学单位和研究单位；编写首批以"传播学"命名的教科书；率先授予"传播学"博士学位；首位获得"传播学教授"头衔。他是当之无愧的"传播学之父"。

自此，以他和上述四大先驱为代表的美国经验主义传播学派就成为传播学的主流，深刻影响着世界各国的传播研究。

几乎同时产生的另外两个传播学派是：批判学派和媒介环境学派（media ecology theory）。三个学派的分野、博弈和旨趣请见下文。

# 三大学派

粗线条地说，传播学可以分为三大学派：经验学派、批判学派和媒介环境学派。经验学派注重实证研究，长期雄踞北美的传播学界，以施拉姆和四位先驱为代表。批判学派的代表有德国法兰克福学派、英国文化研究学派、传播政治经济学派和法国结构主义学派，以新马克思主义者和其他左翼学者为骨干。媒介环境学发轫于20世纪初的相对论思想，经过三代学人的开拓走向成熟，以麦克卢汉、伊尼斯、波斯曼、莱文森等人为代表。

美国经验学派在第二次世界大战期间诞生。由威尔伯·施拉姆钦定的美国传播学具有明显的热战背景和冷战背景，其首要关怀是宣传、说服、舆论、民意测验、媒介内容、受众分析和短期效果，其哲学基础是实用主义和行为主义，其方法论是实证研究和量化研究，其研究对象是宣传、广告和媒介效果，其服务对象是现存的政治体制和商业体制。

美国是实用主义的故乡，诞生于斯的传播学自然就沿袭了实用主义的治学传统，所以美国主流的传播学派顽固地坚守经验主义、实证主义和量化研究的路子。传播学的先驱之一的拉扎斯菲尔德将其命名为行政研究，他那被人广泛征引的文章《论行政和批判传播研究》（*Remarks on Administrative and Critical Communications Research*）就是这个经验学派的宣言书。

美国传播学的思想源头是19世纪中叶兴起的、由查尔斯·皮尔斯和威廉·詹姆斯开创的实用主义；传播学思想的滥觞之地是芝加哥社会学派，该学派的几代代表人物有杜威、查尔斯·库利、乔治·赫伯特·

米德、阿尔比昂·斯莫尔、罗伯特·帕克、赫伯特·布鲁默、欧文·戈夫曼等，他们的研究重点各有不同，但都从不同角度对传播和媒介研究做出了贡献。与此相似，稍后兴起的哈佛社会学派以及施拉姆奠基的伊利诺伊传播学派、拉扎斯菲尔德领衔的哥伦比亚传播学派也始终沿袭实用主义、行为主义和功能主义的路子。

第二次世界大战以后一波又一波引进美国的马克思主义的和非马克思主义的批判理论对既存的美国体制产生了强大的冲击。法兰克福学派是西方马克思主义的突出代表，对美国传播学产生影响的代表人物有霍克海默、阿多诺、马尔库塞、席勒、本雅明等。

这些学者高扬的意识形态批判旗帜，因不服水土，只能在高校和文人的圈子里掀起波澜。况且马克思主义本质上和"美国主义"格格不入，所以马克思主义的批判理论难以在美国产生持久的影响。

真正解放传播学的却是以麦克卢汉为代表的北美传播学的媒介环境学派。

20世纪50年代初，哈罗德·伊尼斯以两部篇幅不大的著作《帝国与传播》和《传播的偏向》阐述了富有原创性的"传播偏向论"，同时批判英帝国和当代资本主义在空间上的极度扩张，呼吁警惕美国文化对加拿大文化的负面影响，意在唤醒政府和民众抵制美国的文化霸权。他的背景是经济学，受芝加哥社会学派的影响。

1951年，麦克卢汉用《机器新娘》对美国文化的种种弊端和广告的"洗脑"本质进行了辛辣的鞭挞。20世纪60年代，他推出极富原创性的《谷登堡星汉》和《理解媒介》，以堂吉诃德的勇武单挑美国的主流传播学，把传播学从施拉姆的钦定体制和书斋里解放出来。他的背景是文学，受英国新批评理论的影响。

1970年，尼尔·波斯曼接受麦克卢汉的建议在纽约大学创建媒介环境学的博士点，高扬人文主义和道德关怀的旗帜，深刻反思当代美国社会的弊端，严厉批判技术垄断，揭示电视文化和通俗文化的负面影响，把美国传播学的批判意识提高到自觉的高度。他的媒介批评三部曲《娱乐至死》、《童年的消逝》和《技术垄断》把美国传播学的评判研究推向了一个新的高峰。他的背景是教育学和语义学，受麦克卢汉影响。

　　媒介环境学以人、技术和文化的三角关系为研究重点，以泛环境论著称，主要旨趣在传媒对人和社会心理的长效影响。这个学派的崛起有力地矫正了经验学派独霸、批判学派式微的局面，为传播学研究开辟了一方新的天地。

　　从哲学高度俯瞰这三个学派，其基本轮廓是：经验学派埋头实用问题和短期效应，重器而不重道；批判学派固守意识形态批判，重道而不重器；媒介环境学派着重媒介的长效影响，偏重宏观的分析、描绘和批评，缺少微观的务实和个案研究。

# 各章提要

　　译者大体同意龚文庠教授对施拉姆《传播学概论》的"四部"划分法和简短的提要。但他的评述太简略，而这本书在中国传播学发展史上又非常重要，所以它非常值得我们细细梳理。

　　第一章"传播的历史"虽不重要，却有一个惊人的观点：把15世纪中叶机器印刷发明以后的印刷品称为大众媒介。他说："15世纪40年代初，一些印制文献在欧洲面世；大约在1456年，谷登堡印制的《圣经》问世，这两个年代作为庆祝大众媒介产生的年代是恰如其分的。"（12页，指英文版页码，即本书边码，后同）

　　本章另一惊人之语是：大众媒介是革命的催化剂。他说："大众媒介一经出现，就介入了一切重大的社会变革，包括智力革命、政治革命、工业革命，以及兴趣爱好、愿望抱负和价值观念的革命。"（15页）

　　第二章"传播的功能"说不上重要，却也有一些惊人的亮点：

　　（1）三位心理学家对人类传播行为的解释：认知心理学家让·皮亚杰发现，儿童的行为已经有三种传播功能：社交、工具、满足功能；行为主义心理学家爱德华·托尔曼强调言语行为的工具性（笔者怀疑，托尔曼的判断似乎有点过分）；心理学家威廉·斯蒂芬森提出传播的游戏说。施拉姆对这三种解释都予以肯定，同时又指出，它们都是对传播行为的单因素分析，均有不足之处。比如他说："斯蒂芬森的游戏说固然有用，但以偏概全；不过，对传播效果的研究，游戏说能提出一些重要的命题。"（25 页）

（2）评述了传播学先驱拉斯韦尔有关传播行为的三种社会功能：a. 监控环境，b. 协调社会以适应环境，c. 使社会遗产代代相传。

（3）肯定社会学家查尔斯·赖特补充的传播的第五种功能——娱乐。

（4）归纳传播媒介的守望、引领、传授、愉悦功能："每一种传播媒介都发挥着重要的社会功能。也就是说，每一种传播媒介都好比是社会的守望者、决策的领袖与合作者、导师和艺人。"（33 页）

第三章"传播的过程"相当重要，有七个小节，分别是：信息的性质、传播关系、传播关系的双向性、传播契约、传播行为、电路与传播行为、传播如何起作用。重要的表述有：

（1）借用柏拉图的"洞穴暗喻"阐述传播的关系，认为传播关系中不存在客观事实或真相，两个人之间不存在直接交流的桥梁。（39 页）

（2）认为传播是双向的。"真正全然单向的人类传播，是难以设想的"，哈姆雷特的独白也是在与自己交谈。（41 页）

（3）传播者结成契约关系，符号是共享的，但对参与者而言，符号的意义并不完全相同。（42 页）

（4）以最简单的公式来概括，传播由三个部分组成：甲方、乙方和双方共享的符号；但在传播过程的某一瞬间，符号是完全独立的。（46 页）

（5）第七小节对传播的过程作了最简要的概括："社会传播过程要求至少有两个人。他们结成信息分享关系，共享一套信息符号。结成传播关系的目的是寻求信息、劝说、传授、娱乐或其他。"（51 页）

第四章"传播的符号"唯一值得注意的亮点是作者对符号性质、内涵、外延的深刻洞见：

（1）符号与意义是相对分离的，符号的意义因时因地因人而异："在一定意义上，符号的含义因人而异，随语境而变化；甚至对个人而

言，语义会因时而易。"（61页）

（2）符号是不完美的："符号不是完美无缺的载体，必然是从个人的经验中抽象出来的。任何一套符号都不能把个人的全部感觉传达出来，内心的活动是无法全部表达的……我们永远不能肯定我们'知道'另一个人的感受。"（61页）

（3）意义是个人的："意义显然是个人的，绝不能全部表达出来，也绝不会是人人共享、完全一样的。"（62页）

（4）符号是共享的："我们必然要共享一定的外延意义，这是基础，否则社会成员就不能交谈；同时，社会成员要在一定程度上共享内涵意义，如此，社会生活才能和谐与舒适。"（62页）

第五章"传播的代码"讲述人类的语言、思维和形象，当然要介绍最重要的"沃尔夫—萨丕尔假说"和索绪尔的语言、言语二分法。值得注意的是，作者介绍了早川会一提出的人类思维"抽象的阶梯"（ladder of abstraction）和肯尼斯·博尔丁对"形象"的论述。作者借题发挥，痛批思想的"简单化"倾向："面对复杂的概念和高度抽象的话语时，我们千方百计简化话语的编码。遗憾的是，办法之一是语义学家所谓的'两极价值取向'（two-valued orientation）。我们倾向于把概念、观念和人编制成非此即彼的代码，非好即坏、非敌即友、非成即败，规避细致的区分，不承认有些东西是亦此亦彼的。我们夸耀自己能考虑问题的两面，往往忘记了，第三个方面甚至第25个方面都可能是存在的，并且是值得我们注意的。"（84页）

第六章"传播的路径：谁与谁交谈"最大的亮点是施拉姆首创的"传播路径选择公式"。他断言，"这个公式是相当灵验的"，可以用来解释个人选择传播路径的或然率（96～97页）：

$$\frac{可能的报偿}{费力的程度} = 选择的或然率$$

作者列举了选择传播路径的若干因素：传播的信息很容易获取吗？传播的信息突出吗？传播的内容吸引人吗？个人寻求的是什么信息？个人养成了什么传播习惯？个人拥有什么样的传播技能？

第七章"传播媒介：大众传播渠道与人际传播渠道"共三节。

第一节"关于大众传播渠道与人际传播渠道的朴素心理学知识"研究不同渠道的差异。作者根据现有的心理学知识作了一些梳理，提出几个方面的差异：

(1) 不同传播渠道所刺激的感官各有不同；

(2) 反馈的机会各有差异；

(3) 速度控制的差异；

(4) 讯息代码的差异；

(5) 增殖功能的差异；

(6) 保存讯息功能的差异；

(7) 克服受传方选择能力的差异；

(8) 满足特别需要能力的差异。

第二节"两级传播论"指出该假说的五大错误，从以下几个方面对这一假说提出批评：

(1) "首先，它忽略了这样一个事实：大量的信息从媒介直接流向媒介使用者，无需通过中间人。"（111页）

(2) "其次，把社会分为领导者和追随者、主动参与者和被动参与者的观点是站不住脚的。"（111页）

(3) "再次，两级传播信息流适用于了解情况和作出决断的阶段，而不是在此前或以后的阶段。"（113页）

(4) "最后，'舆论领袖'的观念本身也被证明是过分简单了……舆论领袖是进行之中的变数。有各色各样、层次不同的舆论领袖……如果有一种'舆论领袖'的单一角色，那是不令人满意的。"（113页）

(5) "从媒介到领袖再到追随者这样的二级传播流程，也是不存在的。你可以把它想象为一种多级流程。更好的是把它想象为一种系统流程。"（113页）

第三节"麦克卢汉学说"对麦克卢汉作了恰当的肯定：

(1) "即使从肤浅的层次看，'媒介'一词的走红，麦克卢汉功莫大焉。须知，它过去主要是艺术家、细菌学家和大众传播专家的行话。"（115页）

（2）"不同传媒需要不同的想象力的观点，是一个大问题，在麦克卢汉之后，需要我们重新思考，为此，我们必须给他记一大功。"（118页）

（3）"麦克卢汉强调媒介本身的作用值得赞扬；他有些观点值得进一步研究，感知渠道的平衡和失衡的观点、线性的印刷文字对思维逻辑的影响的观点，都在此列。"（118页）

施拉姆对麦克卢汉的介绍有两点不足：（1）由于本书写作时历史条件的限制，他认为麦克卢汉"逐渐失去光芒"；（2）他误认为伊尼斯和麦克卢汉是师生关系，其实两人是同事关系。

第八章"大众媒介面面观"讲了四个问题：大众媒介的结构、功能、经营及知识产业。特色之一是两个示意图和大量数据。但所论多半是陈旧知识，故不赘述。

第九章"发送者、接收者与挑选过程"的重点是媒介把关人和受众，提出了一个令人略感一惊的命题：媒介＝把关人。他说："我们将媒体称为'把关人'，而不是过滤器，这个词是库尔特·勒温启用的社会心理学术语。大众媒介是信息在社会流通过程中的主要把关人。"（136页）

本章的最大特色是提供了大量的数据，用以显示受众接受和挑选信息的行为模式，七个附表非常实用。

第十章"社会控制与大众传播"研究控制媒介的理论问题和实际问题。所论几点比较敏感，未必容易达成共识。

（1）一切社会、每个国家都要管控媒体："每个国家都允诺本国人民享有表达思想的自由，然而各国都管控自己的媒体，只是程度不同而已，正如它管控一切社会机构一样。"（151页）

（2）梳理三种媒介体制：威权主义（专制主义）、自由至上主义、公有制。（151页）

（3）介绍美国新闻自由委员会所作的报告《一个自由而负责的新闻界》（*A Free and Responsible Press*）。

（4）诟病批判学派的观点："一批美国传播学家人数虽少，但声音很大，最著名者是赫伯特·席勒。他们认为，美国的大众媒介一直是

'文化帝国主义'的工具，阻碍并扭曲了新兴国家的发展。"（164 页）

（5）放任资本对媒体的"自我控制"，实际上等于不控制："美国的社会制度对控制媒介的态度是，实行最低限度的政治控制和政府控制，容许大量的经济控制，经济控制是通过私有制达成的。"（159 页）

第十一章"传播效果的若干模型（一）"和第十二章"传播效果的若干模型（二）"是全书的重中之重，介绍并批评七种传播效果模型，分别是：魔弹论模型、有限传播论模型、使用与满足论模型、采用—扩散论模型、说服论模型（含亚里士多德模型、卡特赖特模型和霍夫兰模型）、一致论模型和信息论模型。

魔弹论业已死亡。

有限传播论以哥伦比亚大学应用社会研究所为代表，其结论是：（1）"一般情况下，大众传播并不构成影响受众必要而充分的原因"；（2）"大众传播成为辅助的动因，而不是唯一的动因"；（3）大众媒介改变现状的作用，"必然有一个必备的条件"；（4）大众传播的效果"受到很多因素的影响"。（176 页）

在使用与满足论之下，作者介绍了几位学者的研究，他们是赫尔塔·赫佐格、伯纳德·贝雷尔森、布卢姆勒和埃利胡·卡茨。作者认为，这一模式给人启示，但尚不成熟。

经埃弗雷特·罗杰斯反复修正，采用—扩散论模型分为四个阶段：需求评估，了解信息，开始考虑，进行试验。（184 页）

亚里士多德的说服论模型偏重研究讲演人的品格。

卡特赖特的说服论模型偏重研究受传者，对其身上的变化感兴趣。

霍夫兰及其耶鲁大学同事的说服模型考虑一些基本问题，作出了以下初步结论：谁能成为最好的传播者？什么要素构成最有效的讯息？结论应当是明明白白的呢，还是让接受者去作出结论？应当怎样处理对立的论点？团体的因素有什么影响？团体的决策可用来影响个人决定吗？扮演角色有助于说服吗？个人的决定会随着时间而改变吗？劝说者能不能先给受众打预防针，使之对"敌对论点"具有免疫力呢？谁能成为最好的传播者？什么要素构成最有效的讯息？

一致论模型认为，受传者接触新的讯息时，需要新旧讯息的调和，减少冲突和矛盾，以求内心和谐一致，介绍的学者有：库尔特·勒温、海德尔、纽科姆、费斯廷格、查尔斯·奥斯古德、威廉·麦圭尔。

信息论模型介绍了两位科学家：信息论祖师克劳德·香农和控制论鼻祖诺伯特·维纳。

在以上七个模型之外，作者又介绍了一个新兴的互动论模型（transaction model），同时指出："互动论模型颇有希望，但尚待实验求证和理论定型。"（210页）

第十三章"大众媒介悄无声息的影响"共三节。

第一节"个人使用媒介所花的时间"不讲自明。媒介尤其电视消耗了现代人生命中的大量时间："不知不觉间，大众媒介就重新安排了我们的生活。除非我们自问自省，否则我们就难以觉察其强大影响。"（220页）

第二节"我们的知识从何而来？"提到知识爆炸的双刃剑："我们把提供消息的大部分责任托付给大众媒介，并且要求它们为我们提供全世界的信息。这是人类历史上非凡的成就……但这一成就也有其危险。"（225页）

第三节"媒介的社会化作用"强调媒介尤其是电视在儿童社会化中的强大作用，作者引用麦克卢汉的一句话予以说明："你研究学校里的电视教育是浪费时间；真正的教育在学校外面，是在电视网和电视机中。"（226页）

作者指出媒介对人的终生影响："我们每天睡觉以外的时间，有四分之一至三分之一的时间用于媒介，也就是说，四分之一至三分之一的生命花在媒介上……我们不认识媒介把关人，甚至绝不会与之谋面，可是我们却拱手让他们决定……媒介的长期效果伴随我们终生，挥之不去。"（229页）

第十四章"大众媒介比较明显的效果"共六节，前五节（舆论、媒介人物、媒介事件、媒介的议程设置、广告）都很重要，精彩纷呈；最后一节"媒介对经济和社会发展的作用"研究"发展传播"，即媒介在发展中国家的作用。

第一节"舆论"指出政界人士和学者都一致同意："电视使美国政治剧变。"（231 页）

第二节"媒介人物"列举读者熟悉的政治人物如罗斯福、丘吉尔、肯尼迪，指出媒介包装的强大影响："民调、电脑和电视已成为全国竞选中必不可少的媒介……'包装'能强化已有的政治忠诚。'包装'能帮助新的候选人、不太知名的政治人物，媒介可以帮助他们打造在公众面前的形象。"（234 页）

第三节"媒介事件"挟历史学家丹尼尔·布尔斯廷论"假性事件"的权威，论述宣传者利用媒介"制造""媒介事件"，"包装"候选人："新一代的媒介事件由过去个人的活动演变而来，过去竞选人要靠自己造势，现在由媒介代劳了。"（237 页）

第四节"媒介议程设置"讨论媒介把公共议程强加于公众的强大力量："新闻业是一种先行的力量。它设置公共讨论的议程，其席卷一切的力量不受任何法律的约束……新闻界捕捉住了重大的问题并将其塞入讨论的议程时，问题就能自动运行、促使人行动了，环境问题、民权运动、越战的清算、沸沸扬扬的'水门事件'等都是新闻界率先将其列入议程的。"（238～239 页）

作者认为，媒介议程设置胜过两级传播论："议程设置的新理论浮现出来，总体上看，它似乎比两级传播论更为有用。"（239 页）

这一节介绍的人物有李普曼、西奥多·怀特（白修德）、伯纳德·科恩等。

第五节"广告"不言自明，一个有趣的例子是流行歌手凯特·史密斯小姐为推销战争公债而作的 24 小时马拉松"公共服务"。（244 页）

最后一章"信息革命"内容陈旧，容不赘述。

# 译本批评

余也鲁的《传学概论》署名时选用"译述"，有两个原因。第一，他的译本并非百分之百的原文照译，经过作者施拉姆的同意，他有所增删，增加了相当数量的中国例子，并因此而作了一些相应的删节。第二，我猜想余先生比较讲究中文的地道、顺畅，刻意摆脱欧式句法的束缚。这固然好，但稍一过头就可能太"活"（free）；用翻译批评家的话说，就可能出现一些过于"归化"的现象。

龚文庠教授对陈亮等三人《传播学概论》译本的评价是："译者态度严谨，译文应属高水准，但也有不少可以商榷之处。"这一评价还是比较公允的，但如果读者有机会仔细对照这本书的英文原版研究，你或许会觉得，有必要对龚教授的批评作一点修正。首先，尽管三位译者比较认真，但由于历史条件和知识积累的局限，类似龚教授指出的问题还不在少数，有些似乎比他指出的问题更加严重，比如把千年万年前的传播现象、行为、过程翻译成"传播学"就很不妥当；须知，传播学还不到一百岁。其次，如果把余本和陈本略一翻检，就可以看到，余本中文地道、老练，而陈本的句式相当"欧化"，很多长句的理解和表达似乎还有一些问题。

现在奉献给学界和读者的这个译本如何，恳请批评指正。一切翻译作品都是遗憾之作。随着时间的流逝，总是能够发现一些问题。承蒙几家出版社不弃，我自己的若干译作近年将有新的译本面世。请允许我借此机会向他们表示感谢，顺便表明自己的心迹：（1）尽力奉献力所能及的最佳译本，为学术繁荣尽绵薄之力；（2）为作者、学界、读者、出版社和自己负责；（3）为社科翻译摸索一些经验；（4）为后人留下一些可以长期流传的国外经典和名著。

**何道宽**
于深圳大学传媒与文化发展研究中心
2010 年 2 月 13 日

# 序

本书是威尔伯·施拉姆（Wilbur Schramm）1973 年旧作《人、讯息与媒介：人类传播概览》（*Men，Messages，and Media：A Look at Human Communication*）的修订本。新版由两位作者撰写，书名略有修改，意在反映过去 10 年里社会规范的变化。修订版的语言考虑到了这些新的规范。

初版和新版的设计，都试图向读者介绍传播过程（communication process）。传播过程这个术语涵盖范围很广，开车的人看见路牌上的"停"字、《纽约时报》的报道、计算机科学家为电脑编写的自我矫正错误的指令，均在其中。

本书的设计不是传播研究路径的常规方式。第一次世界大战前，大学开设了"新闻系"和"讲演系"。两者都是研究语言表达的，一是研究写作的艺术，一是研究讲演效果的艺术。探求两个系各自领域知识的驱力使之分道扬镳，自然是在所难免。新闻系的老师分析报刊及后起的广播，他们传授的新闻学技艺就由此而生；讲演系老师考察的自然是讲演里的心理学问题。最后，这两个系和其他领域比如心理学、社会学、政治学、语言学的学者产生了一些共同的兴趣，他们开始研究传播的效果，并对人们交流过程中的现象进行系统的分析。

这些研究模式的发展过程势必有交叠的情况，学者们开始审视彼此的研究成果，但引导学生入门的工作基本上还是分成两个领域。一般地说，新闻院系学生的入门课是大众传媒概论，其基础是详细描绘每一种主要媒介，后续的课程是新闻写作和编辑。而传统的讲演系则反向而行，先练讲演的基本技巧，然后才学习其他的课程；讲演系分析讲演的结构、讲解和说服等要素。

这些模式是好的，效果也不错；对初入门道的专业人员尤其有效。新闻系的学生想以写作比如新闻报道为生，讲演系的学生想以口语比如广播为业。

然而，无论环境或设备带来什么变化，一个独创的举措总是始终如一，成为这两个系教学和研究的基础。本书第一版试图从崭新和综合的视角来表现这个基础，介绍大众传播，将其作为研究人类生活与社会的一部分，既反映这个领域的现代知识，又使之具有可读性，并无需社会科学和研究方法的高深知识。

新版遵循同一范式，同时又作了一些修改，以便反映教学过程中知识的增长和经验的积累。比如，卷首论述语言性质的章节作了一些修改，意在反映语言起源理论研究的现状；论大众媒介的章节并不试图详细描绘这些重大的社会机构的各个方面，无意详而不漏；但对媒介研究入门书最重要的内容，我们却着墨甚多；重点是受众的构成、受众接触电视和印刷媒介的性质、新闻的采编过程。有关大众媒介的社会控制，新版作了详细的阐述和更新。

然而，最实质性的修改是传播效果那一章。我们评述了几种主要的理论，对其历史发展语境也作了介绍。

最后一章讲明天的传播。未来的时代是面向计算机、录音机、个性化广播和互动式广播的时代，是信息储存和交换的新系统的时代。显然，我们进入了这样一个新时代的开端。有些历史学家称之为信息时代，有人又称之为信息革命。对可能即将发生的事情，这个时代的名称并不太重要。新的传播技术尤其是计算机、通讯卫星和微电子技术可能会大大促进传播的流量和力度。实际上，计算机可能会成为 20 世纪最后一二十年里最伟大的传播机器。有可能产生这样的结果：获取、分类并储存大量信息的能力将成为国力的主要资源，信息资源可能会堪比自然资源、产业发展和军事力量的资源。我们增写这一章作为本书压轴之作，讲述这种戏剧性发展对我们大家具有的重大意义。

除了上述内容修订外，我们还在各章末尾追加了一些思考题和进一步研读的书目，以便使这一版对老师和学生更加实用。

最后需要说明的是，本书初版由威尔伯·施拉姆独撰，所以许多文字用的是第一人称。新版保留了这样的指称，所以书中的"我"指的是威尔伯·施拉姆。

本书的修订受益于许多学者和读者的建议，在此深表谢忱，却难以逐一列举。其中一些惠助者是保罗·拉扎斯菲尔德（Paul Lazarsfeld）、哈罗德·拉斯韦尔（Harold Lasswell）、伊锡尔·普尔（Ithiel de Sola Pool）、丹尼尔·勒纳（Daniel Lerner）、埃利胡·卡茨（Elihu Katz）、亚历克斯·埃德尔斯坦（Alex Edelstein）、杰拉德·克莱因（F. Gerald Kline）、史蒂文·查菲（Steven Chaffee）、唐纳德·罗伯茨（Donald Roberts），当然还有哈珀-罗（Harper & Row）公司的出版人。使用第一版的学生用书面和讲演的形式谈了他们的体会，对此我们深表谢意。以上人士和其他读者使我们能够推出更好的第二版。

威尔伯·施拉姆

威廉·波特

# 目  录

# 第一章　传播的历史

　　写下这些文字的时候，我抬头能眺望到夏威夷错落有致、郁郁苍苍的青山。如果极目遥望地平线上的海岸，我能辨认出首批岛民登陆的地方。1 200年前，他们从石器时代里走出来，驾乘最简陋的工具制造的独木舟来到这里。历经漫长的5 000年，他们胸怀神祇，携儿带女，带着干粮，从一个岛屿漂泊到另一个岛屿，航行千万里，从东南亚来到夏威夷，在浩瀚的大洋上，他们与狂风恶浪搏击，在荒无人烟的小岛上，他们与天地战斗，历尽我们今天难以想象的千辛万苦。他们在一个又一个的熔岩岛上登陆，播下携带的种子，移植自己的文化，建立自己的家园。

　　首批夏威夷居民已经善于交流。他们观天象，善于观察风浪，能够利用气象和洋流信息来航海。他们的语言相当发达。虽然尚无文字，但他们能够用图像和刻画来记录信息，而且能够把口语用作有力的工具。凭借口语的交流，他们创建了有效的政府和愉快的家庭生活。他们能表达非常细腻的思想和关系。他们能够说服别人一道到无边无际的汪洋大海里去探险，在遭遇挫折的时刻，他们能够让同伴消除疑虑、增强信心。他们传承航海的口头传说、信仰和仪式、风俗和习惯，按照自己希望的方式生活，而且能够在没有文字的情况下使这一切代代相传。他们在夏威夷登陆，感到大地的震颤，看到远山的烟火，此时，已知的信息使他们意识到，这就是火的女神佩莱夫人（Madam Pele）；他们知道如何用祈祷、祭祀和舞蹈与女神交流。

## 第一节　"传播"的含义

且慢，"他们知道如何与女神交流"，此话怎讲？

1935 年，批评家兼哲学家肯尼斯·伯克①向一家出版社提供书稿时，建议用《传播论》(*Treatise on Communication*) 作书名。出版社否决了这个书名，认为"communication"一词可能会使读者联想到电话线！伯克这部大作之所以定名为《永恒与变革》 (*Permanence and Change*)，原来如此。

我们不能责备一词多用，这一现象广泛渗透在我们的思想和言行中。但我们至少必须弄清楚，使用"communication"一词时，我们说的是什么意思。本书既不谈（至少不直接谈）电话线，也不讲运输（经济学家论"communication"说的就可能是运输），亦不讲阅读课和书写课（我们的孩子在小学里学到的"communication"就是这个含义），也不论大学一年级学生的英文课和讲演课（课余时间给人看孩子的大学生在"传播学"课程中学到的就是我们所谓传播一词的含义），亦不是论述成功的交流（我们说"哈里很善于交流"，这就是我们所谓交流的含义）。事实上，我们将会发现，交流的失败和交流的成功一样能给人启示。

本书论述人类社交的基本过程。传播是工具，社会之所以成其为社会全赖传播这一工具。传播（communication）和社区（community）

---

① 肯尼斯·伯克（Kenneth Burke, 1897—1993），美国文学家、修辞学家，既从事创作，又致力于批评，"新修辞"代表人物，视野开阔，涉猎面广，用符号行为、语法、修辞和辩证法去探索传播，代表作有《对历史的态度》、《文学形式的哲学》、《动机修辞》、《动机语法》、《永恒与变革》等。——译者注（本书页下注若无说明，均为译者注）

的词根相同并非偶然现象。没有传播，就不会有社区；没有社区，也不会有传播。人类传播的特征是使人类社会有别于动物社会的主要特征。

社会学家查尔斯·库利[①] 70 年前的一段文字颇有说服力。他说，传播是"人类关系赖以存在和发展的机制，是一切心灵符号及其在空间上传递、在时间上保存的手段"[1]。人类学家爱德华·萨丕尔[②]为《社会科学百科全书》（*Encyclopedia of the Social Sciences*）撰写的"传播"词条具有深刻的洞察力：

> 谈到社会时，我们似乎常常把它看成一个静态的结构，由传统界定。实际上，从更本质的意义上说，社会绝不是这样的。社会是一个高度复杂的网络，由各种组织成员之间达成的部分和完全的谅解组成。无论从规模还是复杂性来看，社会组织都大不相同，小至一对恋人、一个家庭，大至一个国家联盟以及更大范围的人类社会，即由于新闻媒体的跨国影响所能结成的人类社会。表面上看，社会是社会机构静态的总和；实际上，个人交流时的传播行为焕发社会的活力，以其创造性确认社会的存在。所以，我们不能说，共和党是自足的存在，只能说，共和党之所以存在，那是因为简单的传播行为不断支撑着它的传统。比如，约翰·多伊投票选共和党的票，他就传达了某种讯息。又比如，五六个人某时某地正式或非正式地聚会，商量几个月后在共和党代表大会上提出什么关乎国家利益的意见，包括真正的或想象的关乎国家利益的意见。共和党这个历史实体仅仅是一种抽象，其基础是成千上万具体的传播行为，它们具有某些共同而持久的特征。如果把这个例子扩大到一切可以想象的领域，我们很快就会意识到，每一种文化模式、每一个社会行

---

①　即查尔斯·霍顿·库利（Charles Horton Cooley, 1864—1929），美国社会学家和社会心理学家，传播学研究的先驱，著有《人性与社会秩序》、《社会组织》、《社会过程》等。

②　爱德华·萨丕尔（Edward Sapir, 1884—1939），美国语言学家、人类学家、文化语言学和结构主义语言学的奠基人之一，以研究印第安人的语言著称，与老师沃尔夫一道提出著名的"萨丕尔—沃尔夫"假说，代表作为《语言》等。

为都涉及交流，都与传播有或明或暗的关系。[2]

社会是各种关系的总合，这个社会共享某种信息。我们要明确一点：传播是人们所做的某种事情。传播本身没有生命，没有任何神奇的东西，唯有人们在传播关系中注入其中的讯息。讯息本身没有意义，唯有人们注入其中的意义。因此，研究传播时，我们在研究人，研究人的关系，人与群体、组织与社会的关系；研究他们怎样相互影响；怎样接受影响，怎样提供信息和接受信息；怎样传授知识和接受知识；怎样愉悦别人和被愉悦。要了解人类传播，我们必须了解人与人是如何建立联系的。

两人或多人相聚，试图分享某种信息。他们可能很不相同。由于生活境遇不同，他们携带信息的符号可能会大不相同。经验差别越大，他们释读符号时注入的信息越是不同。"疼痛"、"饥饿"这些概念的理解很可能是相同的，因为我们大家都有过这样的经验。即使这样，一种文化里强忍感情、"紧抿上唇"的传统也有可能被另一种比较愿意公开显露感情的文化所误解。然而，对生活方式不同尤其文化背景不同的人来说，"自由"、"共产主义"和"道歉"之类的字眼显然会造成麻烦。

然而请特别注意，传播并非完全依靠语词来进行，大部分传播不需要借助语词。手势、面部表情、音调、声音大小、强调的语气、接吻、手搭在肩上、理发与否、八角形的停车标志等信号都在传递信息。

传播并不是简单的关系。早在1949年，金斯利·戴维斯（Kingsley Davis）就对传播关系的间接性做过这样的论述："一个人靠另一个人的行为去进行推断……揣测对方想要传达的思想感情。他回应的不是对方的行为，而是他揣测的思想感情；同理，对方也对他的思想感情及其背后的意义做出回应，而不是对他的行为做出回应。"[3]传播过程中传递的一切都是符号，包括印刷符号、语音或动作，交流者总是要揣测符号背后的含义；不是揣测符号的含义，而是揣测符号使用者的意思。更准确地说，那就是从符号的含义去推测对方想要表达的意义。因此可以说，在传播关系中，你总是在用"第三只耳朵"来听弦外之音。

当传播关系运转良好的时候，其结果就是某种"协调一致"，这就是人类的奇异经验之一。传播关系不顺利时，其结果是误解，有时甚至是敌视，而且常常造成与本意截然不同的行为。然而，传播关系大体上能正常运行，这个过程使我们能够在脑海里形成各种印象，这些印象组成环境路线图，成为我们行动的向导。

本书研讨的就是这样的传播过程、我们利用这个传播过程的方式，以及传播对我们和社会的影响。

## 第二节　传播的黎明

现在回头看首批夏威夷的移民。大约在公元 750—800 年间，他们乘独木舟在此登陆，爱上了他们看到的地方，决定在这里定居。在漫长的传播史中，他们已相当先进。打一个比方，如果从单细胞生物到阿尔弗雷德·怀特海①或阿尔伯特·爱因斯坦的传播史是一只 24 小时的时钟，夏威夷人已经到达 23：59 分的位置。

如果说传播始于原始的单细胞生物，那似乎有一点牵强，但它们也能够处理信息，而处理信息就是传播的实质。如果从什么有营养、什么无营养的角度说，它们至少能够绘制环境的地图。不过，它们的讯息是化学物质。从单细胞生物的化学信息到高级动物用感觉器官吸收信息、发出信号，这是传播史上一个伟大的飞跃；至于这个飞跃过程，尚无人作过记录。和奥林匹克最佳的跳高纪录比较，从培养皿里的信息加工细菌到高级动物用感觉器官、中枢神经系统和肌肉进行的双向交流却是一个漫长的过程，需要数亿年的长跑。这一飞跃克服了认识自我的巨大障碍，克服了加工环境信息的严重障碍，确立了与其他实体的关系。然而，即使完成了这一飞跃，生物才刚刚到达我们心中的现代传播的门口。

①　阿尔弗雷德·怀特海（Alfred North Whitehead，1861—1947），英国数学家、教育家和哲学家。其与罗素合著的《数学原理》被称为永恒的伟大学术著作。创立了 20 世纪最庞大的形而上学体系。

　　我们谁也不会怀疑，狗能交流。肯尼斯·博尔丁[①]在他睿智风趣的《形象》(The Image)一书里说，就我们所知，狗不知道在它生前有过狗，也不知道它死后还会有狗。狗在追逐猫时肯定是要传播讯息的，但是就我们所知，它们从来没有在事后停下来说："这次追逐很精彩，但还没有昨天那么出色。"也不会说："要是你们堵住那条胡同，它就跑不了啦！"[4]然而，来到夏威夷的石器时代的人就能做到那一切。他们能够加工信息，批评并改进自己的行为。他们能够想象自己没有经历过的过去，也能想象自己不会身历其境的未来。他们能够处理善、恶、权力、正义等抽象概念。此外，他们交流的技能已经达到相当高的水平，能够根据需要和目标形成对环境的印象，在头脑里加工这些形象；他们脑海里的环境形象随着环境的变化而变化，同时又推动他们去改变环境。

　　从首批双向交流的动物出现到首批在夏威夷登陆的双向交流的人之间，有一个漫长的时期，其间发生的传播是感官延伸以掌握更多信息的过程；语音和手势不断延伸以发送更多的信息；人发送的讯息越来越容易传递，在时间和空间更容易与人分离。如此观之，马歇尔·麦克卢汉[②]把媒介比喻为人的延伸，这倒是对传播史恰如其分的描绘；不过，早在我们如今理解的媒介出现之前很久，这样的延伸过程就已展开了。[5]

## 第三节　语言的起源

　　在洪荒时代的蒙昧状态中，在某时某地，人这种动物带着几许踟蹰

---

①　肯尼斯·博尔丁 (Kenneth Boulding，1910—1993)，美国经济学家，曾任美国经济学会会长，论著宏富，代表作有《和平经济学》、《经济学的重建》、《组织革命》、《经济政策原理》、《20世纪的意义》、《超越经济学》等。

②　马歇尔·麦克卢汉 (Marshall McLuhan，1911—1980)，加拿大英语语言文学家、批评家、传播学家，传播学多伦多学派旗手，媒介环境学派第一代主将，把传播学从书斋解放出来，功莫大焉，声名大起大落，20世纪60年代和21世纪如日中天，20世纪80年代堕入低谷。随着数字时代、网络时代的来临，对他的评价逐渐趋同：时代先知。

和犹豫，却迈出了伟大的步子，这是毫无疑问的。他们发明了语言。此前的数百万年里，动物已经在彼此交流；数百万年后，动物才能够归纳已经学会的信号。动物号叫，借以表示厌恶和警告。但在某一神奇的时刻，一只动物突然学会了发出容易传递的信号，把它在号叫中发出的警告传递给某一只动物，但不止如此，它发出的信号还适用于一类动物、一类事件和一类事物。换言之，人学会了说"我不喜欢猫"或"不要走进我的洞穴"。此时，他们就不必在说话时用手指向猫或洞穴了。

语言是怎样产生的呢？我们只能猜测。和其他许多重大事件一样，我们可以相当肯定地说，大事发生时，并没有人认识到那是大事。然而，在某时某地，正在形成中的人学会了声音信号，其特点是：便于携带，无论在哪里都表示相同的意思，无需手指对象，无需站在其旁边，或对其号叫。语词符号开始补充信号。怎样补充呢？我们还是只能猜测。

有些猜测产生了巧妙而有趣的名称。一种是"汪汪"说（"bow-wow" theory），它认为，语词是在模拟自然声音的过程中形成的，比如模拟狗叫、雷鸣或波涛的声音。另一种是"感叹"说（"poo-poo" theory），它试图说明，言语是在不由自主的情感表达中形成的，比如表达疼痛、高兴、害怕、满意的声音逐渐演化成了语音。还有一整套理论建基于一种假设：语词是在与身体动作密切配合的情况下形成的。有位苏联学者推测，最初的语音仅仅是体姿的伴生现象；语音剥离出来以后，仍然保留了姿态和手势的含义。

有些理论家提出了"歌唱"说（"sing-song" theory），认为语词是在初民的吟唱中形成的，他们在吟唱中表达感情，庆贺重大的事情。还有些理论家提出了"嗨哟嗬"说（"yo-heave-ho" theory），认为语词是在劳动号子中形成的。另一种理论是"呀呀"说（"yuk-yuk" theory），认为在特别重要或令人激动的事件发生时，人发出了表示满意的声音，语词即由此演变而来。比如，吃到特别美味的蚌肉时，调动发音器官，发出"呀呀"声，就像尝试用身体做出某种动作一样，于是，这个"呀呀"声就和蚌肉等美味一道联系起来，留在记忆中。[6]

一种语言诞生的观点认为，语言的起源和工具的演变息息相关，语言学家对此不持异议。粗糙的工具比如切割器和刮削器可能早在 100 万年前就已经存在。早期的猎人手握工具时，发现难以再用手来比画；而在语言诞生之前，手势则是非语言交流的重要组成部分。猎人制造石矛、石刀，借以外出打猎。晚间狩猎、身居黑暗的洞穴时，语音信号不再是主要活动的偶然伴生现象，而是可以接过许多视觉信号和手势的功能。于是，人学会了灵巧地试验发音器官，就像他使用手一样地灵巧。

对于这段史前史，我们难以十拿九稳去作出判断。所有的事实都深埋在过往的云烟之中。实际上也没有必要去选择哪一种理论，因为这些理论本质上都一样。它们都认为，某些正在形成中的人已开始把某些声音同某些经验或行为联系在一起。这些声音获得了最初与之联系的经验中的一些含义。这样的推测是讲得通的，因为今天的儿童就是这样学会许多语词意义的。他们看见一只动物，抚摸它，听一听它的叫声，闻一闻它的气味。听人叫它"狗"，反复听见别人叫它"狗"，之后，"狗"的语音就在他们的脑子里唤起了那种动物的形象，那就是他们看过、摸过、听过和闻过的动物。在文明的滥觞期，人在大地上生活时，就把语音与环境中的要素联系起来了。

原始初民最初是如何把事物和语音的联系抽象出来的呢？最初的"呀呀"和类似的语音是如何开始泛指一切美味的蚌而不专指某一只蚌呢？他们如何发现，某一语音泛指"吃"或"食物"而不专指某一种食物呢？他们如何把语音连缀起来给动作或关系命名呢？他们如何学会表达极其微妙的关系以区别过去、今天和明天呢？重要的是，他们做到了。这是一个漫长而艰辛的过程。经过成千上万年，他们积累了越来越多的语词、基本的语言常规；今天的儿童只需三年就可以学会先民成千上万年积累的语言常规了。这种人性化的技能，加上与之相关的智能的发展，使某一群人获得了生存的优势。有了新的语言工具以后，原始初民就能够更有效地审视环境并对其分类了；他们可以把考察的结果带回家再作决定，根据一切储存的信息来作决定；可以更有效地组织社会关系，将自己学到的东西传授给社会的新成员。换言之，他们加工信息的效率超过其他动物。

现在，世界上存在的语言和重要的方言不下 3 000 种。无论语言滥觞之初有多少源头，它们都是在无数的部落和部落群中形成的，这些部落彼此几乎没有接触，几乎没有必要去发展彼此相通的语言。每一种部落语言必然是部落人经验的反映，也是其发展中的文化的反映。

无数互不相通的部落语言如何减少到今天的 3 000 种语言，演变成十来种人口众多的语言比如英语和汉语呢？那一定是不同部落的人越来越多接触的结果，具体的原因有：旅行更为便利，贸易和商业增长，城市兴起，城邦和国家建立，开疆拓土和帝国的形成，以及权力、思想和威望的比较微妙的影响。语言演变的过程使人有必要寻找一些共同的语言，这个过程持续不断，其终极结果必然是走向一种世界语，当然这是一个漫长的过程。

# 第四节　文字的滥觞

沿着历史的小径，循着漫长的斜坡，在语言出现几十万年之后，兀然竖立着另一个里程碑：文字。人类学会将语音及其所指分离开以后，来到这个里程碑，又学会了把语音和发出语音的人分离开来，于是，语言符号就更易传之久远了。

我们知道，文字大约滥觞于公元前 4000 年，至于文字是如何兴起的，我们却知之甚少，就像对语言的起源不甚了了一样。但我们有把握说，文字不止起源于一个地方；文字是在用若干视觉手段的尝试—错误过程中兴起的；毫无疑问，文字是在以前的绘画经验中逐渐形成的。迄今为止，除了人以外，其他动物都不可能在没有外界帮助的情况下描绘周围的环境。动物的绘画能力闻所未闻；诚然，一些黑猩猩描绘出了一些抽象画，但那是有条件的：人的鼓励，人提供绘画的材料。尽管黑猩猩的"画作"展览并售出了，而且它们也物有所值，但它们并不是具象画，仅仅是线条和色彩的图形。人类在学会书写之前好几千年就已经在画画了，古人在洞壁、工具和饰物上描绘图案和具象画，表现出高超的技艺，而且有些图画还非常美丽。

这种技巧不限于任何一个部落或地点。法国南部、撒哈拉沙漠深处和澳洲土著人居住的地区都发现过古人的绘画，这些地区分布于世界各地，但表现猎人和动物的绘画都激动人心，非常美丽。许多画肯定有神奇的功能，或为图腾，或意在确保猎人有所收获，使他们能够在狩猎场上猎获到这些描摹的动物。也许，有些画记录了伟大的成就；有些画则可能是古代无名氏画家留下的，其内容可能就是伟大的梵·高①或塞尚②所想要记录的周围的美景。无论其功能如何，这些画都可以被认为是最初的书面传播形式；倘如此，书写的历史就长达二三万年而不是五六千年了。

语言是在将事件和经验抽象的过程中产生的，同理，文字是在将图画抽象的过程中产生的，目的是使稍纵即逝的语音符号传之久远。显然，为此目的，古人曾经尝试过许多办法。古人在手指头上结绳提醒自己做事，这种习俗可以追溯到几千年前，那就是结绳记事的时代。波斯的王大流士③给他的指挥官们一根打了60个结的绳子，并对他们说："爱奥尼亚的男子汉们，从你们看见我出征塞西亚人④那天起，每天解开一个结，如果解完最后一个结那天我还没有回来，就收拾你们的粮草，开船回去吧……"我们在地上打下界桩，以标明自己的矿藏开采权；同样，古人在石头或木头上刻下个人的标记，以标明自己的地界。石头被用来标明太阳阴影的最北点和最南点，太阳和月亮的运行周期被刻画在岩石上，标明天数，就像我们今天也用刻画符号计数一样。年历应运而生。显然，语词符号利用了这些计数符号和图画。

---

① 梵·高（Van Goghs，1853—1890），法国画家，后印象主义代表人物，用色富于表现力和激情，代表作有《星空》、《向日葵》、《有乌鸦的麦田》、《画架前的自画像》、《邮递员罗兰》等。

② 保罗·塞尚（Paul Cézannes，1839—1906），法国画家，后印象主义重要人物，代表作有《玩纸牌的人》、《圣维克图瓦山》等。

③ 大流士（Darius，前550？—前486），古波斯帝国国王，在位期间国力鼎盛，入侵希腊，败于马拉松。

④ 塞西亚人（Scythians），亦译斯基台人、西徐亚人，古波斯人的一支，起源于中亚，鼎盛时称霸西亚和南欧的广大地区，位于波斯帝国以北。

埃及和克里特的象形文字多半是图画,一符一音。中国的表意文字约有 600 个,多半具有象形和具象的特征,许多汉字显露出象形的源头(见图 1—1)。古代玛雅人的文字基本上是象形文字。现代书写符号的象形文字源头难以追溯,因为象形文字经过了长期不断简化的过程,以便规范、普遍适用和便于流传。用图画的形式写下一句话需要由艺术技巧高明的人来完成,并且需要大量的时间。人们需要的文字必须书写快,又省事。文字需要与复杂的口语挂钩,而不是回到直接的具象描写。因此,象形符号逐渐用来代表语音,而不是场景或事件。

象形文字就经过了这样的变化。这是一个抽象化和程式化的过程。书写时用的是声符,不用再描绘图画或图版。文字进入历史时业已程式化,虽然其具象的形态仍然保留了一些意义。如此,在汉语这样的语言里,意符多于声符,意符的象形成分使之有别于其他的意符。比如,许多中国人、日本人和朝鲜人的名字语音相近,但写下来却各有特色,外形不同。

*10*

**图 1—1   汉字从程式化的象形文字演变到今日汉字的过程**

资料来源:Lancelot Hogben, *From Cave Painting to Comic Strip*, New York:Chanticleer Press, 1949。

旅行逐渐增多，人群之间的接触频繁以后，文字才应运而生。迄今为止，许多口头语言尚无文字，所以世界上的文字种类不如口头语言多。然而，和口头语言一样，书面语不仅反映了人与人接触的增多，而且反映了疆域领土、思想交流和社群规模的扩大；尤为重要的是，书面语还反映其所处的文化背景。世界文字的基本分野是符号—音节文字和语词—表意文字。音节文字大概起源于中东的"肥沃新月"地区，传播到西方世界；表意文字起源于东亚，遍及中国、日本和其他亚洲国家。这两种文字的分野似乎反映了文化差异，至少我们能作这样的猜想。音节文字一音一符，学习、使用容易，变化也容易，很可能表现了西方对变革和增长的关怀。相反，表意文字是一词一符；儿童必须掌握 1 000 个字（而不是 26 个或 30 个字母），然后才能够读简单的文章，看来，这种文字和寻求稳定及历史感有关系。因此，正如有些学者所言，虽然古代中国经历了改朝换代，但它总体上长期稳定而祥和的气氛有助于汉字的稳定。毫无疑问，汉字也有助于朝代的稳定。这是因为中国的汉字不跟着口语的变化而变化，而欧洲的文字却不是这样的；法国人、德国人、斯堪的纳维亚人、荷兰人和西班牙人不能通话，也看不懂彼此的书面语，虽然它们都出自印欧语系。相比之下，4 000 多年来，中国人都能阅读汉语的书面语，虽然现代的北京话、广州话、上海话和湖南话听起来差别很大。

尽管如此，当时的人把文字的发明视为理所当然。然而，回头看来，那的确是惊天动地的大事。文字使人能在地球上传递信息，传递的范围超过说话人所到之处，超过烽火、旗帜或纪念碑能被看见的距离，也超过鼓声所能传递的距离。文字为后世保存大事或商定的事情，使人能够储存那些经验，而不用费力去记忆。于是，人们就能有更多的时间去加工当下的信息，未雨绸缪，而且，他们在必要时改变生活方式的能力就大大加速发展了。

古文明把文字的发明归功于神祇，这是古文明的典型特征。埃及人归功于智慧之神透特（Thoth），巴比伦人归功于命运之神尼伯（Nebo）；希腊人归功于奥林匹斯的传令官和使者赫耳墨斯（Hermes）。他们对文字珍爱有加。

# 第五节　大众媒介的产生

语言产生之前，许多动物进行交流已经有数百万年的时间；学会书写之前，人们用口语交流的时间以万年计；大众媒介出现之前，靠文字共享和保存知识及思想已经数千年了。

大众媒介是如何产生的？古罗马元老院每次开会后写在石板上的公报《每日纪闻》（*Acta Diurna*）可以说是第一种报纸，尽管它只有一个副本。这种报纸是写在石头上的，而地中海周围地区的文字通常都写在莎草纸上，后来则写在羊皮纸上。公元 2 世纪，中国人发明了纤维造的纸和书写用的墨。公元 8 世纪，中国人开始用雕版印书。中国人和朝鲜人用金属活字印书至少比欧洲人要早 100 年。优良的纸和墨、雕版印刷和亚洲的其他发明逐渐向西方传播。亚洲的雕版印刷至少比谷登堡的活字印刷要早 500 年。在中世纪后期，新兴印刷技术最常见的产品之一是纸牌。但是，在"印刷术"（指我们将其与谷登堡金属活字印刷联系起来的技术）出现之前很久，凡是有财力的西欧富人都能够雇用抄书人手抄书，并且给手抄书绘插图。我们知道，有些手抄书十分昂贵。例如，在 13 世纪初，为一本薄薄的手抄书支付的工资就相当于现在的 3 000 美元，这是送给一位法国公主的生日礼物。

15 世纪中期，德国的美因茨发生了一件事，有一个名叫约翰·根斯弗莱施的人把业已普及的印刷材料和方法综合起来，印制了多种宗教文本，每种均印制许多副本；他更广为人知的名字是谷登堡①。他使用油墨和纸张，这些技术最早是东亚发明的。他所用的印刷机是由西欧人酿酒的压榨机改装的，他排字用的金属活字也不是新发明，因为朝鲜人

---

① 约翰·谷登堡（Johann Gutenberg，1398—1468），德国金匠、发明了活字机器印刷，包括铸字盒、冲压字模、浇铸铅合金活字、印刷机及印刷油墨，印制了第一部机印版《圣经》（42 行《圣经》）。

早已在使用类似的金属活字。他发现了效率高的铸字方法；他排印的是音节文字，而不是表意文字。把所有这些要素组合起来以后，他创造了一种切实可行的印刷技术：一次印制多个副本，非常精美，成本相对低廉。15 世纪 40 年代初，一些印制文献在欧洲面世；大约在 1456 年，谷登堡印制的《圣经》问世，这两个年代作为庆祝大众媒介产生的年代是恰如其分的。

从技术上来看，谷登堡所做的，以及自他那个时代起一切大众媒介所做的，就是把一种机器放进传播过程，去复制信息，几乎无限地拓展人们共享信息的能力。传播过程几乎未变，但由于人们靠信息生存，共享信息的新能力就对人的生活产生了深刻的影响。

有些新国家刚刚从口语文化进入媒介文化，在这些国家里，我们可以看到，500 年的大众媒介发展期缩短了。世界上还有许多这样的村庄：路不通，人不识字，无线电广播尚未进入。表面上看，那里的生活常常有一丝迷人的悠闲色彩；时间的测算往往是看太阳的位置和身体的需要，而不是靠时钟。在这种传统的村落里，生活有时是艰苦的，寿命往往是短暂的。尽管如此，我们仍然可以看到，农夫下地、渔夫去收网的路上，偶尔也兴致勃勃地享受生活，他们在山坡上驻足观看小动物的打闹，欣赏初升的太阳。至于面对现代生活的我们，却常常有一丝懊悔：上下班拥挤的火车、排得满满的日程、课程表的压力等等，都使我们在这个现代化的世界上疲于奔命。

在传统的村庄里，就像在其他地方一样，知识就是力量。但在前媒介的文化中，权力的形式往往寓于老人身上，因为他们能记住过去的智慧、神圣的典籍、法律、习俗和家族的历史。广播和印刷品进入一个传统的村庄时，常常会引起令人叹为观止的变化。首先，可兹利用的信息大大增加。而且，传播的信息来自更远的地方。几乎在一夜之间，视野更加开阔了。生活的世界超越了最近的山头和目力所及的地平线。村民开始关心他人如何生活。权力离开能记忆祖辈历史的老人，转移到掌握了远方信息的人那里。一旦被记录下来，历史就成为共同财产。村民们的注意力转向可以带来变化的信息，而不是用来维持不变的信息。新观念和新形象在传播渠道中流动，作物的轮作、杀虫剂、疫苗、选举、计划生育、工程技术等新事物传播开来。于是，正如哈罗德·伊尼斯[①]精辟论述的那样，乡村生活从口头文化进入媒介文化之后，就偏重空间而不是偏重时间，其关注重点就是现在和将来可能变得如何，而不是过去的情况究竟怎样了。故此，变革的轮子就被驱动起来了。

大众媒介既是信息的倍增器，又是很长的信息传输管道；这两个问题将在以后的章节里进一步阐述。在这里，我们仅仅指出，媒介还是信息通道上强大的把关人，对什么样的信息能够通关放行拥有强大的权力。在此，媒介补充和取代了具有人格身份的把关人比如牧师、旅行者、老人；大众媒介出现之前，把关人的功能是由这些人行使的。传播机器能够聚集大量的信息，迅速使之倍增，并广泛使用这些信息，所以，在控制和流通信息的能力上，在聚焦人们的注意力方面，大众媒介代表着一个数量级上的跳越。

在地球生命时钟一天的最后一秒钟，大众媒介才开始被人使用。那一刻，印刷术和印刷品已经到达地球的各个角落。凡有人烟的地方都有无线电波。60 多个国家有了电视。几乎每一个国家都有了电影。在城市里，这些大众媒介被视为理所当然。但在非洲，男孩子们还在灌木丛中奔走相告放电影的大篷车来了的消息；父亲得意洋洋地催促儿子写下名字，向客人炫耀其本事，显示家族首次有了会写字的孩子；凡是看见诸如此类情景的人都绝不会怀疑大众传播那非凡的魅力。

今天，大众媒介非常普及，除了工作和睡觉以外，人们在大众媒介上花费的时间超过了任何其他日常活动的时间，这成了典型的生活方式。到 12 岁时，许多北美儿童看电视的时间大约和上学的时间相当。几乎一切新闻都来自大众媒介，结果，我们脑子里的一切形象几乎都来自遥远的环境。在媒介丰富的社会里，很大一部分娱乐节目是通过这些渠道传送的。商品要适应大众媒介的广告，人们的爱好至少在一定程度上是由媒介提供的形象形成的。

---

① 哈罗德·伊尼斯（Harold Innis，1894—1952），多伦多大学教授，加拿大经济学家、传播学家，媒介环境学奠基人，著有《帝国与传播》、《传播的偏向》等。

因此，围绕传播机器成长的传播机构比如通讯社、报业、电台、出版社、电影制片厂都成了信息通道上的权力极大的把关人。我们知道，印度发生的新闻大约只有 2‰～3‰能够送达美国印第安纳州的读者；首先，我们对这些新闻的全面性、准确度和深度将信将疑，所以，我们有理由担心这些新闻在我们脑子里留下的形象，远方重要环境的形象使我们将信将疑。媒介的力量为何使我们集中注意某一课题或某一人，而不是其他的课题或其他的人？考虑这个问题时，我们有充分的理由要问，这些把关人的决定是如何作出的，是受什么控制的？因为现代媒介和现代生活是互相交织、不可分割的。

是文艺复兴促进了印刷媒介的发展，还是印刷术促成了文艺复兴的思想和观念？这个问题并不是很重要。究竟是大众媒介促进了传统乡村的变化，还是乡村的变化促进了媒介的传入？这个问题也不是很重要。历史上有过一连串诸如此类的相互作用。书籍和报纸与 18 世纪欧洲的启蒙运动携手并进。报纸和政治小册子介入了 17 世纪和 18 世纪所有的政治运动和人民革命。人们对知识的渴求与日俱增，与此同时，教科书使大规模的公共教育成为可能。人们对权势者的不满情绪传播开来，此间，相继出现的报纸和电子媒介使普通人有可能了解并参与政治。

没有大众传播渠道，19 世纪的工业革命就不太可能使我们的生活方式发生如此之大的变化。这场技术革命给我们增添了大量的传播工具，相继出现的有照相机、放映机、麦克风、磁带录音机和盘式录音机、发报机和计算机——这一切只不过用了一百来年的时间。今天，正如我们已经指出的，在发展中地区，这个过程已大大缩短，信息媒介促进了雄心勃勃的革命；与此同时，信息媒介自身也成为这些雄心勃勃的目标之一。

我们在谈到社会变革与大众传播的相互作用时，用上了"革命"一词，这绝非偶然。大众媒介一经出现，就介入了一切重大的社会变革，包括智力革命、政治革命、工业革命，以及兴趣爱好、愿望抱负和价值观念的革命。这些革命使我们懂得了一条基本规律：由于传播是基本的社会过程，由于人首先是处理信息的动物，因此，信息状态的重大变革，以及传播在社会变革里的介入，总是和重大的社会变革相生相伴的。

因此，人类传播的样式和形态的变化速度本身就是重大的社会事实：从语言到文字的变革经历了几万年；从文字到印刷术的变革经历了几千年；从印刷术到电影和广播的变革经历了 400 年；从最初的电视试验到人类登月的实况播放经历了 50 年。

下一步会是什么变革？初露的端倪极目可见。我们将在稍后的章节里进一步谈到这些媒介。然而十分明显，我们正在进入一个信息时代；在信息时代里，知识而不是自然资源将要成为人类的主要资源，而且，信息将要成为力量和幸福的重要条件。彼得·德鲁克①指出：过去 25 年里出版的书籍，相当于 1950 年以前 500 年间所出版的书籍的总和；记录在案的科学家也许有 90% 是今天在世的科学家；在今天的美国，向公众提供知识的人数超过了农民和产业工人的人数。在今后半个世纪里，人们终将要适应自己加工和分享信息的非凡能力。他们必须要学会为自己的利益去使用这一能力，而不是为自己的毁灭去使用这一能力；必须学会为了进一步的人性化和社会化去使用这一能力，而不是为异化或退化去使用这一能力。因此，在这一历史时刻，评估一下我们所了解的人类传播，看来是有道理的。

**思考题**

1. 早在语言出现之前，家庭和部落聚居时，人必然一直在交流。语言出现之前，人类的交流是什么样子的呢？

2. "传播影响社会的形态，社会影响传播的形态。"这个过程如何运行？

3. 像英语这样有字母表的语言有何优势？像汉语这样没有字母表的语言又有何优势？两者相比各自的优势如何？

---

① 彼得·德鲁克（Peter F. Drucker, 1909— ），美国企业管理顾问，教育家和作家，对管理教育起到主导作用。著作等身，许多已经引进中国。代表作有《经纪人的目的》、《工业的未来》、《美国未来 20 年》、《公司的概念》等。

4. 人类传播史上伟大的第一步是语言，第二步是文字。此后还有什么发展的重要意义堪与其一比高低？哪些发展可有一比呢？为什么？

### 参考文献

[1] C. Cooley. *Social Organization*. New York: Scribner, 1909, p. 61.

[2] E. Sapir. "Communication." In *Encyclopedia of the Social Sciences*, 1st ed. New York: Macmillan, 1935, vol. IV, p. 78.

[3] K. Davis. *Human Society*. New York: Macmillan, 1949.

[4] K. Boulding: *The Image: Knowledge in Life and Society*. Ann Arbor: University of Michigan Press, 1956, esp. pp. 15 ff.

[5] M. McLuhan. *Understanding Media: The Extensions of Man*. New York: McGraw-Hill, 1966.

[6] For an interesting, brief treatment of this material, see M. Fabre, *The History of Communications, The New Illustrated Library of Science and Inventions*. New York: Hawthorne Books, 1963, vol. 9, pp. 12 ff.

# 第二章　传播的功能

　　我们与动物交流；传播渗透到我们所做的一切事情中。传播是打造
人类关系的素材。传播是一条溪流，贯穿人类历史，使我们的感官和信
息渠道不断延伸。我们业已实现从月球到地球的宽带通讯，正在寻求同
其他世界的其他生灵进行"交谈"。传播是各种技能中最富有人性的
技能。

　　但让我们再仔细地推敲一下有关传播技能的观念。传播实际上为我
们做了什么，我们实际上凭借传播做了什么？

　　听上去，这个问题像"为什么要吃饭？"或"为什么要睡觉？"一样
愚蠢。我们吃饭乃是因为饥饿。我们睡觉乃是因为困倦。我们呼叫"救
火！"，那是因为房子正在燃烧。我们说"对不起"，那是因为我们碰撞
了别人。

　　对我们而言，传播是自然而然、必不可少、无所不在的活动。我们
进入传播关系，乃是因为我们想要与环境尤其与人的环境建立联系。正
如前文里萨丕尔那段论述所言，社会是由传播关系构成的网络，主要靠
传播来维持。[1]

　　在观察者的眼里，传播似乎在社会机体里流动，就像血液在心血管

系统里循环一样，为整个有机体服务，根据需要时而集中在这一部分，时而集中在另一部分，维持身体各部的接触，保障身体的平衡和健康。我们习惯于生活在传播的汪洋大海中，已经很难想象如果没有传播如何生存了。

我们不妨设想，一个没有传播的社会会是什么样的社会？没有传播的世界又是什么样的世界？近年来，美国官方和中国官方处在冰冷的沉默之中。即便如此，交流还是通过许多渠道在进行：通过大众媒介发表的声明、显然意在传递讯息的政治行动、作为中介的第三国、搜集对方的情报。事实证明，在一个中立的国家安排大使级的"非官方"会议也势在必行。一批特殊的使节——乒乓球运动员实现了两国的交流，通过他们，一个国家的高级官员能够异常坦率地向另一个国家的人民发表讲话。

没有传播的群体又如何呢？天主教西多会的特拉普派（Trappists）禁止谈话，但并不禁止无言的交流。修士们依靠无数的行为交流：通过一瞥一笑交流，依靠遵守院规和作息制度交流，通过虔修交流，借以兑现承诺、实现团结的宗旨。

试想有这样一位隐士，他退隐到深山洞穴里去冥想，他试图避免与人交流——除非是有人到山里来向他求教。但是，沉思冥想这个行为本身就意味着内心的传播。他是在挖掘自己过去储存的信息，同时从无人的环境中得到他所需的信息；他不断思考，同自己讨论。他在同自己的每日祈祷书和其他书籍进行交流，而且在某种意义上说，是在同所有那些在思想上影响过他的人进行交流。他退隐山洞这一事实本身就在向世人传达一个讯息。而且，和圣方济各①一样，他也许会和鸟儿交谈。

由此可见，即使在极端情况下，传播也在进行之中。但大多数情况下，我们多半对传播习而不察，除非我们意识到自己在进行传播活动。相反，专业人士为杂志撰稿时就具有高度的自我意识，因而字斟句酌。政界人士在准备讲稿时，也很清楚自己准备与听众交流。反之，儿童在

---

① 圣方济各（Saint Francis of Assisi，1182—1226），意大利修士，组建方济会（Franciscan order，亦称"小兄弟会"），该会修士亲近自然。

成长过程中发出和接受讯息是自然而然的，全身都在活动，却不太考虑自己在怎样交流。他们知道，叫一声"爸爸"会得到父母的奖赏，稍后学会说"请"也会受到父母称赞，不过，即使这些行为也融进了自然的行为模式中。他们喜欢看电视，反复看自己喜欢的节目。上学以后，他们写作文时开始留意自己要发挥的题目；男士第一次给女士打电话时，就比较注意如何说话。除此之外，除非他们有语言能力缺陷或听力障碍或其他痛苦的障碍，他们都自然而然地与人交流，用他们在摸索过程中学会的行为去交流，去获得自己想要的结果。

成年以后，人们比较自觉地意识到传播的效果，也意识到不同方式的传播结果不相同。即便如此，成人也很难说清楚自己为什么交流。多年前，纽约的报馆罢工，伯纳德·贝雷尔森①利用这个机会在纽约人中进行抽样调查，问他们在没有收到报纸的情况下感到失去了什么。他的目的当然是借以找出他们为什么要读那些东西。但是，受访者发现，要说清楚自己最怀念什么是极其困难的。他们在问卷上勾出的栏目是服务性咨询，比如天气预报、电影时间表、晚间广播节目预告等；其实，这些缺失的资讯并不是使他们烦恼的主要原因。

许多受访者担心，他们正在失去某些重要的资讯。几位老人的回答是，担心有些朋友可能会在报馆罢工期间去世，而自己却无从知道。更令人烦恼的是，生活中隐隐约约缺少了什么东西：有人说，失去了"与世界的联系"；有人说，"脱离了接触的感觉"；还有人简单地说，"我每天都读报"。也许，贝雷尔森的调查最重要的发现是：读报已经融入人们的日常生活，这种传播行为已是极其自然的习惯，最初读报的原因已经消失在过去的影子中，荡然无存了。[2]

"传播有什么用"为何难以说清，这就是原因之一。另一个原因是，利用传播的种种理由往往是非常复杂的，未必能一望而知。再者，显性（有意为之）的传播功能未必总是考虑潜隐（无意为之）的传播的功

---

① 伯纳德·贝雷尔森（Bernard Berelson，1912—1979），美国社会学家，曾与保罗·拉扎斯菲尔德在俄亥俄州伊利县做"两级传播"研究。从事报纸的使用与满足研究，推动了内容分析法在传播研究中的应用。

能。[3]这是罗伯特·默顿①说的话，实际上，他的意思是，传播的实际结果并非总是有意为之的。例如，好心忠告预防癌症时，效果不一定是促使人去体检，反而可能把人吓得不敢去医院。"早上好"的问候未必导致友谊，反而可能引起怀疑：打招呼的人是否想借钱。最后，有关传播功能的分析大部分不得不通过外部考察来进行，所以我们发现，自己总是想要打开那个黑匣子，看看里面究竟隐藏着什么。

我们每个人至少能看见一个黑匣子，那就是我们自己身上的黑匣子。我们禁不住要问：你传播的目的是什么？我为什么要传播？

今天早上我从家里走出来，看见一个穿运动衫的人，我朝他笑笑说"早上好"。若要将这句话直译成新几内亚的部族语言，那可能有点困难。我说的早上"好"是天气"晴朗"的意思吗？不，今天天气恶劣，下着滂沱大雨，山洪暴发冲下山坡，我可能会被淋成落汤鸡。我是在道义上说"吉祥的星期五"吗？不，今天无特别之处，跟其他日子一样。我是在祝愿他"好"，祝他早上愉快吗？在某种程度上有这个意思。看上去他今天早晨能过得很好，然而我却相当烦恼，因为他能够到海边玩，而我却必须去上班。那么，我对他说的话究竟是什么意思呢？我能够作出的最合理的解释是，我是在履行我们自己的部族礼仪。我是在和他交流，表明我属于他的群体，属于他的文化；我不是外人，不是反叛者，也不对他构成威胁。换句话说，我是在确认一种令人舒适的关系。

这个人也对我说："你好吗？"他当然不是在关心我的健康。他的问候和我的问候一样：表达共享的社会成员资格和某种程度的友谊。他期望我的回答是"很好"，这也正是我的回应。事实上，我们似乎是在向周围发射社交雷达波，好比船只在雾中航行或飞机依靠仪器飞行一样。借此，我们确认自己的身份，也确认雷达屏上出现的他人的身份；证实我们同属一种文化，彼此友好。我们彼此问候，那早在预期之中。在有

①　罗伯特·默顿（Robert K. Merton，1910—2003），美国社会学家，长期供职于哥伦比亚大学，结构功能主义的代表人物之一，著有《17世纪的英格兰技术与社会》、《社会理论与社会结构》、《站在巨人的肩膀上》、《理论社会学》、《科学社会学》、《科层结构与人格》、《大众信念》、《科学发现的优先权》、《科学界的马太效应》、《社会学中的结构分析》等。

些作家的笔下，人类关系是"晚间相会的航船"，但这种关系并不是我们最密切最亲密的关系，而是我刚才谈起的那种接触。我们生活中很大一部分交往都是这样的接触。在诸如此类的接触中，传播起到雷达的作用，成了身份认同的信号，也成了早期预警系统——至少在观察者看来是如此。

试再举一例：在烟雾缭绕和充斥着闲聊的鸡尾酒会上，一个年轻人问一位漂亮姑娘："抽烟吗？"表面上看，他是在请她吸烟。实际上，他是在表达兴趣，无疑，他希望她表现出同样的兴趣。他通过敬烟表达共同的文化身份，希望她会接过烟，以确认共同的文化身份。也许她不赞同吸烟，也许她认为男青年在未经介绍的情况下不应该和女孩子搭讪；即使这样，他也希望她会以微笑的方式谢绝，而不会给他一记耳光。换句话说，这个局面同上文的问候场面是一样的：雷达探测、确认身份、早期预警。如果姑娘作出积极的回应，他的下一个问题很可能是："我在什么地方见过你吗？"实际上，问题同他是否真见过她是没有关系的；相反，这是他迈出的第一步，以便对她再多一点了解；也许，他是借此估计这次邂逅是否能导致持久的关系。换言之，雷达探测行为融入了工具式行为中。

再举个例子，我通常每晚六点听教堂的钟声。我倾听钟声，不仅是因为很难不去理会钟声，更加重要的原因是，钟声悦耳，而且同日落的余晖和暮霭很协调。钟声使我感到愉悦和温暖。此外，钟声还起了报时的作用。如果我还在工作，钟声提醒我，应该考虑下水游泳、喝杯鸡尾酒了；夜晚将至，应该回忆一下，看看之前的计划或承诺过的事情办得如何。而且，钟声还提醒我，宗教是我文化生活的组成部分；此刻，我的一些邻居正在祈祷。钟声还在我脑海中唤起令人愉快的景象：教堂、烛光、风琴、无伴奏清唱、虔敬的教友。

圣玛丽教堂试图用钟声传达什么信息呢？它召唤教徒去做礼拜。但晚祷的时刻到来时，无论钟声是否响起，大多数在场的教徒总是会去的。也许，钟声传达的意思是教堂的存在，表示需要精神上帮助的人可以上教堂。也许，钟声是要感召像我这样的罪人，提醒我们这些很少上教堂的人履行自己的义务。也许，圣玛丽教堂还在传达这样一种讯息：它是一种古老而光荣的传统的一部分，数百年里，钟声就是这个传统的象征。

由此可见，传播行为的全部意义是难以一望而知的。每一次传播行为及其发送者和接受者，都有一套特定的目的和原因。但我们不能满足于这样的解释。不同传播行为的相似之处多于其不同之处。人类传播起什么作用，理应得到更系统的解释。

## 第一节　人类传播：三位心理学家的解释

一些很有才干的人已经就传播的功能著书立说。瑞士的儿童心理学家让·皮亚杰①把儿童的言语分为社交性言语和自我中心的言语。他说，当一个孩子进行社交性交谈时，"这个孩子是在对听者讲话，他考虑自己的观点，试图影响对方，或者实际上是在与对方交换看法……"当他进行另一种谈话时，"孩子不在乎他在对谁说话，也不在乎是否有人听。他或者是在自言自语，或者是为了与在场的人建立联系以求快乐"[4]。然而，后来的研究表明，儿童明显具有社交意向的说话大约占90%，这个比例远远大于皮亚杰的估计。皮亚杰认为，儿童的社交性传播通常始于 7 岁左右。不错，儿童的确喜欢用自己的发音器官做游戏，就像他们喜欢用身体的其他部分玩一样，但是，没有多少人同意，社交性传播这么晚才产生。实际上，社交性传播产生的年龄要早得多。很小的时候，儿童就发现，自己的言语行为可以作为工具来使用。他们知道什么样的言语行为能得到奖励，并且很快就学会区别各种各样的行为和各种各样的奖励。

尽管如此，分析自己所谓的成人传播行为时，我们会发现，数量相

①　让·皮亚杰（Jean Piaget，1896—1980），瑞士心理学家，日内瓦心理学派创始人，提出"发生认识论"，在国际心理学界产生了重大影响。代表作有《儿童的语言和思维》、《发生认识论原理》等。

当惊人的传播行为很大程度上是为了满足自己。敲钉子不慎砸到自己的手指头时，我们会骂骂咧咧，直到疼痛消失。我们淋浴时尽情唱歌，并不希望有人听。我们静静地回忆一次经历，从中得到乐趣，也许，这是我们永远不会向他人详细讲述的事情。在这一切行为中，我们都把传播当作工具，意在满足自己，无意让他人参与我们的传播行为。

有些心理学家认为，大量的传播行为是工具行为。研究学习行为的心理学家爱德华·托尔曼①说，人类的言语行为只不过是"一种'虚张声势'的工具，本质上与其他工具比如绳子、棍子、盒子等无异"。比如他写道："就发号施令而言，言语行为的工具性是十分明显的。发号施令时……说话人通过命令让追随者做事。实际上，他无需抓住对方的衣领、在推搡中迫使人去做事；凭借他发布的命令，他就可以得到预期的结果。"[5]儿童学会这点本领毫无困难。他们哭闹，妈妈就会来抱他们，抚摸他们；如果不哭闹，那就没有充分利用这样的传播行为。他们笑，得到的回报也是笑。某些哭闹声使他们得到食物或玩具。他们学会事物名称，发现这不仅得到大人的嘉许，还可以少花力气就得到自己喜欢的东西。

正如我们刚才所言，自言自语的说话往往具有工具的作用。钉锤砸到手指头时的咒骂就有工具的作用，它不仅能解除紧张心情，而且也能避免其他不那么受欢迎的表达感情的形式比如哭泣。众所周知，在进行困难的假定时，内心"讨论"和"谈话"起着很大的作用。洛利默（F. Lorimer）描写过一个 18 个月的婴儿与自己"舌战"的情况。据他观察，这个婴儿在一个小箱子面前十分踌躇。她命令自己去摸箱子里的东西，那是可以理解的好奇心。他写道："整整十分钟，我观察这场冲动与抑制的斗争，看得入迷。婴儿的小手伸出去摸，又急忙缩回来，嘴里不断说'不！不！不要摸！'如此反复，一试再试，直到其他兴趣分

---

① 爱德华·托尔曼（Edward Tolman, 1886—1959），美国心理学家，新行为主义代表人物之一，认知行为主义的创始人，力图客观了解行为的目的性，对学习心理学有较大的贡献，提出中间变量的概念，弥补华生古典行为主义的缺陷。著有《动物与人的目的性行为》、《战争的驱力》和《心理学论文集》、《托尔曼自传》等。

散她的注意力，这场拉锯战才偃旗息鼓。"[6] 由此可见，即使表面上看最以自我为中心的传播行为也往往具有工具的作用。

另一学说与传播工具说形成鲜明的对照。在《传播的游戏理论》（*The Play Theory of Communication*）中，威廉·斯蒂芬森①集中探讨的不是旨在带来变化的传播工具行为，而是传播的另一面：无意完成任何事情，只求满足和快乐。[7] 他仿效荷兰学者赫伊津哈②在《游戏的人》（*Homo Ludens*）[8] 里提出的游戏说以及精神病学者萨兹③[9] 的快乐说，其思想基础是严格区分游戏和工作："工作是为了应付现实，为了谋生，为了生产。相反，游戏多半是为了自我满足，并不生产任何东西。"[10] 与这两种学说对应的是两种传播行为。一种行为可用交谈来说明，除了交谈，似无明显目的：谁也不想说服或压制对方，也不想从另一人嘴里得到什么东西，除了谈话，别无所求，但两人都喜欢这样的经验。用斯蒂芬森的话说，其结果是交流的愉悦（communication-pleasure）。与此相反，另一种传播是意在促使他人行为的传播：比如命令、求助、说服和要求。斯蒂芬森将这种传播效果命名为交流的不愉快（communica-tion-unpleasure），交流的痛苦（communication-pain）。若要做成某事，那就需要工作；游戏却只是为了开心——在传播行为和其他行为中的游戏都是为了快乐。社会控制是工作，例如形成公共舆论的工作。斯蒂芬森认为，一切社会机构的职能是工作；但大众媒介关注的中心不是工作，而是交流的愉快：使人能从社会控制中解脱出来，回到玩耍的土地上去。他说：

　　游戏是一种假装的行为，意在跳出义务和责任的世界。游戏是

---

①　威廉·斯蒂芬森（William Stephenson，1902—1989），美国心理学家，著有《心理测量学基础》、《行为研究》、《传播的游戏理论》等。

②　约翰·赫伊津哈（Johan Huizinga，1872—1945），荷兰历史学家、文化学家，擅长印欧语文学、欧洲文化史、比较语言学和比较文化研究，代表作有《中世纪的秋天》、《游戏的人》、《伊拉斯谟传》、《17世纪的荷兰文明》、《明天即将来临》、《文明复活的必要条件》、《愤怒的世界》、《文化史的任务》、《历史的魅力》、《痛苦的世界》等，前四种已在国内出版。

③　托马斯·萨兹（Thomas Stephen Szasz，1920—　　），美国精神病学家，发动反对心理治疗的运动，著作有几十种，最重要者有《精神病的神话》、《人为制造的精神病》、《痛苦与快乐》等。

一天中的插曲，并非平常的活动，亦非真实的活动。游戏是自愿的，既不是任务，也不是道义责任。从某种意义上说，游戏时无利益追求，只求暂时的满足……游戏是退隐行为，在特定的时空里退隐。儿童到安静角落里去过家家。游戏是自由的活动，但它可以使人全神贯注、忘情其中。[11]

这段文字与其他人关于观看电视行为的描写非常相似。但是，斯蒂芬森既不赞扬工作式的传播（work-communication），也不贬低游戏式的传播（play-communication）。刚好相反，他认为交流的愉悦在心理学上是有益的。这是"一种各方面充实自我的过程"，使人"自我发展和自我提高"。游戏提供的机会"使人为我们自己生存，使人愉悦，使人在一定程度上摆脱社会控制"。当大众传播被用于社会控制时，它必须坚定地面对根深蒂固的信仰和态度，而信仰和态度是非常难以改变的；当它被用于游戏时，它可以"向大众暗示某些行为标准……为大众提供消遣……使之生活轻松"。他认为，其他理论家探讨大众媒介时常带着"沉重的良心负担，往往刻意按照自己的价值观念去努力为善"。因此，看见娱乐媒介提供家长里短的琐事、暴力的情节、"逃避"现实问题的诱惑时，他们往往会大惊小怪。斯蒂芬森强调，这类东西并非十恶不赦。他觉得，大众媒介表现的游戏行为是有益的，从劝说和社会效果的角度去研究大众传播的路子走错了；应该从游戏和愉悦的角度来研究大众传播。出于这个原因，他决定提出"大众传播的游戏说而不是信息说"[12]。

倘若斯蒂芬森的著作读起来容易些，倘若他像麦克卢汉那样提出一些新颖的精警语句，商业娱乐媒介吹捧的可能就是他而不是麦克卢汉了。他为盛行的媒介内容辩解，在这方面，他的游戏说胜过麦克卢汉的地球村（global village）观念。[13]一旦接触了他高明的游戏说以后，谁也不可能再忽视传播里游戏—愉悦要素的重要意义了。但是，作为传播功能的全面解释，游戏说还是有不足之处的。

毫无疑问，在传播行为中，相当一部分可以说是游戏，正如相当一部分可以说是工具行为，另一些部分可以说是自我中心的行为一样。三者的差别并不是多么清晰。许多自我中心的传播行为是游戏，某种游戏也不难被认为是工具行为。马克·吐温①的传记中有一景是上述三种传播行为的特点的结合。他以大量丰富多彩的不恭语言著称，他丰富的想象力注入那些粗话里，读者也从中发现了他的想象力。他小巧端庄的妻子模仿他书里的粗话，借以羞辱他。马克·吐温洗耳恭听，微微一惊，意识到夫人的话里少了点什么东西。她说这些话时既不是在舒缓内心的紧张，也不是在自言自语，亦不是像作家们那样欣赏语词的灵动；相反，在语词和意向的流泻中，马克·吐温却能用俏皮话使人震撼。他笑对夫人说，她学到了那些粗话，但她说话的调门却不对劲。

　　这几种说法是单因素分析法。每一种主张都有助于说明传播行为的一部分。斯蒂芬森回避传播的信息功能，忽略了传播行为与其他行为的主要区别。他的主要兴趣集中在大众传播媒介的使用方面，因此，他对人际交流不够注意，对大众媒介的教育功能等方面的工具作用也不够注意。他对娱乐媒介采取存在主义的立场，毫无疑问，这一立场与大众媒介的胃口很相宜，因为这有助于大众媒介避开批评者的锋芒，使之规避"沉重的良心负担"。然而，这一立场漏掉了传播系统功能的重要部分，未能触及这方面的思考。换句话说，斯蒂芬森的游戏说固然有用，但以偏概全；不过，对传播效果的研究，游戏说能提出一些重要的命题。

　　诸如此类的单因素理论多半有这样一个毛病：它们试图解释的东西太多，却什么也说不清楚。用工作和游戏的二分法来分析传播的功能却得到这样的结果：这两个范畴的界线被搞得模糊不清。例如，人们说"早上好"，既能从中得到交流的乐趣，又能借此履行社会成员的义务。创作是非常艰辛的工作，但也有重要的游戏成分。真正有意思的区别也许是在这两种非常宽泛的范畴之内，而不是在两者之间。譬如，在下列游戏—愉悦活动中，难道不存在重要的差异吗？与朋友度过一天，与《梦里乾坤》（*The Secret Life of Walter Mitty*）的主人公沃尔特·米蒂一道去幻想，接受一位雄辩家的语词"按摩"，体验亚里士多德所认为的

---

① 马克·吐温（Mark Twain, 1835—1910），美国作家，幽默大师，当过排字工、水手、记者，代表作有《汤姆·索亚历险记》、《哈克贝利·费恩历险记》、《傻子出国记》、《在密西西比河上》等。

希腊悲剧给人的情感净化，看足球比赛时感受痛苦、发现哀号，享受彼得格勒大芭蕾舞团的艺术美，玩味创作诗歌的音韵和意象——在这些类似的游戏—愉悦活动中，难道不存在重要的差异吗？玩味媒介的愉悦和玩味其中所承载的讯息的愉悦——区分这两种愉悦难道没有好处吗？听、说、读、写以及仅仅为了打发时间所获得的是一种愉悦；把玩讯息比如欣赏一篇文章、推敲一组词语或捕捉一个观点则是另一种愉悦——区别这两种愉悦难道没有用吗？做了一番给人深刻印象的论述以后，斯蒂芬森得出的结论是："阅读新闻是不要报偿的传播—愉悦行为"。我们要问，如果把读报硬纳入他那种游戏行为的范畴，而不再加以细分——这难道真有助于解释传播行为吗？须知，读报可细分为许多小的行为类别，比如，读超市广告、看游泳场所污染的消息、阅读民选官员在公众场合出洋相的新闻以及阅读幽默故事、五角大楼文件、领袖被刺杀的报道、朋友去世的讣告、最高法院裁决的解释——所有这些都是各不相同的读报行为。如果不区分这些行为，将其放到游戏行为这一把大伞之下，用这把大伞覆盖住不同的传播功能与后果，这样做究竟有没有好处呢？

26

## 第二节　传播的社会功能

　　试图了解传播有什么用的时候，我们往往在个人与社会之间摇摆，就像在广角镜头和特写镜头之间游移一样。

　　皮亚杰、托尔曼和斯蒂芬森这三位心理学家首先关心传播在个人层次上的功能。如果用广角镜看政治学家、社会学家和经济学家关于传播功能的论述，我们就会发现一些差别比较大的理论。

　　在一篇经典论著中，政治学家、传播学先驱哈罗德·拉斯韦尔①指

---

①　哈罗德·拉斯韦尔（Harold Dwight Lasswell, 1902—1978），美国政治学家、传播学家，提出了著名的"5W"传播模式，代表作有《精神病理学与政治学》、《传播的结构和功能》、《政治的语言：语义的定量研究》、《世界历史上的宣传性传播》、《世界大战中的宣传技巧》等。

出传播有三种社会功能：守望环境、协调社会以适应环境以及使社会遗产代代相传。[14]他认为，三类专家在践行传播的社会功能中发挥了非常重要的作用。"外交官、使馆随员和驻外记者的功能是守望环境的代表人物。编辑、记者和演说家的功能则是协调社会以对环境做出回应。家庭教育和学校教育的功能是传承社会遗产。"[15]

试想把这幅政治传播的图像用在石器时代的洞穴人身上。他们派一人放哨，监测环境以防危险，并寻求机会。哨兵带回报告（如敌方逼近、猎物出现），议事会旋即谋划迎击敌人，派遣最优秀的猎手出猎。决策随即作出。诸如此类的应用传播来作出的决策是及时的，以正在发生的事件为中心。此外还有一种需要，那就是向儿童传授知识，使之在社群中发挥应有的作用。男孩必须学会打猎和辨认足迹，女孩必须学会缝纫和烹饪食物。于是，最出色的猎人就成了教员，女孩则在母亲跟前学习。到了我们的时代，新闻媒介接过了很大一部分监测的任务；接管大部分协调工作的是政府、政界领袖、政治记者和分析家以及权势集团；传承遗产的工作多半由学校来承担。

在《大众传播：功能探析》（*Mass Communications：A Functional Approach*）一书中，查尔斯·赖特（Charles Wright）用社会学的观点观照传播，在拉斯韦尔的三个范畴之外又加上第四个功能——娱乐。拉斯韦尔不提传播的愉悦功能，无疑是由于他认为，愉悦功能并非政治进程里必不可少的要素。当然，历史会对此表示异议。赖特把第二个范畴即协调的功能称为"解释与规约"，又把第三个范畴即传承社会遗产的功能称为"社会化"，这是一个社会学术语。[16]

另一位社会学家梅尔文·德弗勒（Melvin DeFleur）在他的著作《大众传播理论》（*Theories of Mass Communication*）中，对这些范畴作了补充，不过没有从本质上改变这些范畴。他说，传播行为是"一个表达团体规范的手段，通过这个手段行使社会控制、分配各种角色、实现对各种努力的协调，表明对未来的期望，使整个社会进程持续下去……要是没有产生这种影响的交流，人类社会就会崩溃"[17]。

和心理学家及社会学家相比，经济学家没有专门对经济制度中的传播功能作过类似的论述，但是，从博尔丁等经济学家的著作中，还是有可能梳理出一套传播的经济功能。首先，传播必须满足为环境绘制经济地图的需要，以便每个人和组织都能为自己构建在特定时刻所拥有的买卖机会的意象。这一过程可通过广告完成，亦可通过对价目表和商情的分析来完成。其次，经济政策必须协调，这个工作通过个人、组织或国家来完成。市场必须有管理和控制机制，制造商、商人、投资者和消费者要知道如何决定进入市场。最后，社会必须在经济行为的技能和期望方面为人提供必要的指导。因此，社会科学家描绘传播功能的图谱大致可用表 2—1 来表示。

表 2—1　　　　　　　　　　传播的社会功能　　　　　　　　　　28

| 政治功能 | 经济功能 | 一般社会功能 |
|---|---|---|
| 监测（收集情报） | 关于资源及买卖机会的资讯 | 关于社会规范、角色等的资讯；接受或拒绝这些规范、角色等的资讯 |
| 协调（解释情报；制定、宣传和执行政策） | 解释以上资讯；经济政策的制定；市场的运作与控制 | 协调公众的理解和意愿；市场控制的运行 |
| 社会遗产、法律和习俗的传承 | 经济行为的洗礼 | 关于社会规范和角色规矩向新社会成员的传承 |
|  |  | 娱乐功能（休闲活动、从工作与现实问题中得到解脱，无意为之的学习，社会化） |

　　和一切传播活动一样，表 2—1 里的各种传播功能都有内外两个方面：你既寻求或给予资讯，同时又接收或加工资讯。因此，我们不妨为表 2—1 的图谱构建一个索引，见表 2—2。

　　以上各家的论述并不比单因素分析法更能令人满意。他们所论的范畴是模糊不清的。而且令人吃惊的是，他们没有给予娱乐的社会功能更多的注意。也许，最令人鼓舞的是，这些社会科学家的研究方法是相当协调一致的。

表 2—2　　　　　　　　　　传播功能内外观

| 功　能 | 外观面 | 内观面 |
|---|---|---|
| 社会雷达 | 寻求或给予资讯 | 接收资讯 |
| 资讯操作，决策管理 | 劝说，命令 | 解释，决策 |
| 传授知识 | 寻求知识，传授知识 | 学习 |
| 娱乐 | 愉悦 | 享受 |

### 传播应用于个人时的社会功能

　　让我们回头用高清晰度的镜头去考察，根据上述社会功能，我们能为个人传播描绘什么样的图谱。我们可以构想四种基本的功能，和上述社会功能相比较，这四种个人传播的功能不见得更为完美，也不见得更为相互排斥；相比而言，它们只不过更加注意这样一个事实：人类传播既是个人行为，也是社会关系。

　　社会雷达这个比方不错。在黑夜浓雾中航行的船长必须知道船的位置：对面有船开过来吗？岩石和暗礁在哪里？驶向安全港口的航道在哪里？同理，我们大家都必须不断地监察环境，因为环境一年比一年复杂。那边那人是谁？是朋友还是敌人？是本地人还是陌生人？那种情况是危险还是机会？我们对归属感的需求根深蒂固，我们需要属于自己的文化与社会；在我们的环境和生活范式里，我们要有稳定和亲近的感觉。每到一个新的地方，历史学家阿诺德·汤因比①都觉得很不自在，除非他手里握有地图并能在上面找到自己所在的方位。就这样，我们每天修订并更新自己的工作地图；所在场所越是陌生，经验越是缺乏，我们就越是需要依赖我们的社会雷达。

　　蜗居在洞穴里御寒取暖、躲避敌害的原始人也会问同样的问题：我们在哪里？洞外是谁？是什么？他们想要知道，黑暗中潜藏着什么危险和机会，可能有什么威胁。那里有敌人吗？有猎物吗？在成长过程中，或迁居到另一个城市时，我们也问同样的问题。我们寻求朋友和盟友。我们努力判明可能有危险的地方，或可能有所收获的地方。我们解读雷

---

　　① 阿诺德·汤因比（Arnold Toynbee，1889—1975），英国历史学家，代表作有 12 卷巨著《历史研究》。

达脉冲，制作自己的地图。如上所述，石器时代的人在山顶上布置瞭望哨；今天，我们依靠人际交流制作我们身边的地图，依靠大众媒介望山那边的情况。

在传播图景的一端，社会雷达式的行为是非常具体的。商人想知道本市的物价行情；农夫想知道，他打算播种的那天会不会下雨；小伙子想知道，他是否能与一位新来的姑娘约会。在传播的另一端，社会雷达式的行为是非常广泛的。前文所述的贝雷尔森问卷调查发现，人们看不到报纸时的种种感觉就透露了大量这样的信息。有的人感到很别扭，因为他们的雷达收不到惯常的脉冲。一位丈夫抱怨说，他只能傻乎乎地看妻子，而不是读新闻；几位妻子抱怨说，她们只能呆坐着看丈夫，而不能做报上的字谜游戏。采访者深入追问时，受访者发现，尽管报纸停刊之前，他们并不经常浏览报纸标题，并不觉得什么报道特别有趣，然而，报纸停刊以后，他们还是感到一丝不安，仿佛与世隔绝，不知道出了什么事。有些老人的亲属已经迁走，同辈的朋友已经去世，无人聊天，于是，他们转向大众媒介，借以得到一种归属感，以便了解周围的事态和社会的情况。他们并不参与周围发生的事情，却注意社会的新闻和思想的交锋。借此，他们对抗孤独和寂寞，对抗生活的寒冷和黑暗。

由此可见，我们大家都以不同的方式利用传播，将其作为我们的社会雷达。我们还利用传播达到操纵的目的。不妨想象我们一天之中召唤传播为自己服务，让人按照自己的愿望行事的种种情景，在这里，传播手段取代了别的方法。我们说："米勒先生，我要口授一封信。""强尼，到外面去取报纸。""请把糖递给我。"我们看见这样的标示："停！""下午三点到六点不得左转。""投票支持提案 A！""不要当垃圾虫。"我们说："我们看电影去。"凭借这些替代手段，我们无需付出额外的体力，也无需给予实际的报偿，就可以使人做我们想要他们做的事情。这种工具行为在激烈的竞选时达到高峰，那时，每一条信息渠道都开通，每一种说服技巧都用上，借以操纵人们的行为，使他们按媒介示意的方向去选择和投票。在每一个家庭里，每当要作决定时，工具行为都达到高峰，虽然其强度不如竞选，其意义却耐人寻味：今晚让强尼用小汽车

*30*

吗？要不要给玛丽增加零用钱？今年度假是去山上还是去海边？

操纵性传播的另一面是进行决策。有时候这是非常容易的：不需花费很大的力气就可以决定把糖递过去。有时的决定也许就非常困难，比如，对提案 A 是投赞成票还是投反对票、是否要同某人结婚等问题就难以决定。如果总统决定在东南亚不宣而战，又想操纵人民的决定和行为，想要人们执行他的战争政策，他就会遭遇极大的困难。

决定和操纵通常好比是硬币的两面。一般地说，任何重要的决定都是反复操纵的结果；凡是涉及他人的决定都需要某种程度的操纵方能付诸实施。决定和操纵的结合构成传播的管理。

传播的用途还有一大类，我们称之为传授。这包括老师的课堂讲授和学生的学习——不仅包括解说，还包括指导、练习和解决问题。不仅包括课堂教学，还包括校外指导。我们告诉别人走哪条路到自己家最方便。我们教孩子说"请"，教他们割草和铺床。农技推广人教农民怎样使用新种子。古巴把学童派到山里去教山民读书识字。遇到一个说脏话的人，我们不跟着他笑，不理睬他，借以教训他：有些地方是不能讲下流笑话的。（此时，传授和操纵非常近似。）我们先看说明书，然后才使用新的搅拌器。我们先看看地图，然后才开车穿过岛屿到海边去冲浪。（在此，社会雷达和传授非常相近。）传授无时不在，始终在进行。写这一段文字的过程中，我就参与了三种传授性的传播活动：（1）一位年轻人到门口来问，什么地方可以读到关于通讯卫星的书；（2）另一个年轻人探头进来问，勒纳博士今天来了没有；（3）收到一本从夏威夷寄来的税务小册子，税务计算之复杂真令人生畏。

这些传播的用途往往是交叠的。所得税的小册子既是指导性的又是操作性的：税务机构要让我懂得怎样付税，以确保我一定会交税。我们举一些多用途交叠特别突出的例子：所有的工具行为都可能掺杂着娱乐成分。演讲者都知道，他们必须来一点幽默，讲讲故事，使听众感到轻松。正如贺拉斯①所言，老师们都知道，他们必须既传道授业又让学生

① 贺拉斯（Horace，前65—前8），罗马诗人，著有《讽刺诗集》2卷、《长短句集》、《歌集》4卷、《世纪之歌》、《书札》等，《书札》中的《诗艺》对西方诗歌产生了重大的影响。

高兴。赫尔塔·赫佐格（Herta Herzog）在采访听众之后发现，尽管肥皂剧的宗旨是提供娱乐，但许多听众却到剧里去寻求忠告、洞见和安慰，用来应付自己的问题。

大众传播主要用于娱乐的比例大得惊人。除了新闻和广告（其实，很大一部分新闻和广告也是让人消遣），几乎全部美国商业电视的宗旨都是提供娱乐；除了登广告插页，大部分的畅销杂志也是旨在提供娱乐。除了新闻、谈话节目和广告之外，大部分广播亦是提供娱乐；大部分商业电影是提供娱乐；报纸越来越多的内容也在提供娱乐。所以这些大众媒介都是以给人愉悦为目的，而不是以启迪心智为宗旨。斯蒂芬森的论述很有说服力，他认为，大众传媒的全部内容几乎都有一种泛化的游戏功能或愉悦功能。耐人寻味的是，我们日常很大一部分人际交往都是用来给自己定位，都用来回答诸如此类的问题：我在哪里？那边那人是谁？我如何对周围的环境作出反应？另一方面，我们又把形式化和媒介化的传播管道塞得满满的，至少使我们暂时不必为这些问题而感到忧心忡忡。

很可能，自人类社会诞生以来，尽管不同的机构承担了上述传播功能，但这些功能并没有发生多大的变化。值得注意的机构有：规模和专业化程度更高的政府、定型的学校体制和大众媒介。但是，政府现在所做的事情正是它一直在做的事情；学校使青少年社会化的功能过去是由父母和工匠承担的；大众媒介则是个人传播的延伸。表2—3显示了传播功能的变化。

表2—3 传播功能的变化

| 传播的功能 | 口语社会 | 媒介社会 |
|---|---|---|
| 社会雷达 | 个人接触，守望人，报信人，旅行者，会议，集市 | 个人接触，新闻媒介 |
| 管理 | 个人影响，领袖，咨议会 | 个人影响，领袖，行政机构和司法机构，舆论媒介 |
| 传授 | 家庭教育，专家示范，学徒制 | 家庭里的幼年社会化，教育制度，教学材料和参考资料 |
| 娱乐 | 民歌手，舞蹈师，说书人，群体参与 | 创造性艺术与表演艺术，娱乐媒介 |

# 第三节 传播对人类的作用

作为传播的动物，表 2—3 所示的传播功能向我们透露了什么样的信息呢？纵观一生，我们都离不开传播，都在接受传播。我们利用它作为个人的雷达，既寻找新鲜事物，也寻求保证和指引，借以了解我们与社会的关系；凭借传播，我们向他人确认自己的身份，确定我们对社会关系的了解。我们将传播当作自己的管理工具，用传播作决定，用传播来说服和操纵他人。我们以自己的绵薄之力参与社会的宏大决策，同时接受、解释社会决策的信号，而且对社会信号作出反应，并了解社会对我们的期望。我们尤其关心如何把知识、技艺和规范传授给新的社会成员。新生的孩子是未经调教的"野蛮人"。每年来到人世的儿童，必须在 20 年内完成社会化，成为有用的人；与人相处时，他们要使人感到舒适和安全；他们要准备接过并承担责任。

32

传播既有工具用途，亦有愉悦功能，两者似有反差。我们寻求愉悦，以求放松，以逃避社会控制。正如斯蒂芬森所言，这种寻求愉悦的精神是一种游戏。实际上，我们也许只把相当小的一部分传播行为看成"工作"，至于我们赋予传播的重大作用，可能永远都难以说清楚。通过大众媒介，我们寻求大量的愉悦，即使在最严肃的公共发言人身上，在我们最严肃的报纸或新闻广播中，我们也珍视一丝轻松的格调。

由此可见，正如从古希腊哲人到法兰西学院的哲人所一致断言，我们既不像上帝那么完美，也不像动物那样低俗。我们的传播行为证明：我们就是普通的、地地道道的人。

## 思考题

33

1. 在你看来，儿童学习语言和学习语言的用途之间有关系吗？

2. 重温贝雷尔森调查纽约市民在报纸停刊期间若有所失的感觉后发表的文章。假定你一个月无报可读，你最怀念的是什么？假定你一个月没有电视看，你最怀念的又是什么？

3. 有人说，每一种传播媒介都发挥着重要的社会功能。也就是说，每一种传播媒介都好比是社会的守望者、决策的领袖与合作者、导师和艺人。电影、广播、电视和报纸对这些功能各有何贡献？它们在履行自己的功能时各有何优势？

4. 倘若人类被迫放弃一种大众媒介，如果该媒介不复存在，最难用其他媒介取代的媒介是哪一种呢？

## 参考文献

A classic article in this area, "The Structure and Function of Communication in Society," was written by Harold D. Lasswell and first published in L. Bryson, (ed.), *The Communication of Ideas* (New York: Harper & Row, 1948). It is also reprinted in W. Schramm and D. F. Roberts, *The Process and Effects of Mass Communication*, rev. ed. (Urbana: University of Illinois Press, 1971), pp. 84 ff. Other useful general reading includes: M. DeFleur, *Theories of Mass Communication*, 2nd ed. (New York: McKay, 1970); C. Wright, *Mass Communication: A Sociological Perspective* (New York: Random House, 1959); and W. Stephenson, *The Play Theory of Communication* (Chicago: University of Chicago Press, 1967).

[1] E. Sapir. "Communication." In *Encyclopedia of the Social Sciences*, 1st ed. New York: Macmillan, 1935, vol. IV, p. 78.

[2] B. Berelson. "What 'Missing the Newspaper' Means." In P. F. Lazarsfeld and F. Stanton (eds.), *Communications Research*, *1948—1949*. New York: Harper & Row, 1949.

[3] R. K. Merton. *Social Theory and Social Structure*, rev. ed. New York: Free Press, 1959, esp. pp. 51, 61 – 66.

[4] J. Piaget. *The Language and Thought of the Child*. New York:

Harcourt Brace Jovanovich, 1936.

[5] E. C. Tolman. *Purposive Behavior in Animals and Men*. Englewood Cliffs, N. J. : Prentice-Hall, 1932.

[6] F. Lorimer. *The Growth of Reason*. New York: Harcourt Brace Jovanovich, 1929.

[7] W. Stephenson. *The Play Theory of Communication*. Chicago: University of Chicago Press, 1967, esp. chs. 4 and 11.

[8] J. Huizinga. *Homo Ludens*. Boston: Beacon Press, 1950.

[9] T. S. Szasz. *Pain and Pleasure*. New York: Basic Books, 1957.

[10] Stephenson, *op. cit.* , p. 45.

[11] *Ibid.* , p. 46.

[12] *Ibid.* , pp. 48 ff.

[13] See, for example, *ibid.* , pp. 45ff.

[14] H. D. Lasswell. "The Structure and Function of Communication in Society. " Reprinted in W. Schramm and D. F. Roberts, *The Process and Effects of Mass Communication*, 2nd ed. Urbana: University of Illinois Press, 1971, p. 87.

[15] Lasswell, *ibid*.

[16] C. Wright. *Mass Communication: A Sociological Perspective*. New York: Random House, 1959.

[17] M. DeFleur. *Theories of Mass Communication*, 2nd ed. New York: Mckay, 1970.

*34*

# 第三章　传播的过程

之前我们记述了传播具有的一些非常重要的功能。那么，传播如何发挥这些作用呢？换言之，人类传播如何进行呢？

我们先举几个日常传播的例子，然后试着对所发生的情况进行分析。

驾车人出行前研究地图。

警卫夜间喝问盘查。

红绿灯由红转绿。

电视屏幕闪亮。我们看到三位记者正向美国总统提出一些有礼貌的问题。美国总统越过他们的肩头向我们发表讲话。

女孩 13 岁，金色头发，蓝色眼睛，瓜子脸。男孩颀长，瘦削，像一般 13 岁男孩一样，四肢显得特别长。他向女孩走过去，脸涨得通红。他说："琳达，你是否愿意……"语塞，难为情。女孩朝他微微一笑说："我愿意。"

一个男子买了一份晨报，登上一列郊区火车，找个座位，然后坐下来阅读粗体字标题下的消息。

这些全都是传播事件，是源源不断的传播流经社会的表现。这些事件的共同之处是信息，是一种传播关系，而处理信息的具体行为叫作传播行为，传播行为只发生在传播关系中。

## 第一节　信息的性质

信息是传播的材料。传播之所以有别于游泳或拍球，正是因为传播以信息为内容（当然，游泳时水的环境的信息、拍球时球在哪里的信息，也是游泳和拍球行为里不可缺少的一部分）。所有这些传播事件都有这样那样的目的：传送、分享或加工信息。

我们所说的信息究竟是什么意思呢？显然，我们不只是在谈论"事实"或"真相"（如果在特定情况下确有真相的话）。我们所谓的信息并不仅仅是指新闻或指导，或百科全书里的那种数据。我们所谓的信息，与香农[1]和维纳[2]在他们的信息论和控制论著作里所说的信息并无不同那就是：凡是能减少情况不确定性的东西都叫信息。这个观点产生了深刻的影响，连那些对物理学和工程所知甚少的学者、从未正视信息论公式的人都受到影响。

有一种叫"二十问"的竞猜游戏是信息游戏。当有人问要猜的东西"是动物、植物还是矿物？"其答案就把关于这个问题的不确定性减少到零，并有助于消除整个游戏结果的不确定性。如果第一个问题得到的回答是"动物"，第二个问题就是"是不是人？"如果回答是"人"，接着的问题就是"一个人还是一群人？"如果回答是"一个人"，接着的追问就是"是男人还是女人？"如果回答是"男人"，往下的追问就是"在世的人还是去世的人？"如此等等。在问答的过程中，提问者逐步减少游戏里的不确定性。

---

① 克劳德·香农（Claude Elwood Shannon，1916—2001），美国应用数学家、美国科学院院士、美国工程院院士，长期供职于贝尔实验室、麻省理工学院，首创信息论，提出信息熵的概念，著有《通讯的数学理论》、《理论遗传学的代数学》等。

② 诺伯特·维纳（Norbert Wiener，1894—1964），美国数学家、美国科学院院士，"控制论之父"，获总统勋章，著有《控制论》、《人有人的用处》等。

在香农的数理信息理论里有一些公式，其用途是计算系统中的熵以及消除其中的不确定性所需要的信息量。在自然科学中，熵指的是"混杂性"（shuffledness）和复杂性，即与简单性或组织性相反的概念。当社会科学家碰到"熵"这个词时，他们感到激动是有道理的，因为这是自然科学家长期以来描绘世界的伟大概念之一。爱丁顿①说，如果有可能拍一部宇宙演化的电影，科学家判断这部电影是在顺着放还是倒着放的唯一办法，就是看熵是在增加还是在减少。进化论的伟大原理之一就是熵永远在增加。这就是说，更多的类型在出现，不同的类型结成不同的组合，宇宙越来越复杂。既然信息是减少熵的工具，今天描绘地球及其上的动植物就需要更多的信息，比 20 亿年前所需的信息就多了。[3]

20 世纪 40 年代末，香农与维纳合著的《通讯的数学理论》（*The Mathematical Theory of Communication*）和维纳的《控制论》（*Cybernetics*）问世，这使传播学者非常兴奋，因为他们觉得，熵之类的概念有可能用来研究人类传播。但不久，他们就清楚地认识到，通讯的数学理论直接用于传播研究的可能性是有限的，因为人类信息领域不像数学和电学领域那么单纯，那么有限，香农与维纳的诸多公式是针对数学和电学的。尽管如此，这些新的研究方法还是对传播研究产生了影响，开启了研究人类传播的一系列重要的洞见。洞见之一就是关于我们这里讨论的课题：信息的性质。

人们在大多数传播活动中寻求的信息（倘若他们寻求的是信息而不是斯蒂芬森所谓的游戏）就是传播活动的内容，其功能是有助于他们构造或组织环境，即与传播活动有关的环境。因而可以说，信息使决策容易进行。比如，在确定 A 点的方位以后，信息将帮助他们知道，A 点

①　爱丁顿（A. S. Eddington，1882—1944），英国天文学家、物理学家、数学家，相对论、宇宙理论等领域的先驱，曾任英国天文学会会长、物理学会会长、数学学会会长、国际天文学联合会主席等职，著有《相对论的数学原理》、《恒星和原子》、《恒星内部结构》、《基本理论》、《科学和未知世界》、《膨胀着的宇宙：天文学的重要数据》、《质子和电子的相对论》、《物理世界的性质》、《科学的新道路》、《空间、时间和引力：广义相对论进阶》、《物理学的哲学》、《物理学的领域》等。

在 B 点的东南。如果能够查明，A 点在 B 点东南 25 英里的话，那就更有帮助了。如果发现 A 点靠近山区，信息就更具体了。如果发现 A 点就在 37 号公路旁，那对他们开车就很有用。所有这些信息都减少了不确定性。然而请注意，信息有助于作决定，但不能替他们作决定。如果有选择的话，他们还必须决定如何去 A 点：是通过 C 点还是假道 D 点去。他们还必须决定，是走捷径，还是取道风景最优美的路线。他们还必须判断是否值得去，如果值得去，那应该什么时候去。这些决定是由他们的内部信息处理机制决定的；他们需要处理的其他信息（如日程、车况等）是他们储存的信息，以及他们的生活经验形成的价值观。

38　　以那位在黑夜中盘问的警卫为例。他一定是听到了脚步声或看到了黑影。突然间，他心中的环境和情况变了。实际上，大多数传播活动之所以发生，正是由于我们的环境变了，或我们自己的需要变了。因此，警卫从他学过的传播行为中召唤适合这一新情况的行为，做出反应。他不是在玩"二十问"的游戏，所以他不会问："是动物、植物还是矿物？"他正在值勤，所以他喊出："站住！谁？"他的话发出的是这样的信息：这里是禁区，闯入者必须亮明身份，否则就会危险临头。如果闯入者像小说里那样回答："朋友"，警卫就获得了一点信息。但他还要进一步减少不确定性。也许他说："过来亮明身份。"如果查明来者是 A 连的士官布朗，军号 CZ14689732，他就掌握了他需要的大量信息。如果那人来到亮处，警卫认出他是海军陆战队的士官，身高六英尺左右，棕色头发，棕色眼睛，身穿军绿色迷彩服，不确定性就进一步减少了。

　　再以那位感到难为情的男孩为例。他得到了希望获得的信息。假如那个女孩说："我现在忙，也许明天吧。"如此，他得到的信息还是比较多，总比简单的同意或不同意好，比他发问之前掌握的信息多。如果女孩的回答是："我现在很忙，一个小时以后再来吧。"那就减少了他的不确定性，他就能相当有把握地说，她并没有拒绝。

　　试考虑一种不同的信息。一个在平原上长大的男孩，11 岁时去山区。他看过山的图片，读过有关山区的书，听到过有关山区的故事，但是当他乘车进山时，却越来越兴奋，因为他将亲眼看到山了。最后翻上一座山，俯瞰一个湖，遥望远方的雪山时，他目不转睛地欣赏山水风光，最后说道："原来只知道山高，但不知道山这么漂亮！"如此，他得到的信息就改变了他脑海里山区的印象。

这一节谈的是最人性化的技能，即处理和与人分享信息的能力。在某种程度上，所有的动物都能处理信息，但我们处理信息的技能比其他动物高明得多。我们学会了把信息抽象成语言，学会了书写语言、储存语言，大量复制语言；我们不在场时，别人可以用语言获取我们的信息；别人不在时，我们也可以凭借语言从他们那里获取信息。我们学会了处理未必来自他人的信息，比如有关山脉性质的信息；我们学会了以此为基础与他人交流，并管束自己的行为。换言之，我们首先是一种信息加工的动物。

这种内在的信息加工是在黑箱里进行的，因此我们只能推断。但外在交流的关系和行为是一望而知的。

# 第二节　传播关系

传播发生时的关系看上去很简单：两个人（或两个以上的人）由于一些共同感兴趣的信息符号而聚在一起。

对于这种关系我们能作什么样的判断呢？试回头看那个男孩和女孩谈话的场面。谁在参与谈话呢？仅仅是十几岁的男孩子和女孩子吗？不完全是这样的。两人的关系实际上是两种形象的问题。男孩子说话时，那是男孩子心目中的自我形象在说话，女孩也是他心目中的女孩的形象；女孩回答时，也是以自己心目中的自我形象在说话。

这些形象很可能全然不一致。男孩的自我印象也许又蠢又笨，手臂太长，袖子太短，手脚没处放。试想女孩在他心目中的形象美丽、安详而端庄，而且他不知道如何说服女孩和他这个笨手笨脚的人跳舞。另一方面，女孩对自己的看法可能和男孩对她的看法截然不同。也许，她希望自己在男孩子里的人缘再好一些，希望谁也不会注意她下巴上的粉刺。也许，她认为那个男孩既不丑，也不笨，而是认为这个男孩相当"可爱"，男孩面颊羞红、口齿不灵，反而使她怜爱。在两人交往的关系中，真正起作用的正是这些形象，而不是客观上看到的"男孩"和"女孩"。如果从外部来描绘，我们局外人只能描绘我们所看到的情况——这就是第三种印象，无疑，这与男孩和女孩的两种印象不同。

柏拉图在《理想国》（*The Republic*）一书中作了精彩的描述。有些人因禁在洞穴里，手脚被捆不能动，始终面对洞壁，而不是外部世界。他们的背后有一堆火在燃烧。有人不时地在火堆前移动，走动者的影子投射到洞壁上。被捆者永远看不见移动的人，只能从洞壁上摇曳的影子来看他们。[4]

柏拉图的洞穴比方极好，很能说明人类传播的情况。这是一场影子游戏。一位参加者对另一个人的了解，绝不像那个人对他（她）自己的了解那样。（正如罗伯特·彭斯①所写："啊，是否有某种力量，使我们能像别人看我们那样，看到我们自己！"）传播关系中不存在客观事实或真相。两个人之间不存在直接交流的桥梁，即使在结婚多年自认为相互了解的夫妇之间，即使在一位精神病医生与多次接受其治疗的患者之间，即使在读者与像普鲁斯特②这样一位成熟的作家〔他的多卷本小说《追忆似水年华》（*A la Recherche du Temps Perdu*）传达了他内心的思想和体验〕之间，都没有一座直通对方的桥梁。凭借交流与观察，影影绰绰的人物形象可能越来越鲜明而清晰，但是，它们仍然是现实的抽象。人类传播仍然是一出影子戏。

那两个少男少女的交流关系中还有其他的影子人物。有这个女孩的母亲，她教导女儿女孩应如何行事。还有男孩的母亲，她要求儿子仔细

---

① 罗伯特·彭斯（Robert Burns，1759—1796），苏格兰诗人，诗风淳朴自然、极富乡土气息，代表作有《苏格兰方言诗集》、《自由树》、《友谊地久天长》、《一朵红红的玫瑰》等。

② 马塞尔·普鲁斯特（Marcel Proust，1871—1922），法国小说家，在法国文学史上占有重要地位，代表作为《追忆似水年华》（7卷）。

梳理头发，帮助他整理领带，偶尔在最后一刻向他传授与女孩打交道的礼仪。还有这个女孩的朋友和男孩的朋友；也许，他们从朋友那里学到的社交礼仪超过了他们从父母那里学到的礼仪，也许，朋友们此刻正注视着他，看他与女孩的约会是否成功。而且，在他们的家庭和同龄人的后面，还有一长串更为模糊的影子人物；其中许多人已被忘却，但是他们的印记仍然存留在男孩和女孩的脑海中，并对他们的行为和价值观产生影响。这些影子人物包括：他们钦佩并仿效的人，向他们传授过技能或信仰的人，曾经奖赏过他们的某些行为并进而有助于他们学习某些风俗习惯的人。

由此可见，所有的交往者都带着一个满载信息的生活空间，带着丰富的经验储存进入传播关系中，借以解释自己得到的信号，并决定如何回应。如果两人想要达成有效的交流，他们储存的经验就必须在共同感兴趣的话题上交叉。图 3—1 表示 A 和 B 两人的生活空间，两人重叠的生活空间 AB 就是他们交流的环境。

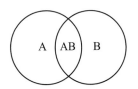

**图 3—1　人际交往的环境**

在前文所说的那个男孩和女孩的生活空间中，都有一部分是与异性进行社会交往的行为举止。在对红绿灯的理解和反应方面，驾车人和交通管理部门的经验也有交叠之处。然而，如果他们没有这种共同的经验，两者的关系就会存在大麻烦。例如，如果一位驾车人来自没有红绿灯的地方，也从未听说过红绿灯，那么他和交通管理部门打交道就会遭遇困难。我们意识到，两个人的生活空间绝不会完全重合。也就是说，两个人的经验绝不会完全相同，价值观和行为也不会完全相同；然而，大多数传播关系都运转顺利，参与者的关系也正常运转，这充分说明，人体机能的适应性很了不起。

# 第三节 传播关系的双向性

前面我们提到，传播关系里有共享的信息符号。这个问题很重要，不能一笔带过。

大多数传播是双向的。男孩对女孩说话，女孩也对男孩说话。理论上，这样的交谈可以长时间进行；他们可能整个傍晚坐在一起交谈，他们可能经常见面，进一步了解后可能会继续交往。真正全然单向的人类传播是难以设想的。哈姆雷特的独白"生存还是死亡，这是一个问题"自然有单向传播的性质（假如不是在台上独白，没有观众听见），然而，即使这段话完全是私下说的，即使它是哈姆雷特心里想的而不是嘴里说出来的，他也是在与自己交谈。哈姆雷特正在听他自己说话，并且毫无疑问是在考虑这句话并进行判断。这就是思考的意思。上文提到了交通管理部门和红绿灯。以交通管理部门不那么积极的传播为例，停车信号是交通管理部门对驾驶者的单向传播吗？驾驶者对红绿灯作出反应，把车停了下来。倘若他不停，情况将很快返回交通管理部门，这就是传播里的回馈。如果他停了，没有犯规的报告本身也是一种传播信号。再举一例，在家里看电视可能会被认为是单向传播，但打开电视机、选择频道本身就是一种讯息（收视率调查有可能要探查这样的信息）；而且，观众常常很可能做出更加积极的回应，或致信电视台，或直接给电视台打电话，或者同潜在的收视者交谈。

因此，最典型的和最频繁的传播模式是一种长时段的双向关系，在通常的情况下，参与者在交流中卷入的程度是不均衡的。在这样的交流中，符号是共享的，但对参加者而言，符号的意义并不完全相同；不过交流结果是，理解随着交流的进行而逐渐加深。但结果不可能是含义完全一致，因为没有两个人是完全一致的（我们靠外部观察就能够作出这样的判断）。此外，随着符号交换的进行，新的意见分歧几乎必然要出现，这些分歧就必须靠进一步的交流来解决。

然而，交流的过程最好被看作一种关系，而不是具体的行为，既不是 A 对 B 做什么，也不是 B 对 A 做什么。这是一种分享信号的关系，信号代表信息，导致相同的理解。即使两个人同意保持不同意见，由于商谈，共同的理解也随之增加。因此，正如某些学者所言，我们可以恰如其分地说，分享信息的交流过程是"信息汇聚的过程"。

# 第四节　传播契约

可以说，参与者形成传播关系时受某种契约的约束。驾车人的契约是遇到红灯停车，遇绿灯前进，遇黄灯减速。但他们期待红绿灯红绿交替，以便让所有的汽车都有公平的机会通过十字路口。如果驾车人等了 10 分钟，而红灯一直亮着，他们就会感到失望和生气，因为交通管理部门显然是没有履约。上一章里谈到的那种雷达行为反映的，显然就是人与人的社会契约，人们必须要表明自己的身份，按照预期的方式做出回应，确认自己的社会归属，遵守社交礼仪。

一般地说，社会雷达行为是在隐性的契约指导下进行的。这就是说，我们问路时，希望得到简明而有用的答复。另一方面，指路的人希望我们认真地听，而且要对他表示感谢。我们读报时，希望报道充分而又准确，希望能够挑选有趣的、也许对我们重要的题材。另一方面，报人希望我们买报，希望我们对他们的报纸有足够的了解，能领会他们的编务凡例，比如大标题的编写技巧。对不熟悉标题风格的读者而言，最近报纸上的一个大标题肯定令人困惑。这个大标题是：CONTRACT PLAN REPORT EYED①。对那些英语是第二语言的人而言，这个标题似乎不是英语，而是天书。

或许，理解这些不成文契约重要性的最好办法，是看看人们在形成传播关系时抱有的期待，我们在上一章业已谈到，传播关系是为传播功

---

① 意为"看到了关于合同计划的报告"。

能服务的。在信息关系中，不成文的契约要求一方准确报告信息，另一方则需要理解和验证真实的情况。但是，在娱乐关系中，一方却要甘愿抱"悬置怀疑"（suspension of disbelief）的态度。寻求娱乐的人不要求他们的传播伙伴提供充分而准确的报道；他们不准备对任何东西抱怀疑的态度，不怀疑不符合实际情况的东西。相反，他们准备接受故事、讽刺或笑话，乐意认同从未有过、也许绝不可能存在过的人物，愿意分享人物的痛苦。他们不期望简单、明晰、无歧义的文字，而是希望读到富有艺术性的意义含混的文字，并且准备接受一些潜含的意义。例如，诗歌就常用修辞格，并旁生枝节，而新闻就不能用这样的技法，因为诗歌可以有而且需要有不同读者的不同解读。如果像路标一样清楚、确定，诗歌就没有任何味道了。

记者写新闻要清楚准确；和这一要求相比，他们写新闻或讲新闻的形式倒是次要的。相反，艺人写作和讲演的方式本身就应当给人愉悦。他们应当富于想象力而不是讲究效率，他们的文字要华丽多彩，而不是清楚明白，他们要善于讲故事，精于辞藻，绘声绘色。契约对他们的要求是做与其水平相称的艺术家。即使午餐俱乐部的说书人也必须是艺术家，他们要善于模仿方言土语，知道如何把故事拉长，妙语连珠，取悦听众。

娱乐关系的双方在虚构人物上应该有默契，要遵守电影或广播的常规，携手并进，他们欣赏模棱两可的手法，不把话说完，不会由于言犹未尽而感到失望。旧时小学课堂上的问题"作者的意思是什么？"已经过时，不符合精明读者或老师的风格。提问的方式应该是，"你看这是什么意思？"事实上，在艺术品中，你很容易看到，其中的传播符号与创造这些符号的艺术家是分离的。近 3 000 年来，人们喜爱《伊利亚特》（*Iliad*）和《奥德赛》（*Odyssey*），对作者荷马却不甚了了。400 年来，人们欣赏《蒙娜丽莎》（Mona Lisa），并且以自己的方式去解读这幅画，至于这幅画对达·芬奇的意义，他们则一无所知。

试考虑以说服为主要目标的传播关系。在这里，与记者或艺人不同，劝说者并不受契约的限制。他们靠各种手段传播。为了达到自己的目的，他们挑选适合自己论点的信息，以自认为最佳的方式包装。他们用令人愉悦的东西来吸引人们对自己传播的讯息的注意（如用电视节目来吸引人看广告）；他们调动大号字体、高嗓门、游行、集会、名人和重大事件，抢占人的感官。他们使用争论、威胁和许诺的手段，有时，他们甚至雇人扮演特定的角色，就像为征文比赛颁奖以获得预期的效果一样。他们可以放手推出自己的主张或推销自己的产品。货物售出，概不退换！

但劝说关系中的其他各方自然要采取提防的态度。他们遇到过劝说，准备抱怀疑的态度。他们自然会提出难缠的问题，去对付劝说者的主张，尤其要问对他们有什么好处。他们没有义务去理睬劝说者。如果劝说者是他们尊敬的人，他们可能会接受社会契约，注意听取劝说者的观点。例如，社会规范鼓励我们去倾听反对党总统候选人的观点。但如果不愿意，我们就没有义务去听上门推销或打电话推销的人的游说，也没有义务去读那些垃圾邮件。按照契约的规定，劝说者遭遇的是买方市场。

劝说有别于以力服人，也不同于条件反射那样的训练过程。劝说首先是一个传播过程。这是一个简单的过程：提供信息，意在改变用户头脑里的想法，并最终改变他们的行为。可见，和其他的传播一样，劝说是一种影子游戏；商人和广告商苦心孤诣、投入巨资，以了解消费者的口味；这说明，他们对劝说对象的了解是多么模糊。

让我们再考虑另一种关系：传授。显然，师生之间有预设的契约。按照契约，老师向学生系统传授有用的知识，给他们提供机会和指导让他们练习要学的东西。如今，这一契约无疑将明确规定"相关的"知识。根据契约，学生带入师生关系的是对老师的信任，对老师指导的尊重，是愿意参与学习活动。一般认为，学生是想学习的。但老师的责任之一是激励学生的学习动机。如果学生没有学习动机，老师不能激励他们学习，契约关系就被破坏了。

由此可见，四种传播关系的基本规则各有不同，表现形式亦各有不同。

什么因素使人们进入传播关系呢？许多时候是事出偶然。你在街上看到的是谁？你问路时，哪一位警察在值勤？哪一位漂亮姑娘还没有人约？哪一位老师担任七年级的科学课？另一种情况是事出需要——或者是长期感到的需要，或者是情况变化引起的需要。需要问阿拉摩纳街104号怎么走；需要学习一种谋生的技能，于是就报名学计算机编程；看到诱人的食品橱窗意识到自己饿了需要吃东西；如此等等。基本上，你是在衡量利弊以后才进入传播关系的，你要评估可能的好处和困难以后才作出决定。相对而言，社会雷达行为的好处很小，但在街上招呼人、点点头很容易，而且是社会期待的礼节。拥有一套百科全书可能大有好处，但书价不菲，约300～500美元，决定买书之前就得三思。参加了帕克曼太太的晚宴之后，你得写封感谢信，但这种信未必好写，又有点枯燥；而且，你得准备明天的讲稿；况且看电视更好玩，笔又不好用；你讨厌用笔写，喜欢用打字机，可打字机却在办公室，如此之多的因素不胜枚举。

## 第五节　传播行为

传播关系里面有什么事情发生呢？当然有传播行为，还有一套信息符号（符号是传播的要素，代表着信息；符号可以是语音、姿势、书面词语、图画；下一章将详细讲符号）。在传播关系中，一位参与者发出符号，另一位使用符号。要言之，这就是传播过程。

46　　　显然，符号发出之前和发出的过程中必然有一些内心的活动。首先要感到有交流的必要。然后，在人脑的黑匣子里要有信息加工，由此产生讯息的编码，然后向人体的肌肉发出指令，进而产生口语词、书面词、手势等符号。为了清楚起见，我们把这个发出符号的传播过程称为A类传播行为。

利用符号时就需要信息加工，我们把利用符号的传播过程称为B类传播行为。这就是说，接受符号的人要把注意力集中在符号上，靠感官去抽取符号中的信息，并且（在这个黑匣子里）加工信息，对储存的印象作必要的修正，对需要采取的行为作必要的顺序调整。

已故心理学家温德尔·约翰逊①从心理学角度描绘了 A 类和 B 类传播行为的过程，他说：

> 1. 一件事情发生了……
>
> 2. 刺激了 A 先生的眼睛、耳朵或其他感觉器官，造成——
>
> 3. 神经传导抵达他的大脑，又抵达他的肌肉和腺体，使肌肉紧张，产生语词前的"感觉"……
>
> 4. 根据他惯用的语言模式，他把感觉转换成语词，凭借这些语词，他"考虑"……
>
> 5. 他"选择"或抽象出语词，以某种方式组合这些语词，然后——
>
> 6. 用声波和光波对 B 先生讲话。
>
> 7. B 先生的眼睛和耳朵分别受到光波和声波的刺激，结果——
>
> 8. 神经传导抵达他的大脑，又从大脑到达他的肌肉和腺体，使肌肉紧张，产生语词前的"感觉"……
>
> 9. 根据他惯用的语言模式，他把感觉转换成语词，凭借这些语词，他"考虑"……
>
> 10. 他"选择"或抽象出语词，以某种方式组合这些语词，据此讲话，或采取行动。
>
> 于是，他反过来刺激 A 先生或其他把关人。由此，传播过程得以进行下去……[5]

约翰逊的说明美妙、简洁，旨在描绘两人讲话时的情况。但是，无论是两个人交谈、演讲会、讨论会、电话交谈、大众媒介的传播还是总统的记者招待会，传播过程都是相同的。最低限度，总有 A 类传播行为即一套符号，还有 B 类传播行为。传播过程的特点之一是，在某一瞬间，符号完全独立，摆脱了双方的控制。因此可以说，传播过程由三个

---

① 温德尔·约翰逊（Wendell Johnson，1906—1965），美国心理学家、言语病理学家、语义学家，著有《左右为难的人》。

不同的、分离的部分组成；不用进入人脑的黑匣子，我们就能观察到这三个成分，而且可以对其进行一定程度的分析。

乍一听，这些符号独立的说法有一点奇怪。但是，如果我们回想一下我们常见的传播经验，就会明白符号的独立了。比如我们寄出信或手稿后，想要收回来作一些修改，甚至重新考虑是否应该寄出去。说出的话难以收回，印出来的文字也难以修改，面部表情传出后也不能收回。然而，倘若对方没有注意到我们的表情，倘若他没有听见我们说的话，倘若印在纸上的文字还没有人看到，倘若"死海古卷"① 尚待发现，在这个间隔时间里，不管其是长还是短，只有光波、声波或纸上的墨迹，它们是完全脱离参加这种关系的任何人的。

有时，传播过程看来就像教练调教足球队，派球员去比赛，他却不能上场，又像是训练和装备军队，送其上战场，将军却不能去。这两个比方与我们所讲的传播过程相差不远。传播者尽其所能来准备并发送符号。如果他们说话、作文字斟句酌，他们就会调动自己学到的所有谋略和技能。然而，他们对符号的作用到此为止。一旦发出，符号就有了自己的独立存在。发出之后的讯息效果如何，发送者就不知道了，例如，精心撰写的信邮寄出去以后，写信人未必知道结果。寄信人的感觉和将军的感觉一样；士兵送上战场以后，将军不知道他们是举着盾牌凯旋而归，还是躺在盾牌上被抬回来；他不知道士兵们是否会贯彻他的意图，甚至不知道，士兵们是否攻击了预定的目标。

当然，足球教练能够派一个替补队员上场，甚至派一支新的球队去参加比赛。将军能下令增援或提供空中补给。传播者的情况与之类似。第一批语词发出之后，他们能补充语词以调整战术。他们能够再写一封信。他们能表达面部表情或举止未能传达的感情。教练可以从比分判断他的谋划是否成功；将军可以从战地情报获悉自己的战术是否奏效；同理，传播者能从参加传播关系的另一方那里得到"反馈"。

---

反馈是工程通讯理论衍生出来的另一个概念，意思是讯息产生的回　*48*
流。在人类传播中，说话者能听见自己说的话，几乎与对方听他说话的
同时听自己说话。他们可以据此判断自己讲得如何。而且，在做出正式
的回应之前，他们就能从对方的其他行为中得到一些信息。讲演者很快
就能判断听众是否感兴趣，并据此决定是否该讲故事、举例或改变讲演
的策略。听众回应时，讲演人很容易判断听众是否能听懂，他的讲演是
否有说服力。如果问路得到的回答是"天气不错"，问路人就有理由怀
疑有问题，此时，他们最好追加一个讯息以加强第一个讯息。如果用英
语问路得到的回答是法语"我不会讲英语"，那么，问路人最好就换用
其他语言。如果丈夫早餐时对妻子说话，而妻子却忙于填字谜游戏，他
就有证据断定他交流的力度不够。

可见，反馈是强大的工具。如果反馈不存在，或被拖延，或很微
弱，那就会使传播者怀疑和担心，有时还会使受众受挫或对立。在大众
传播中，当受众离得很远，传播者不了解受众时，学生听课而没有机会
提问题时，就缺乏反馈。大众媒介和广告投入巨资来研究受众是谁，来
了解他们对节目的看法，其原因就在于反馈。几封信或几次电话调查就
可能对电台和电视网产生不成比例的影响，其原因也在反馈。同理，大
班授课时，老师千方百计补充一些小组讨论，用办公时间给学生辅导，
给学生答疑，让学生有机会澄清问题，发表不同意见。

请注意，反馈活动的运行过程和其他传播过程一样。只不过，它是
信息的倒流，它使传播者有机会很快对回馈的符号做出反应，而回馈的
符号是他发出的符号引起的。换句话说，在完成一个 A 类传播行为之
后，传播者有机会进行 B 类传播行为。他们能加工反馈的信息：听自己
说的话、重读自己写的文字、观察交谈者的反应、调查节目的收视率和
收听率等，都是在加工反馈的信息。

## 第六节　电路与传播行为

研究传播行为就像研究大海：研究可以在任何水平上进行，但超过　*49*

一定深度之后，研究就只能在黑暗中摸索了。然而，传播过程中发生的事情未必都是神秘莫测的，也不必用图表来说明。稍后，本书将介绍传播领域比较有影响的一些模式。在这里，我们暂且用三言两语予以介绍，而不必叠床架屋、旁生枝节。

让我们用电路来作比方。

合上开关，电路接通，能源随即调动起来，电子沿电流移动，到达灯泡，电能进入灯丝，加热灯丝，灯丝放射能量，这就是我们看见的灯光。

这是传播行为吗？是沿着电线流动的讯息吗？

50 年前，许多人会这样描绘传播。他们相信"皮下注射式"（hypodermic）的传播理论。该理论认为，老练的传播者，使用万能的传播媒介时，一定能够把思想或信仰"注入"受众身体，并直接控制其行为。这一信念反映在"思想迁移"的表述中，但它早已被人抛弃。美国教育局教育资源信息中心（Educational Resources Information Center）就用"思想迁移"来解释传播这个词的意思。这个中心理应更加明白事理，传播过程中发生的恰恰不是"思想迁移"。一个人的思想是个人的、私密的。他的一些思想被抽象成为符号，凭借这些符号，另一个人激发自己的思想。

如果我们对人类传播有所了解的话，其特性就是，通过传播过程的任何东西断不可能不发生变化。试想一下电能在电路中流动和两人打电话的情况，看看两者有何区别。

当我们开灯时，从能源到灯丝，电流不会中断。在电路里，没有编码或解码，没有解释，没有物理变化。电流不携带讯息，它直接起作用。灯泡是被动的伙伴。灯泡烧坏之前，始终以同一方式做出反应，每当流量和性质适当的电流到来时，它都会亮。

电路的情况不能用来描绘人类传播。诚然，人类传播可能发出很大声音，也可能刺眼，很可能产生惊人的效果。但其运行与电流不同。因果链并不是从一个人的身体到另一个人的身体的简单传送。相反，它是一触即发的效果、一种催化机制。一个小小的传播行为可能会产生巨大的影响；相反，即使所有全国性的宣传资源被调动起来影响人民，也可能无法引起人民的注意。

传播的影响力和它在受传者身上所起的作用差别很大，其悬殊常引人注目，所以，有些物理学家怀疑，一般的因果律是否适用于研究传播触发的行为反应。怀疑者之一就是能量守恒定律的发现者之一朱利叶斯·罗伯特·迈耶（Julius Robert Mayer）。他觉得，传播触发的行为是一般因果律的例外；他区分"真正的"因果关系和"因与果不相等"的另一种因果关系。[6]苏珊·朗格①论及极富哲学思想的德国化学家威廉·奥斯特瓦尔德（Wilhelm Ostwald）时，引用他的话说："受刺激而触发的行为，从发出刺激的有机体得到能量，而不是从接受者那里获得能量；其物理效能可能是精致的、激烈的，说明有机体内存在着复杂而多变的结构，储有巨量的化学能，只需一点点催化剂就能释放出来。"[7]他暗示，有一种特殊的能量，它服从未知的因果律。

有人认为，在人类传播中，从发送者到接受者有某种"流动"的东西维持不变。这个观点是思想包袱，已被人遗忘。最好是把传播的讯息看作一种催化剂，它本身力量很小，但它能在讯息接受者身上激发很大的力量。

我们打一个简单的比方。有一个印度人黎明即起，烤制糕饼，然后到集市上去卖。当然，他尽量烤制人们喜欢吃的糕饼，尽量以吸引人的方式展示糕饼，把糕饼摆在过路人容易看见的地方。以后的买卖如何，那就只能由顾客决定了。人来人往，熙熙攘攘。有些人看见，有些人没看到。有些人饿了，正在寻找食物；有些人并不饿。有些人专门寻找糕饼，另一些人却不想吃糕饼。有些人曾光顾过他，可能是回头客；有些人却没有吃过他的糕饼。有些人看到他的糕饼，觉得想吃，于是把手伸进口袋里拿零钱，但他们可能有零钱，也可能没有。买了他的糕饼以

① 苏珊·朗格（Suzanne K. Langer，1895—1982），德裔美国人，著名哲学家、符号论美学代表人物之一，先后在美国哥伦比亚大学、纽约大学等校任教，主要著作有《哲学新解》、《情感与形式》、《哲学实践》、《符号逻辑导论》、《艺术问题》、《哲学断想》、《心灵：人类情感论》等，见本书第十一章。

后，他们不一定吃。比如，有人可能突然想起，已接受邀请去吃午饭，也许就会把买的糕饼送给别人。

任何比方都可能有不尽如人意之处。但这里描绘的买卖确实和上文所讲的两种传播行为有相似之处。糕饼要烤制，要拿到集市上去叫卖；同理，信息必须加工，要以符号的形式发送出来。顾客要决定是否买，他们要权衡，是否值得买，是否值得吃。顾客吃过这种糕饼以后，还有他们是否喜欢的问题，这个问题取决于两个条件：糕饼是否功夫到家，顾客是否喜欢糕饼。

51 这个问题以后还要进一步论述。在这一章的结尾，我们对传播行为的性质再补充几点意见。传播行为是信息加工行为，这是其最显著的特征。给人下巴上一拳固然能传播信息，但那一拳并不是信息的主要内容。叫一声"失火了"可能和右勾拳耗费同样的能量，但叫喊的作用和右勾拳的作用不一样。

此外，传播行为是全身心调动的行为。苏珊·朗格在其巨著《心灵：人类情感论》（Mind：An Essay on Human Feeling）中说，这种行为步步深入，寻根究底，最终深入化学和电化学的变化，牵动整个有机体的层次。[8] 人们调动全身心进行传播，利用一切资源来解释收到的信息。

最后一点是，传播行为有一种对称美、整体美。对这一性质，朗格博士同样有她独到的洞见。她写道：张力积蓄且必然释放，张力的释放经过起点、加速、转折、结束或顿挫的阶段，最终得到释放。可见，即使在简单的传播行为中，我们也看到艺术美那样的传播模式。简单的手势，由专业演员表演就比业余爱好者表演更富于艺术性。老道的演讲者或作家妙语连珠、句式匀称平衡，能使语言增色，使之更美。

## 第七节　传播如何起作用

现在作一小结。社会传播过程要求至少有两个人。他们结成信息分享关系，共享一套信息符号。结成传播关系的目的是寻求信息、劝说、传授、娱乐或其他。目的不同，参与者的角色也不同。比如，追求娱乐的人愿意"悬置怀疑"；预料对方会劝说的人将加强防范。然而，无论扮演什么角色，参与者总是要根据自己的认知需要，调动各种资源和传播技能，编制信息代码，将他编制的符号发送给对方。我们将这样的传播行为称为 A 类传播行为。白纸黑字的符号可以长期保存；手势或面部表情或讲出来的话则稍纵即逝。无论时间长短，在传播过程的某个时刻，这些符号都独立存在，脱离了参与传播的双方。

接受讯息的参与者，将根据自己的认知需要，调动各种资源和传播技能，决定是否接受对方发出的符号。如果接受，他就按照她自己的认知地图对这些符号进行加工。我们将这种行动称为 B 类传播行为。第二个参与者也可能要进行编码，这些编码多半是非正式的、无意的，可能是面部表情，也可能是其他信号，表示有没有兴趣、是否相信、是否理解等的信号；第一个参与者对第二个参与者的信号进行解码，将其当作反馈。如果情况需要，第二个参与者还可能进行正式的编码，发出这些符号，转而进行 A 类传播行为；反过来，第二个参与者的 A 类传播行为又可能引起第一个参与者的 B 类传播行为，如此等等，循环往复。

换言之，任何讯息都不能直接引起一望而知的外显行为。如上所述，讯息不像电流，电能沿电线流动，抵达灯泡，灯泡随即发亮。诚然，有些反应嵌入本能，近乎自动；例如，一听见汽车喇叭声，一听见"失火了"的呼喊，我们很快就做出反应。然而，即使这些快速反应也要经过一些中间步骤。首先我们要听到那样的声音，然后我们要对它进行解释："他是在对我鸣喇叭吗？""哪里着火啦？"外在符号影响行为只有一个途径，那就是改变形势在他心中的印象。外来符号到达时，如果接受者决定利用其中的讯息，他首先要加工这一讯息，加工的根据是他储存的形象；一般地说，产生的结果可能有几种：证实既存的构想，稍许修正原有的界定，或澄清原来不清楚的地方。就像改变宗教信仰一样，彻底改变原有观念的情况是极为罕见的。然而，改变信仰的现象的确时有发生；同样，感觉突变的情况也时有发生。比如，听说自己的房子着火时，脑海里对情况的感觉就会突变，迅速的反应就是必然的结果了。

有一个不幸的小故事要比火警故事更典型，更能说明典型的传播行为。妻子怀疑丈夫看侦探小说入迷，对她讲的市井新闻不感兴趣，所以突然说："那匹马把我们的孩子全吃掉了！"

他愣了一下说："亲爱的，那很好。"

她气势汹汹地质问："亨利，你听到我说的话了吗？"

"没有，亲爱的。"说完这句话后，他急忙把书翻过一页。

**思考题**

1. 思维是传播吗？

2. 音乐是传播吗？

3. 与人交谈时，你和他共享传播符号。看书时，你与作者分享信息交流。这两种符号有何不同？

4. 重温你最近三次与人交谈的情况。是你启动谈话的还是另一人启动谈话的？就你所知，启动谈话的意图何在？谈话有意达成一个目标吗？抑或是斯蒂芬森所谓的仅仅为了"游戏"？你如何描绘每次交谈的功能？（如有可能，请用第二章里的功能分类）在交谈的进程中，有理解"趋同"的现象吗？如果有这一趋势，那是在什么论题上？

**参考文献**

Most of the collection of readings cited at the beginning of the notes on Chapter 1 contain useful papers on the communication process. D. K. Berlo's *The Process of Communication* (New York: Holt, Rinehart and Winston, 1960) deals directly with the topic. K. Boulding's *The Image: Knowledge in Life and Society* (Ann Arbor: University of Michigan Press, 1956) is well worth reading in connection with this chapter. Useful sources on information theory are: C. E. Shannon and W. Weaver, *The Mathematical Theory of Communication* (Urbana:

University of Illinois Press, 1949), and C. Cherry, *On Human Communi-cation* (New York: Wiley, 1957).

[1] C. E. Shannon and W. Weaver. *The Mathematical Theory of Communication*. Urbana: University of Illinois Press, 1949.

[2] N. Wiener. *Cybernetics*. New York: Wiley, 1948.

[3] Weaver, *op. cit.* , p. 103.

[4] See Plato, *The Republic* , Book VII.

[5] W. Johnson. *People in Quandaries: The Semantics of Personal Adjustment*. New York: Harper & Row, 1946, p. 472.

[6] Quoted in S. Langer, *Mind: An Essay on Human Feeling*. Balti-more: Johns Hopkins Press, 1967, p. 284.

[7] *Ibid.*

[8] See the remarkable discussion of this topic, *ibid.* , pp. 257 – 306.

# 第四章　传播的符号

几年前，阿瑟·坎帕（Arthur L. Campa）根据长期传授现代语言的经验写了一篇小故事，主人公是一个学童，名字叫胡安，是西班牙裔美国人。

以胡安为例，他在西南部某地上小学。他有点"amorproprio"（自尊），但这个词被误译成"骄傲"，由于该词和英语中骄傲的含义不一样，他就被说成有点"虚荣"（false pride）。一天，他和同学佩德罗发生纠纷，因为他们的词汇和文化里都没有"妥协"（compromise）一词，于是就动起武来。老师坚持要胡安为他所做的事向佩德罗"道歉"（apologize）。她一再说："去向他道歉。"胡安不知道该说什么，因为西班牙语中没有这样的词，他的文化里也没有道歉的习惯。老师以为，既然词语可以翻译，文化模式也可以翻译。她接着说："跟他说对不起。"胡安不肯，因为他是在讲现实的文化里长大的，这一文化不愿意用空洞的语词手段来改变既成现实。结果，放学以后老师叫他留下来，不让他回家，因为他倔犟、不听话、恶习难改。但他仍然不知道"道歉"是什么意思。如果他有求知欲，他可能会查英西词典，从中发现这个词被误译成了 apologia（辩护）。既然他不认识这个半英半西的词，他可能会再去查"学院"型词典，他会惊奇地看到这样的解释——"Discurso en alabanza de una persona"（赞扬人的话）。如果是那样，他一定会气疯，一定会恨死那位老师的![1]

这个不幸的小喜剧背后隐藏着什么呢？老师想要向胡安"传播"某种信息：她对他行为的看法，她要他做什么。她无法让胡安直接了解她的想法和感觉，只能用一些符号，希望他能明白她的想法和感觉。"符号"这个词很好，因为她向胡安显示的符号独立于她的想法和感觉，就像路边的标牌独立存在一样。她用的是她可以利用的符号：英语词语，辅以严肃的表情和严厉的语气。她希望胡安能"读懂"这些符号，领会她向他传递的讯息。

问题出在哪里？那些符号对胡安和老师来说意思不一样。也许，面部表情和语气发出的讯息更容易领会，语词的讯息理解起来则要难一些。当然，即使在表情和语气方面，老师和胡安的感觉也不相同：老师大概觉得，疾言厉色表明她气愤有理，表明她慈母般的失望；相反，胡安只会认为老师不讲道理。至于语言符号，老师和胡安相同的理解就尤其少了。请注意，"传播者"同接受者之间的直接联系并不多，不会多过老师给学生一个橘子或一本书那样的联系。语词不同于电流，电流是通过电线直接流到灯泡的；语词也不同于皮下注射，不能直接进入体内。语词仅仅是符号，传播者有意让其传递意思，希望接受者做出回应，且按照传播者的意向做出回应。老师想要分享的意思与胡安推导出来的意思有可能南辕北辙，绝然不同。

## 第一节　符号的性质

换句话说，胡安和老师在他们使用的符号方面遇到了麻烦。因此，我们要努力弄清楚符号究竟是什么。

符号是人类传播的要素，独立于传播关系的参加者之间。在一个参与者的脑海中，它们代表某种意思，如果对方接受这些符号，它们在接受者的脑海中也代表类似的意思。表示符号（sign）的语词有好几个，不同的学者喜欢用的词各有不同，比如 symbols，significant symbols。无论叫作什么，它们都是传播中的要素，可以解码为"意义"。

词典是语言符号的仓库。如果在《韦氏国际词典》（第二版）里查"符号"（sign）一词，我们就会发现下面一些释义：

——代表观念的通用记号或标志，例如词、字母或标记……

——用以表达思想、命令或愿望的动作、行为或手势……

——大楼、房间、商店或机关门前和墙上的标牌及引人注目的招牌，用以表示经营的业务、公司的名称或老板的名字；公开展示的记号或告示。

——手写或印刷的意符、数字或图像……通常代表一个期限或概念……

——用以表明某种事物存在的东西……

想一想词典如何得出这些定义是值得的。编纂者不会想当然地胡编。他们不会制造语义。近年，有些印度学者倒是在制造语义，以求"净化"印地语；他们剔除借自波斯语的外来词，根据梵文生造新词，取代外来词。但是《韦氏国际词典》不能这样做。编纂者记录社会公认的符号意义：共享的语义。语词的意思不是固有的，而是来自公众的一致意见：什么符号代表某一特定的意思。至于词典记录的意义，我们不妨称为社会使用特定符号的主要趋势。

如果沿着《韦氏国际词典》里"符号"这个词条继续看下去，我们就会发现它在特殊语境或特殊社会集团里的特殊意义。它可以用来表示家族的纹章或军旗的标识，可以表示一个星座或者信号。"符号"一词还可以表示一个重大的事件，古人常以为，自己看到了神祇喜怒的征兆。"符号"的意思可能是预兆或者征兆；可以指足迹或痕迹（例如栖息的痕迹）。它可以指天文学中黄道带的符号，也可以指猎物的踪迹（如熊的踪迹）。在数字上，它用来表示正数或负数（加减符号）。在医学中，"符号"有特殊的用法（病症）。在语文学中，它指语词的词尾屈折。在神学里，它有时指精神的或超自然的现象。

如此之多的特殊用法说明，即使是"共同"的语义、社会一致同意 *58* 的意思，也会因人的经历和社会集团的不同而各不相同。一个学生问同学："什么是关联的符号？"此时，他脑海里浮现的是一个意思；福音传教士说"上帝给我们符号"，他心里想到的是一个意思；我们说，传播者用一套符号给一种讯息编码，那又是另一种意思了——虽然在这三种情况下，大家的中心意思都是：符号代表某个东西。

我们从《韦氏国际词典》引用了符号的各种意义，但其中心意义只有一个，那就是"表示"（representation）：符号表示"一种思想"，表示"一种想法……命令或愿望"，或表示一种"概念"，或表示某种隐蔽的信息如办公人员的姓名。符号代表事物。

认识到符号仅仅代表某种事物并不是一件容易的事，对原始人来说尤其如此；他们认为，名字是事物不可分割的部分。因此，原始人常把名字当作事物：如果诅咒一个人的名字，就可以用巫术伤害他。俄国的心理学家维果茨基（L. S. Vigotsky）讲了一个农民听到两位天文学家谈论星球的故事，他说："我明白，借助工具，人可以测量从地球到最遥远星球的距离，找到它的位置和移动的情况。但是我不明白，你们到底是怎样找到这些星星的名字的？"正如温德尔·约翰逊所言，在特罗布里群岛的原始人看来，鬼魂这个词不是装在头脑里的抽象的东西，不仅是可以验证的推论。鬼魂是现实：真有鬼魂。[2]

但是这种思维方式并不限于原始人或者没有文化的人。政治演说中充斥着这种东西：旗帜之类的象征，胜利、民族尊严或者爱国主义之类的字眼，"好人"、"坏人"之类的概念。这些东西都有自己的生命；在流行的习惯用法中，辨别符号及其背后隐藏的真实情况是极其困难的。这正是20世纪40年代和50年代的普通语义学给我们的教益之一：语词不等于事物，地图不等于领土，名字和它所代表的人是分离的，有自己独立的生命。

对我们来说，符号表示某种意思是如何形成的呢？回答是：经验使然。在幼儿时代，我们的感知似乎已条理清晰、具有意义。我们用不了多久就能感知发光点、无形的影子、模糊的色块、活动和静止的物体。克雷奇和克拉奇菲尔德（Krech & Crutchfield）生动地证明了这一点。[3]外界的刺激混合而成反复出现的模式。正如赫拉克利特（Heraclitus）所言，"事实"只会出现一次，人不能两次步入同一条河流，因为前次涉入的河水已经流走了。储存和再现许多瞬息即逝的经历不会有什么效果，实际上也是不可能的。所以人们倾向于观察经验中反复出现的有关模式；在幼小的年纪，我们就发现用符号来称呼这些模式效果很好。

前文业已讲到学习符号的途径。幼儿学用符号会得到奖赏。叫"爸爸"、"妈妈"得到的回报是疼爱、欢笑和爱抚，有时还会得到美食。他逐步领会到他学会的语音和感官印象之间的关系："妈妈"的叫声同温暖和芳香、柔软的皮肤和头发、食物的来源联系在一起；"爸爸"同洪亮的声音、烟斗的气味、强壮的臂膀、被高高举起来四面张望的经历联系在一起。所以，符号就成了工具，用来召唤能给他带来这些感觉的人。稍后，当他听到别人说"爸爸"、"妈妈"的时候，他就会产生爸爸、妈妈实际在场的感觉。

这样，对任何个人来说，符号的意思就是其引起的一套情景、感情、腺体和神经的活动。这些情况同符号本身引起的反应相似，但并不完全一样。一个人听见心爱的姑娘的名字的反应同见到姑娘本人的反应是不完全相同的，前者没有那么详细、深刻，也没有那么大的力度，那是从与姑娘的许多直接接触中抽象出来的反应。也许，他听见心爱的姑娘的名字时的反应可能掺杂着其他一些印象，包括与另一个名字相同的女性朋友接触中留下的印象。但他的反应还是足以使他迅速想起心爱的姑娘。所以，姑娘不在场时，他可以谈起她，能认出她信上的签名。他甚至会在一轮明月下默念她的名字，心中漾起甜蜜的感觉，这种感觉和他说起另一位女性比如嘉丽·纳辛①的名字的感觉总是不一样的。

但无论这个女孩叫玛丽、娜塔莎还是秋子，她总是一个具体的人。

---

① 嘉丽·纳辛（Carrie Nation，1846—1911），美国妇女，主张禁酒，并诉诸砸酒吧等手段，提倡妇女选举权，20世纪初颇有影响。

世上只有她这个独一无二的人。所以，你可以根据她的名字、社会保险号码或其他个人身份来归类。椅子这个词的意义是如何学会的？它代表许多同类副本的意思是如何学会的？这个意义也是从接触许多椅子的经验中抽象出来的。小孩听人说"这是椅子"。大人对他说："坐到椅子上去。"当然，这张椅子和上次那张不一样。他看到，母亲要在餐桌边坐下时，父亲站在她的身后，母亲解释说："看你爸爸多有礼貌，他给女士推椅子。"这样，多次听到这个符号以后，他就知道这个符号指的是抽象的"椅子"。这是各种椅子的共性，包括餐厅的椅子、幼儿坐的高椅子、客厅的大软椅、走廊里的躺椅、野餐椅等等；每当他听见"椅子"这个符号时，他就想起他学会的一套反应，他想起的东西就是放在地板上的几英尺高的坐具。

*60*

　　假设有个人终生都住在帐篷里或爱斯基摩人的圆顶小屋里，从来没有见过椅子，连椅子的图片也没有见过，那么，除非有人向他展示椅子，或者用其他符号比如图画、语词、演示向他解释什么是椅子，否则他不可能把任何意义和这个具体的符号联系起来。随着年龄的增大，我们用这种方式学到许多符号。如果不能用别的符号学习符号，我们永远不能学会使用"纯洁"、"无限"或"明天"之类的抽象词汇。

　　假定一位妇女终生都生活在北极圈，除了爱斯基摩种狗外，从未见过其他狗。又假定一位妇女在中美洲住了一辈子，只见过墨西哥的吉娃娃狗，从未见过其他狗。再假定让她们俩在一起生活。如果她们都学过英语，她们共同使用英语"dog"这个词时，肯定会遭遇到很大的困难。当那位北方人说起狗拉雪橇在雪地行走时，南方人是难以相信的；当南方人说把狗放到膝头上玩耍时，北方人就会感到惊诧。

　　这种误解或者说缺乏共同语义的情况，同两种文化遭遇时的情况差不多。华尔街的银行家和黑人居住区的活动分子很难让对方理解自己，这不是因为他们使用不同的符号（至少不是大量不同的符号），而是因为这些符号对双方的含义不一样。

　　前文谈过共享的问题。我们共享的是符号，而不是符号的语义。意义总是因人而异的，是建立在个人经验之上的，是个人反应组合的结果；无疑，任何两个人理解的语义都是不同的（不过，我们无法完全验证，不同人理解的语义是否相同）。对个人而言，符号的意义总是比词典里记录的共同语义丰富。意义是无穷无尽的。人们全身心投入到对符号进行解码的任务中。接收符号的人全身心做出反应。因此，对语义进行编码的总结、包罗无遗的任务是不可能完成的。符号编码人顷刻间完成的急就章，是对特定物体或议题做出的反应。质言之，符号是发出符号的人对自己的编码。所以，如果交流的双方能看懂彼此发出的信号，大多数情况下，他们在传播过程中交换的意思就大大超过了语词的意思。同理，发出符号的人也会尽其所能来解码他们对符号的感觉印象。

61　意义是他们在交流那一刻的认知状态，是体认符号的结果。

　　当然，符号不是完美无缺的载体，必然是从个人的经验中抽象出来的。任何一套符号都不能把个人的全部感觉传达出来，内心的活动是无法全部表达的。温德尔·约翰逊在《左右为难的人》（*People in Quandaries*）中强调指出，我们永远不能肯定我们"知道"另一个人的感受。[4]我们可以提问，可以观察行为。在一定层次上，这是相对容易的。人们对"亲亲我"、"把土豆递给我"或者"今天把赠券寄过来"的反应如何，很能说明这些话的基本含义是否已被理解了。但这只是冰山一角，对重要问题的简单反应究竟有何含义，永远深深地隐藏起来了。当然，深刻的同情和洞察有助于作出正确的猜测，高明的编码技能也会使人理解得深刻一些。

　　在一定程度上，两个人共享一个符号时，那就是两个人生活的交叉。两人交往时，我们带进传播关系里的因素有：我们储存的经验，脑海里的形象，价值判断和态度以及我们对感官刺激的反应。这些个人特征统称为参考框架。很难设想，任何两个人的参考框架会一模一样。因此，在一定意义上，符号的含义因人而异，随语境而变化；甚至对个人而言，语义会因时而易。一般地说，如果参考框架显著不同（例如北极生活经验和赤道生活经验的极大反差），我们理解符号差异的困难不会太大，理解个人细小和微妙的差异反而比较困难。比如，一旦意识到问题所在，只熟悉爱斯基摩狗的妇女和只熟悉热带吉娃娃狗的妇女就知道如何在谈狗时达成谅解。假设只知道吉娃娃狗的妇女从来没见过雪，她在与来自北极的妇女的交往过程中，大概就可以学会如何谈论雪；当然，来自北极的妇女对雪的感情和了解总是要比她深刻得多。"警察"一词对银行家和对黑人区的活动分子的含义是不一样的，对银行家而言，理解其中的差异并非不可能。美国记者和苏联记者对新闻自由概念会有不同的反应，对他们而言，理解其中的差异也是可能的。相反，使人际关系陷入困境的，常常是人生经验和价值判断方面的细小差别。这些差异深藏在经验里，很敏感，难以解释，常常拒人于千里之外，而疏远的双方却不是很清楚原因何在。

任何社会里都有一定数量的意义是普遍共享的。社会的成员必须在足够数量的外延（denotative）意义（称其名而识其义的意义，即词典中标注的意义）上达成共识，不然就无法交流。同理，任何社会在内涵（connotative）意义（情感和价值判断的反应，比如何为贬义词，何为价值观，谁是好人等）上必须意见一致，否则社会成员在生活中相处时就很不自在。

在其论述内涵意义计量的大作中，查尔斯·奥斯古德①发现，任何特定文化内部，在有关外延意义和内涵意义反应的思考方式上，都有着广泛共识；但在价值判断上，社会成员的分歧却是很大的。[5]奥斯古德对这个问题的研究路径有独创的一面。首先，他创建了许多两极对立的标尺或"尺度"，如好坏、强弱、新旧等，以此为标准框架，让人们对语词符号进行判断。他发现，美国人的判断往往集中在善行、效能与活动这三个因素上。大部分内涵意义似乎都可以用好坏、强弱、动静等判断来描写。受试者的判断因词而异，因人不同；但在一种文化内部，人们的判断却相当一致。奥斯古德甚至考虑编纂一部《内涵词典》（*Connotative Dictionary*），按照他的设想，该词典可以用内涵意义尺度给词语打平均分。也许，每一种文化的《内涵词典》都必然不同。不过，他在一些国家研究内涵意义以后发现，在使用的内涵意义因子中，不同的

*62*

---

① 查尔斯·奥斯古德（Charles E. Osgood, 1916—1991），美国心理学家，建立了学习迁移模型，创立了语义分析法，曾任美国心理学会主席、美国国家科学院院士。

文化却表现出相当惊人的一致性。

可见，从一方面看，一个符号激发个人的反应时，此人做出的反应是全身心调动全部经验的结果，所以，每个人的反应必然是独特的；在这个意义上，意义显然是个人的，绝不会全部表达出来，也绝不会是人人共享、完全一样的。这是问题的一个方面。另一方面，我们必然要共享一定的外延意义，这是基础，否则社会成员就不能交谈；同时，社会成员要在一定程度上共享内涵意义，如此，社会生活才能和谐与舒适。

在实际交往中，这种差别的意义在于，两个人交谈的绝不会是完全相同的东西。如果他们的文化背景不同，他们可能发现，即使普通的、社会共享的符号也有重要的差异。如果不认识这样的差异，苏联记者和美国记者讨论"民主"、"自由"之类的概念时，就会遭遇极大的困难。即使双方拥有社会共享的意义，能避免严重的困难，但同一符号在双方头脑里唤起的画面并不是完全相同的。如果意识不到这样的区别，结果就会大大出乎意料！

# 第二节　非语言符号的性质

符号可以是语言的或非语言的，可以是视觉的、听觉的、嗅觉的和触觉的。它可以是说的话、写的字、印的书和画的画，可以是姿势、微笑、拍肩、大笑或香味。研究姿势交流的著名学者雷·伯德惠斯托（Ray Birdwhistell）把姿势交流称为身势学（kinesics），他估计，两人面对面交流时，65％的"社会含义"是非语言传播。他这一结果是如何测算的，我们并不完全清楚，但是有一点显而易见：在任何人类传播中，很大一部分信息是从非语词的信号得到的。

然而，非语言符号有一定的局限，考虑上述百分比时有必要考虑其局限。另一位专门研究非语言符号的学者艾伯特·梅拉比安（Albert Mehrabian）提出了一个有益的观点：语言可以传播任何信息，而非语言传播的范围则有限。[6]换句话说，非语言信号可以表示喜不喜欢、重不重要、反应和情感等细腻的信息。线条、电影、电视等图像信号可以传播具体信息的综合效应。图像可以告诉我们：某物的外观如何，某人的相貌如何、行为怎样，如何开机器，在宇宙飞船或球形潜水器里能看到什么等等；在这些语境中，图像比语词的表现力强得多。然而，主题越抽象，不用语词就越难表达。比如，为什么要按这个钮而不按那个钮呢？为什么电路要这样设计呢？如果用语词解释这些问题，效果肯定比光用图片解释好，虽然对实际操作的人而言，图文并举有难以比拟的优势。讨论"极权主义"、"过去时态"时，用语词比不用语词效果好，虽然如同其他语境一样，图解常常能助一臂之力。诚然，圣洁的品质可用人的生平界定，美容的概念可用面孔来表现，壮美可用希腊神殿来说明，但很少有人有机会长期接触圣徒（特别是几百年前的圣徒），他们一般是通过语词理解圣徒这个概念的。不错，传达希腊神殿的壮美、描绘美人的容貌时，图像的效果是语词难以匹敌的；然而，如果抽象地讲述美丽的概念，如果深究希腊神殿美在哪里、建筑师如何使之壮美、造神殿的宗旨何在，那么，语言实实在在的高效性就显而易见了。

在爱德华·萨丕尔的笔下，非语言传播是"一套精致的代码，未见诸文字，无人通晓，但人人都能意会"。这句话暗示人类非语词传播的另一个特征：编成代码或词典都极其困难。部分原因是，它常常受语境的限制。一种情况下的耸肩同另一种情况下的耸肩意思并不完全一样。在一种语境下，目光向下可能说明尴尬；在另一种语境下，同样的目光可能是因为厌烦；另一种情况却表明谦虚。同样的姿势在一种文化里是一种意思，在另一种文化里的意思未必就相同。之所以未见非语言传播的词典，还有另一个原因：非语言传播反映所谓意义"无穷无尽"的事实。它超越了语言的范围，进入了深不可测的情感和情绪，不容易用语言来描述。

有些符号是有意发出的，有些仅仅是无意流露的。欧文·戈夫曼[①]

---

[①]　欧文·戈夫曼（Erving Goffman，1922—1982），加拿大裔美国社会学家、符号互动论的代表人物、"拟剧论"的倡导人，代表作有《日常生活中的自我呈现》、《避难所》、《邂逅》、《公共场所行为》、《污记》、《互动仪式》、《框架分析》、《交谈方式》等。

指出，有意的符号通常传达具体的信息（如指向某物）；相反，一般地说，无意间流露出来的符号是表情性的、指称性的，而不是刻意交流的信号。[7]然而，它们提供的信息常常与人们彼此的印象有很大的关系。这类的信息多半是无意为之的，但不知不觉间，我们大家常常都在流露这类信息。我们的衣着、走路的步态、说话的习惯、看人的样子以及我们的住房、办公室、墙上的画——所有这些东西都在告诉观察者，我们是什么样的人，我们关心什么，对什么感兴趣。

对研究人类传播的学者来说，无意中流露出的非语言信号比有意发出的信号更有意思。因为我们每个人的言行举止要调动的都是完整的人，而不是身心的一部分，因为传播行为反映的是整个人，所以非语言方式流露的信息，许多来自内心深处，是难以压抑的。1969 年，埃克曼和弗里森（P. Ekman & W. Friesen）在实验中发现，如果能看见受试者的双脚和双腿，而不只是其头部和面孔，人们就能够比较好地判断其情绪；这是因为面对摄影机时，受试者比较容易控制脸部表情，却难以控制躯体的动作。他们在稍早的研究中发现，仅从照片就可以看出，接受心理疗法的病人处在治疗的哪个阶段。埃克曼还发现，判断者可以把受试者的照片和他们当时说话的文字记录进行匹配。由此可见，受试者说话时，他们的声音、面孔和躯体都调动起来了。[8]

65　　　由此可见，非语言的符号是以几种方式进入人类传播的。首先，他们承载的信息常常不需要任何语言来表达。一幅画是一种完整的传播，以抽象派画而言，如果强加一个标题，那就可能利弊同在。飞机左翼的红灯无需文字说明，愤怒人群挥舞拳头的画面也无需配上文字。其次，非语言符号可以加强或拓展语言表达的信息。发挥这种强化功能的非语言符号可能是：说到关键词语前的一个手势或停顿，讲话中的强调语气或"真诚的表情"，以及教科书或说明书里的图解。

再者，语言渠道和非语言渠道传递的信号表面上不协调，但其意义却可能是一致的。幽默家的幽默即为一例，他们说话、书写的口吻一本正经，讲述的事情却足以使人笑破肚皮。小丑的表演与之类似，他们动作滑稽却神情沮丧。讽刺家一本正经引领读者，最后一刻才话锋一转，点破题旨，让人恍然大悟，原来他是在取笑。洛韦尔·托马斯（Lowell Thomas）播音时，有时向观众眨眨眼，好像是说："这是一则严肃新闻，但我们不必太认真了，让我们看看人性的一面吧。"非语言符号还有另一个功能：其意义和语言传达的意思相反。例如，有信心的声音与发抖的双手意思相反，敌意的声音与友好的言词意思也是相反的。

毋庸赘言，语言和非语言"声道"的结合是电视和电影的经典问题；设计电影教学片或广播教学节目时，这个问题尤其复杂。语言应该承担什么任务？应该用多少例证？语词应该在多大程度上吸引人们对画面的注意？语言和非语言"声道"的符号应该在多大程度上承载同样的信息才能避免分散观众和听众的注意力？这些问题是显而易见的，不那么明显的问题则是：同样的问题也存在于印刷品中，这就是语言内容和纸张外观及插图的关系；亦存在于广播中，只是情况略有不同而已，这就是语词与音质、语气和音响效果的关系。

我们说过，编纂非语言符号的词典即使并非不可能，至少也是困难重重的，这是一方面。另一方面，我们对一些非语言的"语言"的理解又越来越深。面部表情的"语言"很难从其语境中分离出来。一般来说，微笑、怒容或愁容具有普遍相同的含义。但皱眉的含义既可能是不喜欢、不同意，也可能是困惑、疲惫或厌烦。一种微笑可能与另一种微笑迥然不同：微笑表示的情绪可能是爱情、幸福、快乐、友爱、礼貌等等。而且，面部肌肉的运动和表情是人类传播最无与伦比的特征之一。在《回忆罗斯福》（*Roosevelt in Retrospect*）一书里，约翰·冈特（John Gunther）曾经这样描写富兰克林·罗斯福总统的表情："在 20 分钟的时间里，罗斯福先生的脸上表现出诧异、好奇、假装震惊、真诚的兴趣、焦急不安、胜似妙语的悬疑、同情、决断、嬉戏、庄重和超凡的魅力。但在整个过程中，他几乎没有说一句话。"[9]毫无疑问，罗斯福有效地传递了这些信息。然而，在这个例子里，当时的语境、描写的对象、描写的内容等非语言要素，显然是全部意义的重要组成部分。

内华达大学研究心理学的琳达·约翰逊（Linda Johnson）向一些受试者描绘了两个虚构的人，然后问他们这两个人像什么样子。[10]她对

*66*

这两个人的描述是：

　　A 先生：热心、正直、幽默、聪明、无偏见、有责任心、自信、文雅。

　　B 先生：残忍，野蛮、处处树敌、脾气暴躁、傲慢无理、粗鲁、庸俗、专横跋扈、冷漠无情。

　　她对 A 先生的描述是正面肯定的，对 B 先生的描述是负面否定的。这两人在受试者的心目中会是什么样子呢？他们不假思索就回答了约翰逊小姐提出的问题，众人的答案很接近，其中一些答案如表 4—1 所示：

表 4—1　　　　　　　　　　　　根据不同描述得出的不同答案

|  | A 先生（正面肯定） | B 先生（负面肯定） |
|---|---|---|
| 他会直接看你吗？ | 直视 | 避开目光 |
| 他通常是昂首向上看还是俯首向下看？ | 向上看 | 向下看 |
| 他是瞪大眼看的还是眯着眼看？ | 瞪大眼看 | 眯着眼看 |
| 他紧皱眉头还是舒展眉头？ | 紧皱眉头 | 舒展眉头 |
| 他的鼻孔松弛还是张大？ | 鼻孔松弛 | 鼻孔张大 |
| 他的嘴角是上翘还是下撇？ | 嘴角上翘 | 嘴角下撇 |

　　这个实验强调说明，人们学会期待"好人"、"坏人"像什么样子。它之所以有趣，不仅是因为它表明非语言信号能传情达意，而且还表明，这样的过度简化潜藏着极大的危险。即使在小说里，漂亮的坏人往往也能使女主人公神魂颠倒！

　　雷·伯德惠斯托认为："任何身体动作或姿势都不能被视为一种普遍的符号。"[11]动作或姿势本身大概不是普遍的符号。手指事物的动作本身接近于普遍的符号，但它所指的事物却因时因地而异，所以，这个手势之外添加了另外的信息。乐队指挥举起右手时，乐队和听众都鸦雀无声。如果是在日本的相扑比赛中或者是在轮船甲板上，这个手势的效果可能就不一样了。在我们今天的文化中，搭便车者伸出的拇指、交通警伸出的手掌、两个指头做成的 V 字形手势的意思，是非常清楚的。然而，我们必须指出，在没有汽车的地方，人们可能不理解交警的手势；在大家都步行的地方，人们可能不理解搭车者的手势；现在，V字形手势的意思和温斯顿·丘吉尔在20世纪40年代初使用时的意思已有所不同。虽然手势并非普遍的符号，然而许多观察家认为，在身体各部分中，手的表达能力仅次于面孔。讲话时受抑制的无意识冲动往往从手的动作、位置和紧张程度中流露出来，威廉·詹姆斯①是首先指出这一点的心理学家之一。

夏威夷的草裙舞就是靠舞蹈者的手势来表现故事的，一支夏威夷歌曲中有这样一句歌词："让你的眼睛看着我的手。"至于速度较快、臀部摆动的塔希提舞则是另一种情况。一个塔希提姑娘曾经说："如果你盯着我的手，你得不到我传达的意思。"不过，这两种波利尼西亚人的舞蹈都是用非语言形式传递讯息。

奥尔波特（G. W. Allport）和弗农（P. E. Vernon）发现，人的书写、步态和坐姿模式与个性的表现是相当一致的。[12]曾经有人问一位著名的铅字设计师，为何他能非常迅速和容易地分辨那么多型号的铅字。他说："我认出它们就像我认出山顶上走路的朋友一样。步态如其人。我不必看步态的细节就知道是他。加拉蒙德（Garamond）字体也一样。字如其人，只需看一眼我就能断定是他的字体。卡克斯顿（Caxton）字体也是一样的。无需看细节我就能分辨他的模式。卡克斯顿的字体在对我说话。"同理，欧文·戈夫曼论述人的行为时写道："一个人可能停止说话，但他不能停止用身体的习惯动作进行交流。"[13]

目光的接触有语言吗？西梅尔②说，对视的一眼"是最纯粹的相互交流"，在人类传播中，它大概最接近于同时和共同交流的境界。他写道："观察者想了解被观察者，同时，他也拱手交出自己，让别人去了

68

---

① 威廉·詹姆斯（William James，1842—1919），美国哲学家、心理学家、实用主义者、机能心理学创始人，著有《心理学原理》、《宗教经验种种》、《实用主义》、《多元的宇宙》、《真理的意义》等。

② 乔治·西梅尔（Georg Simmel，1858—1918），又译齐奥尔格·齐美尔，德国社会学家、新康德派哲学家，以社会学方法论的著作闻名，同时致力于形而上学和美学，著有《货币哲学》、《历史哲学问题》、《道德科学引论》、《伦理学基本概念的批判》、《社会学》、《社会学的根本问题》、《交际社会学》、《时尚的哲学》等。

解。"他又说："如果眼睛不给予信息，它就难以接收信息。"[14]巴恩伦德
（D. C. Barnlund）列举了目光交流的一些讯息：介入、敌视、猜疑、无惧、
命令等等。[15]梅拉比安断定，你越喜欢谁，你看他眼睛的时间就越长。

　　姿势有语言吗？多伊奇①说，每个人都有一种基本的典型的静姿，
一旦偏离这种静姿，他就要尽快回归这一体姿。[16]梅拉比安（Mehrabi-
an）说，说话人越向对方前倾，他对这个人的感觉就越好。他又说，如
果说话人的姿态很放松，这可能意味着他不喜欢对方，也没有受到对方
的威胁。[17]如果觉得受威胁，他可能很紧张；如果喜欢对方，他可能稍
微放松一些。与地位低的人相处时，人最放松；与地位相等的人相处
时，放松程度次之；与地位高的人相处时，放松程度最低。身体的放松
程度是体姿交流的行为之一，已经有人做了相当准确的测定。梅拉比安
说，在躺椅上向后倾斜10度以上的体姿表示极其放松。最不放松的表
现是手上肌肉紧张，体姿呆板。适中的放松显然是前倾20度左右，侧
倾20度以下，腰板不那么直；至于妇女，放松的另一个信号是两臂不
抱在胸前。人们做了一些研究，旨在辨认可以测定的体姿、面部表情等
行为，借以表现情绪、态度或者意向的体态语。比如，有人已经比较详
细地编制了面部表情的代码，不过这些代码总还不是那么具体。最有趣
的尝试之一是N. 麦科比（N. Maccoby）的研究，他试图用非语言的视
觉信号来预测心理状态；他把一个班上课的情况拍成电影，然后用影片
来估计学生是否听懂了老师讲授的东西。如此得出的结果自然比碰运气
要好些；如果评判人（老师）得到一些指导，他们估计的教学效果还要
好一些。但这种方法并不很有效。[18]

　　嗓音的"语言"比较容易理解。演员证明，他们在朗诵台词时通过
音调、音量或节奏的细微变化，就能给听众留下许多不同的情感印象。
例如，费尔班克斯（G. Fairbanks）和普洛诺沃斯特（W. Pronovost）
让一些演员朗诵同一段话，表达出（意向中的）愤怒、恐惧、悲伤、轻

---

　　① 默顿·多伊奇（Morton Deutsch, 1920—　　），美国社会心理学家，1987年获美国心
理学会颁发的杰出科学贡献奖，著有《社会关系研究方法》、《冲突的解决》、《应用社会心理
学》等。

蔑和冷漠的感情。听这些朗诵录音的学生很容易就分辨出了这些感情。[19]一些研究人员设法制造"无内容的讲话";他们把录音放得很快，使人无法听懂字句。然而，即使在这种情况下，许多人还是可以分辨不同的感情，比如爱和憎的差异。还有些实验者让不同的演员读同一段文字，要他们用自认为合适的任何技巧比如停顿、调节音量等，以强调不同的部分。不出所料，被强调的思想或名字是听众最容易记住的。由此可见，说话方式传达重要的信息，其重要性并不亚于说话的内容。

服饰里也有语言。在一定意义上，我们大家都穿统一的制服，无论是工作服、运动服、礼服、警服、军服还是牧师的罩袍，都会透露我们的信息和意向，有时还表示我们对受访者或同行的尊敬。对于见到我们的人，我们的穿着可能会鼓励某些行为，同时又抑制一些行为。正如戴维·费班（David Fabun）所言："一个穿游泳裤的人和另一个穿礼服的人的交流是一种情况，穿同样服装的两个人的交流是另一种情况，两者截然不同。"[20]罗杰·布朗（Roger Brown）这样描绘"哈佛广场的人"："如果年轻人蓄小胡子、背绿书包，他就是哈佛大学的学生；如果他穿的是户外短夹克衫，他就是城里人；如果姑娘穿深色时髦长筒袜，她们就是拉德克利夫学院的学生。"[21]威尔伯特·麦基奇（Wilbert McKeachie）发现，唇膏的情况会影响男性招聘人对女性求职者人格的评估。[22]我们早就知道，戴眼镜的年轻人往往被认为比不戴眼镜的人勤奋和聪明。

颜色有语言吗？费班的总体结论是：黄、橙、红等"暖色"刺激创造性，使人更外向，更愿意对他人做出回应，而"冷色"往往"促进冥想和深思"，也可能使谈话的情绪受挫。如他所言，人们应该在红色调的屋子里进行创造性的思维，然后到绿色的房间里实施自己的想法！[23]

气味有语言吗？气味对传播有何影响？这方面的研究乏善可陈；不过，香水、肥皂、除臭剂和修面后用的润肤露说明，有人认为气味能传播讯息。作家和学者一致认为，气味对使人回忆起过去，有强大的作用。食物的气味使我们想起母亲的烹调；鲜花的香味使我们想起早年的春光，想起童年时乡间的生活，大概还能使人想起自己喜爱的朋友；火车的烟雾或蒸汽使人想起过去旅行的兴奋。若斯特·梅尔露（Joost Meerloo）写过一篇生动的散文，题为《气味的世界》（A World of Smells），谈起他回故乡海牙的感受：

> 我想起来，我还要寻找一棵特别的老树或者一个喷泉，寻找远处曾经首次突发奇迹的一个地标。
>
> 接着，在拐弯的地方，一种久违的魔力扑面而来，直钻鼻孔，这是我熟悉的海风，大洋的和风夹带着咸味，使人高兴。我回想起有一次遭遇的风暴正是来自那个方向，时处深秋，我们顶着倾盆大雨，穿过沙丘，艰难地挣扎前进，与狂风暴雨搏斗。
>
> 我漫步经过母校，又一阵混杂的气味扑面而来，勾起种种回忆……木地板的气味、澡堂子的气味、学童衣服的潮湿味混杂在一起，这似乎是所有学校挥之不去的气味。
>
> 再往前走，我发现一个小港湾，咖啡、乳酪、发霉的面粉等食品的气味弥漫空中，十分强烈，腐烂的飘浮物散发出刺鼻的气味。在公园里，蓓蕾初绽，散发着难以名状的芬芳。在一条狭窄的街上有一家酒铺，每次路过时，我总要深深吸一口它那令人陶醉的醇香。当面包师烤制的面包刚出炉时，我也尽情吸进新鲜面包的香味，它使我馋涎欲滴，渴望狼吞虎咽。[24]

众所周知，时间是有语言的。在美国应邀参加派对时，如果迟到半个多小时，那是不礼貌的；另一方面，如果准点到，即使算不上不礼貌，那也是出乎意料的。商务约会则是另一回事。如果晚到一个小时，你传递的信息当然会使人不快，人家也将回报以同样的态度。相反，如果是在瑞典，无论赴宴还是赴约，最好是准点去。在拉丁美洲你会发现，人们的时间观念很模糊，晚一个小时根本谈不上不感兴趣或者不喜欢。正如费班所言，我们每一个人，每一种文化，都有自己独特的文化钟，它本身就在传递有关我们的信息（例如，我们起得早，勤奋，是否守时等等）。

那么空间的语言又如何呢？我们知道，稍稍调整一下家具的位置就能大大改变传播的信息，我们也据此预先作出判断，住房或办公室的主人大概是什么样的人。比如，许多内科医生和精神病医生发现，医生和病人之间没有桌子时，病人会比较轻松。萨默（Sommer）指出，大学生上课选座位和他们预期上课的气氛有关，因预期不同而不同；如果预期的气氛随和，他们就彼此坐得比较近，或坐到角落里；如果预期的气氛有竞争性，他们就坐在后排，或者就坐在与可能的主要竞争者相对的地方。

人人似乎都有个人空间感，都喜欢维持与他人互动的距离。不同文化的空间距离有时差别大得惊人。比如，拉丁美洲人说话喜欢靠近，而许多北美人则喜欢保持相当大的距离。有人讲过这样的故事：来自"喜欢贴近"文化背景的人竟然跳过桌子，以便维持他们自认为适当的说话距离。还有更加好笑的故事：一个拉美人与一个北美人说话时，步步紧逼，把北美人逼到走廊的尽头，他尽量靠近对方，对方则往后退，以保持自认为应有的距离。[25]

人造的环境有两种传播效果。首先，它传达的信息是，谁布置这一环境，或谁处于其中。其次，它对该环境中人的互动产生影响。建筑师萨里林（E. Saarinen）说，他很难做到不关心居室，因为不是居室支配他，就是他支配居室。有人讲述画家杰克逊·波洛克（Jackson Pollock）的感觉时说，波洛克一走进米斯·范德罗（Mies van der Rohe）设计的房子就"感到非常紧张"，以致"一句话也说不出来"[26]。巴恩伦德曾论述不同环境对人类互动的戏剧性影响；他说，"加尔各答的街道、巴西利亚的林荫道、巴黎的左岸、京都的花园、芝加哥的贫民区、下曼哈顿的高楼窄路"为人类的互动提供了不同的背景，因而既影响人的交流又影响人的其他行为。[27]

由此可见，尽管非语言符号不容易系统地编制成准确的代码，但是大量而多样的信息正是通过它们传递给我们的。下一章讨论语言符号，语言代码总是要明确一些。

**思考题**

1. 当人家问"你是什么意思"时，他的意思是什么？

2. 霍尔《隐蔽的一维》（*The Hidden Dimension*）对一些问题作了解释。这些问题是：交谈时彼此站的位置应该相距多远；其他类似的文化空间问题，即"占有"空间的问题。换句话说，有时有人觉得，"这是我的空间，你不应该侵犯。"你有过这样的经验吗？比如，你是否觉得，人行道上和巴士里的某些空间属于你，他人不应该侵犯呢？

3. 服饰有语言吗？换言之，我们用衣着来传达什么意思吗？

72 4. 请一两位朋友用面部表情来表达气愤、惧怕、惊奇、快乐和困惑，他们可以按任何顺序表现这些情绪，并且事先不告诉你。你来猜这些表情代表什么。

你会发现，如果能看见整个面孔，猜起来就容易。然后请他遮掩一部分面孔，只让你看见眼睛、额头、鼻子、面颊、嘴巴或下巴，看看你是否能猜准他们的表情。一部分五官比另一部分更容易表现某一种表情吗？

### 参考文献

For general reading in this area: R. Brown, *Words and Things* (New York: Free Press, 1958); G. A. Miller, *Language and Communication* (New York: McGraw-Hill, 1951); C. Morris, *Signs, Language, and Behavior* (Englewood Cliffs, N. J.: Prentice-Hall, 1946); C. K. Ogden and I. A. Richards, *The Meaning of Meaning* (New York: Harcourt Brace Jovanovich, 1936); C. E. Osgood, G. J. Suci, and P. H. Tannenbaum, *The Measurement of Meaning* (Urbana: University of Illinois Press, 1957).

Among useful volumes in the burgeoning field of nonverbal communication are R. L. Birdwhistell, *Kinesics and Context* (Philadelphia: University of Pennsylvania Press, 1970); P. Ekman, W. V. Friesen, and P. C. Ellsworth, *Emotion in the Human Face* (Elmsford, N. Y.: Pergamon Press, 1972); E. Goffman, *The Presentation of Self in Everyday Life* (Garden City, N. Y.: Doubleday, 1959) and *Strategic Interaction*

(Philadelphia: University of Pennsylvania Press, 1969); E. T. Hall, *The Silent Language* (Garden City, N. Y. : Doubleday, 1959) and *The Hidden Dimension* (same publisher, 1966); R. P. Harrison, *An Introduction to Nonverbal Communication* (Englewood Cliffs, N. J. : Prentice-Hall, 1974); A. Mehrabian, *Nonverbal communication* (Chicago: Aldine, 1972); J. Ruesch and W. Kees, *Nonverbal Communication: Notes on the Visual Perception of Human Relations* (Berkeley: University of California Press, 1956); T. A. Sebeok, (ed.), *Animal Communication* (Bloomington: University of Indiana Press, 1968).

[1] A. L. Campa. "Language Barriers in Intercultural Relations. " *Journal of Communication*, 1951, 1, 41 – 46.

[2] W. Johnson. *People in Quandaries: The Semantics of Personal Adjustment*. New York: Harper & Row 1946, pp. 137 – 138.

[3] D. Krech and R. S. Crutchfield. *Theory and Problems of Social Psychology*. New York: McGraw-Hill, 1948. For a later version, see D. Krech, R. S. Crutchfield, and E. L. Balachey, *The Individual in Society*. New York: McGraw-Hill, 1962, pp. 20 ff.

[4] Johnson, *op. cit.*, p. 109.

[5] C. E. Osgood, G. J. Suci, and P. H. Tannenbaum. *The Measurement of Meaning*. Urbana: University of Illinois Press, 1957.

[6] A. Mehrabian. "Communication Without Words. " *Psychology Today,* 1968, 2, 53 – 55.

[7] See E. Goffman, *The Presentation of Self in Everyday Life*. Garden City, N. Y. : Doubleday, 1959, p. 2.

[8] P. Ekman, and W. Friesen. "The Repertoire of Nonverbal Behavior: Categories, Origin, Use, and Coding. " *Semiotica*, 1969, 1, 49 – 98.

[9] J. Gunther. *Roosevelt in Retrospect*. New York: Harper & Row, 1950, p. 22.

[10] Reported by P. F. Secord, "Facial Features and Inference Processes in Interpersonal Perception. "In R. Tagiuri and L. Petrullo, (ed. ), *Person Perception and Interpersonal Behavior*. Stanford, Calif. : Stanford University Press, 1958.

[11] See R. L. Birdwhistell, *Kinesics and Context*. Philadelphia: University of Pennsylvania Press, 1970.

[12] G. W. Allport and P. E. Vernon. *Studies in Expressive Movement*. New York: Macmillan, 1933.

[13] E. Goffman. *Behavior in Public Places*. Garden City, N. Y. : Doubleday, 1963, p. 35.

[14] G. Simmel "Sociology of the Senses: Visual Interaction. " In R. Parl and E. Burgess, ( ed. ), *Introduction to the Science of Sociology*. Chicago: University of Chicago Press, 1921, p. 358.

[15] See D. C. Barnlund, "Introduction—Nonverbal Interaction. " In D. C. Barnlund, (ed. ), *Interpersonal Communication: Survey and Studies*. Boston: Houghton Mifflin, 1968, pp. 511 ff.

[16] F. Deutsch. "Analysis of Bodily Posture. "*Psychoanalytic Quarterly*, 1947, 16, 211.

[17] Mehrabian, *op. cit.*

[18] N. Maccoby and G. Comstock. *Instructional Television for the In-Service Training of the Columbian Teacher*. Stanford, Calif. : Institute for Communication Research, Stanford University, 1966.

[19] G. Fairbanks and W. Pronovost. "An Experimental Study of the Pitch Characteristics of the Voice During the Expression of Emotion. "*Speech Monographs*, 1939, 6, 87 - 104.

[20] D. Fabun. *Communications: The Transfer of Meaning*. New York: Macmillan, 1968, esp. pp. 20 ff.

[21] R. Brown. *Social Psychology*. New York: Macmillan, 1966, p. 102.

[22] W. McKeachie. "Lipstick as a Determiner of First Impressions of

Personality. ”*Journal of Social Psychology*, 1952, 3, 241 - 244.

[23] Fabun, *op. cit.*

[24] J. A. M. Meerloo. *Unobtrusive Communication: Essays in Psycholinguistics*. Assen, Netherlands: Van Gorcum, 1964, p. 166.

[25] R. Sommer. “Further Studies of Small Group Ecology. ” *Sociometry*, 1965, 28, 337 - 348.

[26] Quoted by S. Rodman, *Conversations with Artists*. New York: Capricorn Books, 1961, p. 84.

[27] Barnlund, *op. cit.* , p. 512.

# 第五章　传播的代码

　　令人惊叹的是，幼儿能又快又早地学会说话。因为要达到这一点，他们必须分清语音的界限，识别不同语音的关键差异，然后把一组一组的语音与环境和群体行为联结起来。最后，儿童必须学会发出所有的语音，并且用这些语音来满足自己的需要，来进行学习和思考。况且，这一切都发生在幼年；在这个年龄段，他们在其他一切方面都还是婴儿，还得依靠成人。

　　对此，心理语言学家约翰·卡罗尔①说过这样一段话：

　　　　儿童说话从咿咿呀呀开始，到发出可以分辨的辅音和元音，再到学会单词，又到会说两个单词组成的句子，直到三岁时，能够组成符合简单语法的句子。这是无与伦比的成就。这种语言能力是在没有直接语言训练的情况下取得的；相反，语言学家却未能创建一种语言结构理论，以生成自然语言那种无穷的语言结构。但是，一切语言社区的儿童都能学会听懂并说出这样的语言结构。[1]

---

　　① 约翰·卡罗尔（John B. Carroll，1916—2003），美国心理学家，擅长心理测量学，著有《人的认知能力》、《现代语言能力测试》等。

如此，显然凭借社会经验和社会强化这样连续不断的过程，儿童在掌握许多比较简单的行为技能之前，就掌握了学会一种语言的惊人本领，语言是他们掌握的第一种精妙的学习工具。他们就掌握了语言，这就提出了几个有趣的问题。其中之一是，儿童是否带着某些天生的语法理念来到人间，以致他们比其他灵长类动物更容易学会人类语言（或许，他们学习另一个星球上的语言比较困难吧）。

这是诺姆·乔姆斯基的立场。[2] 近年，这位麻省理工学院的语言学家提出的理论对语言学产生了巨大的影响。他认为，儿童是带着某些天生理念来到人间的，其中就包括普遍语法的心理呈现；这种语法使幼儿学会一种语言，其学习机制是一系列的转化，乔姆斯基称之为"转换"语法；儿童凭借这样的转化来生成无数的句子。换句话说，学会一种语言不仅仅依靠交往和口头回应的奖赏，而且还依靠人类先天固有的能力，这是人类世世代代在使用语言的经验中积累的能力。

乔姆斯基参与了遗传和环境因素的长期论战，他站在遗传因素一边。正如这场争论的其他方面一样，论战的结果可能是，人类学习语言部分依靠遗传因素，部分依靠行为经验和奖赏。儿童具备某些天赋特质，所以他们比其他动物更容易学会一种人类语言，这一点不难相信。争论的实质是，天赋的特质是什么：能力还是倾向？抑或是乔姆斯基所谓的命题性知识？他觉得，这种知识是掌握某种特定语言语法的遗传基础。但"评审团"尚未对这场论争作出裁决。

不过，乔姆斯基还提出了其他一些有趣的问题。首先，如果婴儿继承了学习语言的能力，而这种能力显然又是人类所特有的能力，那是否意味着，人类同出一源、语言同出一源？哈佛大学哲学家希拉里·普特南（Hilary Putnam）作了有力的论证：

　　　　假如使用语言的人类在两个或两个以上的地方独立进化，假如乔姆斯基的论点是正确的，那就应该有两个或两个以上的人种，他们从两个或两个以上的原始人群繁衍而来，每个人种的正常儿童就无法学会其他人种的语言。既然我们没有看到这种现象……我们就只能断定（如果先天语言能力的假设是正确的）：语言的使用只能是一种"飞跃",而这种"飞跃"只能出现一次而已。据此,很可能,所有的人类语言都是一种原始语的后裔。[3]

世界上现存的语言约有 3 000 种,但它们都有基本相似之处。约瑟夫·格林伯格(Joseph Greenberg)指出,世界各地的语言结构中有若干明显的"共性"。[4]我们许多人把德语、汉语或斯瓦希里语作为第二语言来学习的时候,都会遭遇困难,尽管如此,没有任何经验证明,一个德国孩子在英格兰长大时,他不能像英国孩子那样把英语作为第一语言来学习,学起来没有英国孩子那样容易。也不能证明,一个由中国家庭养大的爱斯基摩孩子学汉语时,不会像中国孩子那样容易,不如他的兄弟姐妹在老家学习爱斯基摩语那样容易。无论这种遗传能力是什么,它都似乎能促进各种人类语言的学习,但它不能使人学习海豚的语言(如果海豚有语言的话),也不能使人学习人造语言或另一个行星上的语言。因此可以说,乔姆斯基的思想引导我们回到通天塔,然后又回到伊甸园,在那里,所有的人都讲同一种语言,这样的假设似乎是有道理的。

这种见解引起了另一个重要问题。既然人类语言是后天学会的人类代码,是强加在经验之上的代码,那么,这种语言代码岂不是决定着人类加工经验信息的方式?这个问题使我们想起沃尔夫—萨丕尔假说。这是由本杰明·沃尔夫①提出、由爱德华·萨丕尔发展形成的假说。

# 第一节 语言符号和代码及沃尔夫—萨丕尔假说

沃尔夫和萨丕尔认为,人类根据本族语所勾勒的路径来解剖大自然。因而,语言不仅成为学习的渠道,而且对所学的东西进行过滤。萨丕尔说:

人类……在很大程度上受特定语言的支配,这一语言就是人所

---

① 本杰明·L·沃尔夫(Benjamin L. Whorf,1897—1941),美国语言学家,结构主义大师,与老师萨丕尔一道提出著名的"沃尔夫—萨丕尔"假说,代表作有《论语言、思维和现实》。

处社会的表达工具。如果设想人适应现实而不必使用语言，如果认为语言仅仅是在解决交流或思维的具体问题中偶尔挑选的手段，那纯粹是幻想。事实上，在很大程度上，"现实世界"是无意识地建立在群体语言习惯上的……我们以特定的方式去耳闻目睹，去进行其他的体验，多半是因为我们的语言习惯预先就决定了我们如何选择去解释现实。[5]

在一定程度上，语言应该是我们观察世界的透镜，是对感觉经验中抽象出来的意义进行分类归档的系统；这似乎是尽人皆知的常识。沃尔夫以霍皮语（Hopi）为例子做了说明。这种语言区分动词和名词的方法与英语不同。在英语里，人、房子、闪电、山是名词；跑、跳、打、说是动词。霍皮人看待事物的方式与此不同，他们考虑的是：词语能持续多久？像闪电、波浪、火焰、烟柱这些持续时间很短的词只能是动词。名词代表持续时间较长的事物，如人、山、房子。同样，霍皮语里有个名词表示除了鸟以外的全部会飞的东西；鸟则用另一个名词来表示。实际上，霍皮人用同一个词来称呼飞机、飞行员和昆虫，而且并不觉得这样的称呼有什么问题。沃尔夫认为，这个现象证明，霍皮人用语言组织的经验世界与其他许多文化是很不一样的。

他指出，爱斯基摩人觉得，把雪限制在一个单一的、无所不包的词里是几乎不可能的。在他们的语言里，正在飘的雪、半融的雪有不同的词，其他有关雪的现象也有不同的词语。相反，阿兹台克人（Aztecs）则用同一个词来表示冷、冰和雪，只是词尾略有不同。还有人说，阿拉伯语里有大约 6 000 个词和"骆驼"有关。在很少见到骆驼的文化里，这些词汇里的大多数是空缺的；可见，它们代表了人类给经验编码的不同方式，给骆驼的代码自然就有所不同了。[6]

这就是沃尔夫的语言观——语言决定人对现实世界的认识，但并非所有的语言学家都接受这样的语言观。这一课题业已证明是一个非常困难的研究课题，人们希望看到的大量科学证据尚未出现。不过，罗杰·布朗和伦尼伯格（E. Lenneberg）等学者却认为，虽然英语只有一个词表示雪，而爱斯基摩语却有许多词来表示雪，但这种现象并不说明，操英语的人不能够区别这些不同的表示雪的现象；那只能说明，雪对他们来说并不像对爱斯基摩人那样重要。因此，操英语的人就觉得没有必要用许多词表示雪。与此相似，既然阿兹台克人对雪的体验比操爱斯基摩语或英语的人更少，所以他们有关雪的词汇就更少了，这并不影响他们的生活。既然美国人并不经常看见骆驼，所以他们根本就不需要 6 000 个与骆驼有关的阿拉伯语词汇。

79　　　问题的要害是因果关系。语言对人处理信息的影响到底有多大？人处理信息的需要到底在多大程度上影响了人的语言？两者之间是否有相互作用？爱斯基摩人需要较多的词来表示雪，阿拉伯人需要较多的词来表示有关骆驼的话题，两者的目的都是为了有效地处理有关这两个主题的大量信息。假设美国人和阿兹台克人有这两种需要，他们也会创造多种代码表示这两种现象吗？为了有效地处理必要的信息，科学家创造了一些供自己使用的专业词汇，其中有许多是很抽象的。非科学工作者走进学术会议的会场时，可能会觉得自己听到的是一种陌生的语言，科学家看世界的方式与众不同。由此可见，任何文化加工信息时，都需要从既定的经历出发，这就在某种程度上决定了所需开发的语言形式。这些形式投入使用后，往往会指引语言如何去进行抽象，甚至会决定哪些信息被编制成代码，这样的趋势难道不可能吗？比如，科学家就可能用现成的语汇去编码，而不是创制新术语，难道这不是他们的倾向吗？

　　　再以霍皮人处理时间的方式为例，这是前文业已提及的例子。很难说，这跟霍皮文化相对缺少时间压力没有关系。不过，一旦霍皮文化为其语言创制一套范畴，当它在与另一种文化的交往中涉及重要的时间问题时，难免会遇到困难吧？沃尔夫有一段文字，描写霍皮观念范畴可能会衍生出来的科学，霍皮科学家如何与西方文化背景的科学家交往互动。这段文字妙趣横生。他说，"霍皮语法"

　　　……容易区分短暂、持续和反复发生的现象，并表明所陈述的事件的实际次序。这样，霍皮人就可以不借助线性时间观念来描绘宇宙。如果方程式里没有时间 T 这个因子，根据这些思路创建的物理学又如何运作呢？在我看来，它的运作将是完美无缺的，尽管它需要与我们不同的概念，甚至还需要不同的数学。当然，速度 V 这个因子也必须从这个方程式里剔除出去。霍皮语里没有相当于英语里的"速度"或"迅速"的词。把这两个词翻译成霍皮语时，通常是用一个表示"强烈"或"非常"的词，它可以和任何表示运动的动词连用，这是指向霍皮语新物理学性质的一条线索。我们也许得介绍一个表示强度 I 的新术语。每样事物或每件事情都有一个强度因子 I，无论我们将其视为运动的、持续的还是静态的。电荷的强度 I 也许是它的电压或电势。我们将用时钟来测量某些强度，或更加准确地说，测量一些相对的强度，因为绝对强度对任何事物都是毫无意义的。我们的老朋友"加速度"（acceleration）将保留在新物理学里，但毫无疑问要用一个新名称。也许，我们称之为 V，不过它的含义不是速度（velocity）而是变异（variation）。也许，所有的增长和积累都将被视为变异 V。我们不会有时间概念上的速率（rate），因为，像速度一样，速率采用的是数学意义的时间和语言学意义的时间。我们当然知道，一切的度量都是比率，但如果计量是在与时钟或行星标准比较中作出的，我们就不会把这样的强度当作比率，就像我们不能把标尺计量的距离当作比率一样。

　　来自另一种文化、使用时间和速度的科学家可能会发现，很难让我们理解这些概念。我们会讨论化学反应的强度，他却会探讨化学反应的速度或比率；起初，我们可能会以为，速度或比率这两个词在他的语言里只是表示强度而已。与此相似，开头他会认为，强度不过是我们表示速度的词而已。在讨论的开始阶段，我们会意见一致，到后来我们便会产生分歧，也许双方都会意识到，我们各自使用的是不同的推理体系。他会发现：要使我们理解他所谓化学反应的速度是非常困难的。我们没有一个词吻合他的意思。他可能这样来解释：把速度比作一匹奔马，说快马和劣马的差别是跑得快与慢；相反，我们则鄙夷不屑地大笑，试图向他说明：他的比方也不过是强度大小；况且，马和烧杯里的化学反应几乎没有什么相似之处。我们会指出：奔马在地面上运动，而烧杯里的物质却是静止不

*80*

动的。[7]

　　此刻，我们没有必要绝对接受或绝对拒绝沃尔夫—萨丕尔假说，当然也不必去考虑我们能否证明它是正确的还是错误的；显然，迄今为止的研究尚未证明它是错的。现在需要的是认识到语言和文化特别密切的关系。这种关系犹如人的个性与其传播的关系。每一种文化都需要加工信息，从长时段来看，这种需要决定着该文化的语言采用什么样的形式。一种文化与另一种文化相遇时，常常会出现这样的情况：一种文化的新词汇、新的语言形式会连同新思想和新概念一起被另一种文化所借用。在一种文化中成长起来的人，说的是那种文化的语言，自然也会用那种文化中的共同词语、范畴和关系来加工信息。从本质上看，与其说我们看现实的方式受到语言的影响，不如说我们在完成那种文化里的社会化。我们在成长为那种文化里的人，接受那种文化的观点、习俗和世界观。这些观点、习俗和世界观都深深扎根于我们身上。因此，在每一次传播中，我们携带我们的文化参与传播，于是，我们的文化就反映在我们的语言里，并通过我们的语言表现出来。

*81*　　这里不可能深入透彻地讨论语言，也不可能——罗列最近几十年里第一流的语言学家对语言的种种分析。若想翻检这方面的文献，读者可以从乔姆斯基的著作入手，看看他 1968 年那本书的第一章里对不同语言学观点的介绍。[8]不过，在接下来的几页里，我们至少可以对其中一些问题作一些探讨，看看这个既灵活又敏感的人类传播工具为其使用者带来的一些问题。

# 第二节　语言的若干问题

　　索绪尔①指出：人类语言实际上有两个成分，一个是我们平常所称

---

　　①　斐迪南·索绪尔（Ferdinand de Saussure，1857—1913），瑞士语言学家，结构主义语言学创始人，区分"言语"和"语言"、共时研究和历时研究，著有《普通语言学教程》、《论印欧语系元音的原始系统》等。

的语言，它是一切语言行为的整合要素；二是言语（speaking），即使用语言的具体行为（actes de parole），这是索绪尔等语言学家选定的术语。

用这些术语来看，语言本身是一种社会规范，是代码化的文化的一部分，是人们一致同意的符号系统；这一系统是可以编纂进词典和语法书的。相反，言语行为是一种个人的行为；言语行为服从语言社群的习惯，但可能与词典和语法书里的语言相去甚远。实际上，语言是一种假设的结构，由语言学家和语法学家提出，目的是为了解释语言交流的现象；早在语言学家对语言进行系统分析之前，语言交流就在进行之中；儿童在学会句子、讨论句子结构之前就在进行语言交流了。

我们没有人说规范化的语言，我们说的是我们所听到的语言，说的是我们在强化过程中学到的语音和句型。学写作时，我们比较接近使用规范语（在许多情况下这种语言太规范了），但是即使在这里，我们也偏离规范。如果我们相当多的人偏离规范，规范就会变化。因为规范语言是随着人类传播的发展变化而变化的，而不是相反。

如果外星来客得到我们的语法书和词典，有机会在我们的语言社群里游走，听我们说话，与我们交谈，那么毫无疑问，他们带走的将是一个符号系统；这套符号就相当于统计学所谓的集中趋势（central tendency）。这种集中趋势就是规范化的语言。然而，我们的星际游客从一地到另一地、从一人转到另一人时，就会察觉，围绕规范语言的变异是很大的。

比如，试想外星来客在英国的短暂旅行，他们乘汽车旅行经过各郡，从伦敦到约克郡再到苏格兰，他们会听到英语单词的各种发音。再想一想他们听见语义随语境不同而变化时会多么迷惑。例如，在水族馆里听见人说"我喜欢鱼"（I love fish），这句话的意思是：那人喜欢鱼缸里嬉游的有鳍生物。在餐馆里听人说这句话时，其意思则是：那人觉得鱼这道菜很鲜美。学会这两种区别后，外星来客又听到有人说"poor fish!"（可怜虫），他们会不知所云，猜想说话人指的是鱼身上的什么东西。然后，他们听见人说："I'd love to"、"Love that tune"、"My little love"、"I love you"。他们应该不会把"I love you"翻译成"我觉得你烧熟后很鲜美"。但是，这种语境差异绝不会使文化之间和亚文化之间的交流更加容易。火星来客在纽约地铁线上听到"Hudnathernex"时，也许需要别人翻译才知道什么意思——"下一站是第一百零三街"。也许，过了一些时间，他们才能区别以下三个句子的不同意思："What are you doing?"（你在做什么?）、"What ARE you doing?"（你究竟要干什么?）、"You are doing WHAT?"（你究竟在做什么?）他们回去以后，也许会写一篇学术论文，专讲"you know"这句口头禅的各种含义。倘若从规范语言学起，他们就不得不费很多时间来摆脱它的束缚。

奇怪的是，口头语言的最大长处之一也是它最大的问题之一。这就是它在许多层次上抽象的能力。一方面，不同的抽象层次使人能够（用不同的语速）同儿童和哲学博士谈论同样的话题，能够按自己希望的那样把尽可能多的信息编制到具体的代码中，能够在具体的现实与何谓现实的哲学问题之间轻松自如地转移话题。若干年前，为了说明人类的思维和谈话如何在不同的层次上运作，早川会一[①]设计了他所谓的抽象的阶梯（ladder of abstraction）。他以"奶牛贝茜"为例，说明人在不同梯级上观看奶牛的情形：

第一级　科学分析的微观奶牛和亚微观奶牛

第二级　我们感知到的奶牛

第三级　贝茜——我们用这个名字来辨认所看到的特定对象

第四级　奶牛——我们用这个符号来代表"奶牛性"（cow-ness）的若干特征，这是我们从贝茜和其他奶牛身上抽象出来的特征

第五级　牲畜——这是一个更抽象的符号，代表奶牛与猪、小鸡、绵羊等共同的特征

第六级　农场财产——这个符号代表牲畜与其他可出售的农场财产共同的特征

---

① 早川会一（Samuel Ichiye Hayakawa, 1906—1992），加拿大裔美国语言学家、世界著名语义学家、符号学家、政治家，曾执教于威斯康星大学、哈佛大学、芝加哥大学、旧金山州立大学。共和党人，曾任加利福尼亚州参议员，著有《思想和行为的语言》等。

第七级　财产——农场财产与其他可出售项目的共同特征

第八级　财富——表示资产的程度，包括贝茜的价值，还包括很多其他财产的价值。[9]

在这个阶梯上的位置越高，意义就越抽象，贝茜的具体特征就越是湮没在总体的含义里。这赋予人编制不同代码的能力，使人把不同数量的信息编入一个符号里。人既可以在最具体的层次上编码，又可以在最抽象的水平上工作；可以说一头具体的奶牛（或其生物体的一部分）；可以用代码将那头牛编制进一个符号，使人能检索那头牛的图片，而图片使人可以将那头奶牛与其他的奶牛（如"海尔加"、"珍妮"、"海伦娜皇后"或其他代码的奶牛）区别开来。在这个阶梯上，你还可以继续往上爬，把更多的东西和经历用代码编在一起。

一方面，这种抽象能力见效神速，因为它大大加快了信息加工的速度。我们用"农场财产"这几个词说或者思考问题时，既容易又快捷；相反，列举奶牛贝茜、奶牛海尔加、山羊乔治、76 只母鸡、8 只公鸡、拖拉机、谷仓以及成千上万种其他东西，就不那么容易了；其实，抽象的"农场财产"就可以把它们包罗无遗。然而另一方面，你和另一人站在贝茜旁边谈论她时，无疑，你们两人谈论的就是同样的牛；相反，"财产"这个抽象概念则可能有多种解释——征税人的解释和潜在的顾客的解释不一样，如果没有上过学的人解释"财产"，别人根本就听不懂。因此可以说，在阶梯抽象的一端，信息加工的速度比较快，但有这种能力的人就比较少，误解的风险也就比较大；在阶梯的另一端，可以交流的人比较多，但交流的效果却不太经济。多半的科学语言（科学家之间的谈话）往往是抽象程度很高的谈话；最实际的、日常的谈话往往是抽象程度很低的谈话，以便于人人都容易参加。

关于政治和价值的谈论迅速地爬上抽象概念那一端，这些抽象概念容易引起误解，充满感情色彩的语词也随之增加。温德尔·约翰逊曾举例说明这种现象：

如果你的收音机、汽车或电熨斗出了毛病，你会请懂机修的工匠；你和他交谈的语言直截了当、讲究实际效果，两人的表达很合乎情理，尤其是修理工。你不会用 40 种"体面的"名字来称呼火花塞，你们说发动机时不会脸红；当他说你的一根管子坏了时，你不会认为是侮辱，也不会发怒。你们使用的词语和你们交谈的内容之间，或者说"自我"与现实之间，只有最低限度的认同。

然而，这一切在任何时刻都可能发生惊人的变化……比如，你们两人或许会转而谈起政治或宗教。刚才，你们还明智练达，顷刻之间，通情达理的情绪如惊弓之鸟，不见踪影。争强好胜的态度取而代之，你们可能会各执己见，互不相让。除非有一个人（最好是两人）的言辞非常委婉，否则，其中一人（也可能是两人）就会对号入座，把"你自己"同对方说的话画等号……你们一人甚至两人就可能暗自甚至公开断定，对方是"赤色分子"或"无神论者"；如果不是这样，你们就算走运了。[10]

有效传播的秘诀是有能力控制语言的抽象程度，使读者或听众能明白意思，并且能在这个层次的范围内对抽象的程度作一些微调，使比较抽象的内容建立在具体概念的基础上，使读者或听众能比较容易地从简单熟悉的形象过渡到抽象的命题或概括的结论，并在必要时又能够返回到比较具体的形象上去。如果你看书仔细，你可能会惊奇地发现大量的简单词汇和具体形象，甚至伟大的诗人和小说家、最伟大的哲学家和历史学家的作品也大量使用简单的词汇和具体的形象。只有那些自命不凡、意在卖弄的作家，才忽视传播对象的需要，才试图给同行留下深刻的印象，才会专挑生僻字眼、多音节词和高度抽象的表述。

寻求合适的抽象程度和抽象数量是我们在使用语言时碰到的难题之一。另一个难题是所谓简单化（simplistics）的倾向。面对复杂的概念和高度抽象的话语时，我们千方百计简化话语的编码。遗憾的是，办法之一是语义学家所谓的两极价值取向（two-valued orientation）。我们倾向于把概念、观念和人编制成非此即彼的代码，非好即坏、非敌即友、非成即败，规避细致的区分，不承认有些东西是亦此亦彼的。我们夸耀自己能考虑问题的两面，往往忘记了，第三个方面甚至第 25 个方面都可能是存在的，并且是值得我们注意的。正如温德尔·约翰逊所言，把这种现象和卡伦·霍尼（Karen Horney）所说的"我们时代的神经质人格"对照起来看，"简单化"不是健康的征候。[11]它使人和政策都出现僵化的倾向。

"简单化"的倾向用象征性形象来编制代码，来代表我们身边流过的一部分信息。肯尼斯·博尔丁在他的著作《形象》里指出：人的想象力只能承受一定程度的复杂性；当复杂性难以承受时，想象力就隐入简单的行为比如象征性形象。他说，象征性形象（symbolic image）

……是大致的概括，仿佛是书籍的索引，代表极其错综复杂的角色和结构。象征性形象在政治生活中极其重要，在国际关系中尤其重要。比如，我们把美国想象为山姆大叔，把英国想象为约翰牛，把俄国想象为北极熊。在归纳和表述价值形象（value image）时，象征性形象特别有用。在一般情况下，价值形象不会是一长串详细的可供选择的单子，也不会按地位高低顺序（rank order）仔细地编排。相反，它们用一种"姿态"概括了极其复杂的网络，排除了不同的选择和情景。例如，在基督教里，耶稣受难像和圣母像千百年来都极富召唤力，因为这些形象概括了一整套价值系统，概括了对待生活和宇宙的全部看法。政治形象起同样的作用，知识层次与宗教略有不同。这些形象的创造者对人们的想象力和事物的进程产生异乎寻常的影响。比如，我们可以看看美国政党的形象。

共和党被想象成一头象：老态龙钟，富有威仪，略微迟钝，也许不十分精明，但饶有智慧，工作勤勉，品格正直，相当保守，与世界有一丝隔膜，颇有耐性，感觉迟钝，但偶尔也爆发出难以名状的怒火。民主党被设想为驴：活跃，敏捷，聪颖，不太自信，有点新贵的姿态，敏捷，敏锐，有点庸俗，有点乐天派的荒唐。这两个形象常常以漫画的形式重现，对营造政治气候具有重要意义。

在国际关系中，国家的象征性形象具有异乎寻常的意义。实际上可以说，这种形象登峰造极，到了极端严重的病态程度。国家的象征成了图腾崇拜的对象。漫画和政治演说不断在强化这些形象，赋予其"真正的"人格——狮、熊、鹰的形象，爱、恨、拥抱、拒

*85*

绝、争吵、打斗的寓意。通过这些象征，冲突的网络不是被想象为纱线织成的网络，游移变迁、短暂存在、稳定性差的网络，而是被看成庞大对抗要素之间的简单的拉锯战。这种象征性形象是挑起国际战争的重要原因之一，是对当今世界能否继续生存的主要威胁。[12]

毋庸赘言，今天操纵舆论的领导人多半都是专家或有专家襄助的人；他们能创造前文提及的博尔丁论述的形象和口号。因此，今天公共传播面临的问题之一就是，愿意并能够看穿这些刻板的简化形象和标语，并用自己对现实的复杂经验去进行检验。现实是复杂的。简单的语言往往使人难以掌握现实，而不是容易掌握现实。因而一种有成果的传播关系必须在复杂和简单这两个极端中间保持平衡。它必须建立在参与者能感到舒适的抽象水平上，同时又必须包含足够的实例和说明，以便使抽象的概念具体化。

归根结底，储存并指引我们行为的有关现实的各种图像正是我们自己塑造的。大众媒介、教育制度和其他信息机构固然需要给我们提供特别的信息服务，但我们必须主动要求它们尽责。我们对自己的要求则是保持一种批判的姿态和不偏不倚的回应。每一位语义学家都说，既耐心又专注倾听的人实在罕见。"提出问题时，仿佛是在认真倾听而不是在寻找机会接过话头"[13]的人实在是难以寻觅。面对铿锵有力的演说、优美细腻的文笔和令人难忘的电视节目时，我们的批评能力常常被悬诸高阁！早川会一说，"有些人不听人家说"，他们感兴趣的似乎"只有那些温柔的指向自己内心感受的讯息，即听上去舒服的声音。正像宠物猫和宠物狗喜欢让人抚摸一样，有些人喜欢经常受到温柔言语的爱抚……由于这种听众为数甚多，所以，智能上不足的人在成功的道路上很少遇到障碍，他们照样可以在舞台、电台、讲台和布道坛上一路通行无阻"[14]。我们能够做的就是分辨各种所谓真实的言论。早川会一举了以下几个例子：

有些蘑菇有毒（已为科学证实的言论）
萨莉是世界上最甜美的姑娘（至少有人这样看）

人人生而平等（这是我们认为应该遵从的指令）

$(x+y)^2 = x^2 + 2xy + y^2$（意思是说，这句话跟代数的方程式
一样无懈可击）[15]

也许还可以加上一句：

这是人民的政党（意思是大选时刻又来临了，各政党都用这样
的鼓动语言，彼此没有特别的差异）。

人非圣贤，孰能无过。我们不能指望自己完美无瑕。然而，我们用
不完美的透镜观察世界时犯的过错，与其说是语言的不足造成的，不如
说是人自己的过错造成的。在本章结束之际，我们再举一例，说明人的
特征如何妨碍我们用语言来获得感知现实时的平衡图像。几年前，英国
广播公司有一个几分钟插科打诨式的"智囊托拉斯"（Brains Trust）节
目，嘲笑许多人如何构建世界的图像。罗素[①]用"不规则动词"（irreg-
ular verb）be 的变化来讥讽人的态度。以下是他列举的三句话：

我（am）很坚定。

你（are）很固执。

他是（is）个顽固的蠢猪。

后来，《新政治家》（*New Statesman*）周刊和《国家》（*Nation*）
周刊举办了类似罗素的"不规则动词"be 的比赛，下面是这两家杂志
收到的条目：

我才气横溢。

你异常饶舌。

他是酒鬼。

我有理由感到愤怒。

---

①　罗素（Bertrand Arthur William Russell，1872—1970），英国哲学家、数学家、社会
评论家、分析哲学主要创始人，对符号逻辑、逻辑实证论和数学产生了深刻影响，代表作有：
《数学原理》、《哲学问题》（与怀特海合著）、《数理哲学导论》、《西方哲学史》等，获 1950 年
诺贝尔文学奖。

你烦恼。

他无事生非。[16]

但是，读者不要以为，我们指出人类语言行为的诸多问题也是在"无事生非"。语言是构造美妙的工具。但即使法拉利或奔驰之类的名车也必须靠人驾驶，有时也需要调试。事实上，工具越精美，对技巧的要求也越高。人类语言也向它的使用者提出了同样的要求。

**思考题**

1. 关于人类同出一源的说法，意见分歧颇大，你觉得正反两面各有哪些重要的主张？人类单一源头的主张是否必然导致人类语言同出一源的结论呢？如果语言的起源不止一个地方，相隔遥远的部落能分享多种语言与文化吗？乔姆斯基认为，人类拥有独特的先天能力学习语言。如果此说正确，为何一个物种拥有这样的能力，而其他物种却不可能拥有这样的能力？

2. 有人说，如果操两种不同语言的两个人要交流，他们就必须学习彼此的语言与文化。你认为这一观点正确吗？如果此说有理，它对我们了解意义的性质有什么启示呢？

3. 本章所讲的主要是语言交流，上一章所讲的主要是非语言交流。我们用来描写有声语言的术语比如语词、句子、词类、语汇等能用来描绘非语言交流吗？我们有可能为非语言交流编纂词典和语法书吗？

4. 有人尝试与海豚交流，理由之一是，这有助于我们学习如何与外星人打交道，如果真有外星人的话。在什么意义上这样的交流会有帮助呢？

**参考文献**

In addition to the titles suggested for Chapter 4, W. Johnson, *People in Quandaries: The Semantics of Personal Adjustment* (New York: Harper & Row, 1946) and S. I. Hayakawa, *Language in Thought and*

Action (New York:Harcourt Brace Jovanovich, 1949) are useful general reading in this area.

There are a number of general books about language. Because of his present importance in the field, N. Chomsky, *Syntactic Structures* (The Hague:Mouton, 1967) is suggested. An excellent and readable book on language from the historical viewpoint is M. Pei, *The Story of Language*, rev. ed. (Philadelphia:Lippincott, 1965).

[1] J. B. Carroll. In S. Saporta, *Psycholinguistics*. New York: Holt, Rinehart and Winston, 1956.

[2] N. Chomsky. *Syntactic Structures*. The Hague:Mouton, 1967.

[3] This is quoted in a popular exposition of Chomsky by J. Ved Mehta in "Easy to Please". *New Yorker*, May 8, 1971, pp. 44 ff.

[4] J. Greenberg (ed.) .*Universals of Language*. Cambridge, Mass. :MIT Press, 1966. See especially Greenberg's chapter. "Some Universals of Grammar with Particular Reference to the Order of Meaningful Elements. "

[5] E. Sapir. "The Status of Linguistics as a Science. "*Language*, 1929, p. 5, pp. 207 - 214. See also quotations in J. B. Carroll (ed. ), *Language, Thought, and Reality*. New York:Wiley, 1956.

[6] D. Krech, R. S. Crutchfield, and E. L. Balachey. *The Individual in Society*. New York: McGraw-Hill, 1962, pp. 296 ff. See also B. L. Whorf in J. B. Carroll (ed. ), *Language, Thought, and Reality*. New York:Wiley, 1956.

[7] B. L. Whorf. "Science and Linguistics. "*Technology Review*, April 1940, 62 - 66, 247 - 248.

[8] N. Chomsky. *Language and Mind*. Berkeley: University of California Press, 1968.

[9] S. I. Hayakawa. *Language in Thought and Action*. New York:

Harcourt Brace Jovanovich, 1949, p. 169.

[10] W. Johnson. *People in Quandaries: The Semantics of Personal Adjustment*. New York: Harper & Row, 1946, pp. 174 – 175.

[11] *Ibid.* , pp. 9 – 10.

[12] K. Boulding. *The Image: Knowledge in Life and Society*. Ann Arbor: University of Michigan Press, 1956, pp. 109 – 111.

[13] Johnson, *op. cit.* , p. 394.

[14] Hayakawa, *op. cit.* , p. 118.

[15] *Ibid.* , pp. 290 – 291.

[16] Quoted *ibid.* , p. 96.

# 第六章　传播的路径：谁与谁交谈

　　不妨抽时间写下你见面时能叫得出名字的所有人。你会发现，这张名单就像你平生的联络图。每在一地居住、学习或工作，你都会有一些熟人的印记。待得最久的地方，关系最重要且必要，熟人的名字就最集中；距离越远、逗留时间越短的地方，记得的名字就越少。

　　不过，即使你开出了熟人的名单，那也不过是描绘你传播线路图的第一步。还有成百上千的人曾与你有过交往，但他们的名字你已记不起了。你通过书籍和其他大众媒介有所了解的人不计其数，对其中有些人还知之甚详。有些组织和个人你是间接接触的，这些接触的中介是"禁止通行"的路标、广告、所得税申报单，还有文化信号比如修剪草坪的方式、教堂大门上的雕像等。此外，你还无意中听到许多传到你耳朵里的讯息，比如海滩上飘来的歌声、邻居的争吵。最后还有我们大家默不出声的自言自语。我们给这种自言自语的现象起了一个体面的名字——思维，而思维所用的符号与我们交谈所用的符号是相同的。实际上，在我们的生活经验中，这种内心的传播活动占用的时间超过了其他传播活动的时间。

　　看来，任何个人的传播路线图大概由下列要件构成：

1. 大量的内在传播——自言自语、思索、回忆、决定、做梦。

2. 同亲近者比如家人、朋友、邻居的交流。

3. 与工作团队的交流。

4. 所谓维持性的交流，这是生活方式和社会环境所需的交流，包括与商业和服务业人员的交流；与大夫、牙医、律师的交流；同理发师、加油站工人、出租车司机的交流；与公务员比如收税人员、车管人员、警察和消防队（幸好很少）的交流。

5. 与业务上和社会上偶遇者的交流。

6. 与通过书籍和大众媒介间接相知者的交流（多半是从他们那里了解情况）。

7. 最后是大量出处不明的信息，来自大众媒介、参考书籍以及日常生活各种各样的文化信号。

当然，传播模式因人而异。有人喜欢与朋友和邻居交往；有人则深居简出。有人阅历多，喜欢长期交往。有人阅读长篇巨著；有些人却只看看电视。

# 第一节　用广角镜看传播

个人的传播路线图就说到这里。现在转向广阔的视野，如果我们能以广阔的视野去观察人类传播，将其视为由个人和机构组成的宏大的社会网络，比如将其视为带指示灯的电话网络或计算机系统，那么，我们又会看见什么呢？

我们会看到无数电路上的传播流（communication flow）。对个人来说，大多数最常用的电路是通向身边的人。但也有很长的线路图，如邮政、电话、电报和出行的线路图。在这个宏大的系统中，到处都有可谓之放大器的东西。这些放大器就是大众媒介机构——学校、图书馆、通讯社等组织机构。许多电路通向这些机构，它们的功能之一是筛选输入的信息，产出数量较少但信息量很大的讯息，将这些讯息输往许多接收点。每一个机构都有它自己的内部传播网。在这些内部网络中，在人际传播链上，我们都可以看到较小的放大器，那就是具有传播信息专项功能的个人，诸如此类的人有教师、记者、广播员、传教士、公共咨询人、作家、广告专家、旅客、饶舌者等等。

如果我们把这个宏大网络作为一个整体来观察，应当能够辨认出一些特定的模式。有日常非正式的信息流，诸如打招呼、社交邀请、红绿灯、办公室门上的名牌、警服、电话簿，还有方便现代社会生活的街道图。还有长期的信息流，诸如通向通讯社和大众媒介的新闻和解释，它们每天照亮了大多数人的信息通路。还有诸如学校之类的机构，它们也定期照亮一些信息通路。这种信息流通的模式相当于基础脑电波，基础脑电波在示波器上闪亮时，人足以维持有机体的活动，但这样的状态不足以应对特殊的挑战。

然而，除了日常传播的均衡、平稳的信息流之外，不时之间，有些电路会像圣诞树一样在网络的某一部位闪亮，它们可能触发其他部位的特殊活动。那究竟是怎么回事呢？

邻居得了病。请来了医生，也许还叫了救护车。友邻关心和帮助的表示流向这家人。如果病情严重，医院或诊所里会进行急救，还需要到药房拿药。也许，有些邻居还有所触动，决定到医院去检查身体。

一座房屋着了火。十万火急地向消防队报警。旁观的人聚拢过来。有人来电表示同情，提供帮助。记者采访消防队长、房主和首先发现火苗的人。保险公司的代表请来了。许多地方都在议论这一事故。房主请人帮他估算、出主意。是推倒重建还是维修划算？房子修好之前到哪里去住好？

选举将近。各报纷纷猜测谁会参选。政党举行集会，先是领导层开会，接着召开大会，研究候选人和其他问题。参选人毛遂自荐，在集会上演说，在电台和电视上讲话。初选过后，各党举行提名会，让党员发表意见。一连几个月，围绕各党候选人和各事件的传播活动沸沸扬扬。竞选人访问群众、发表演讲、接受采访，用海报和媒体传播自己的照片，变得家喻户晓。民意测验预测选举结果。媒体报道竞选情况、攻防

92

言论，争论竞选中的问题。助选人登门宣传、散发材料，寻求支持。游说选民支持的材料也邮寄上门。家庭主妇举办茶话会。人们议论选情。选举日终于来到，一直在听人宣传的选民，现在要发言了。

　　传播总是流向社会需要的地方。它预告危险的来临，揭示机会之所在。它汇聚社会资源以应付紧急情况。它帮助决策。它按照需要给人以消息、教育和娱乐。在这些需要中，有一些并不要求传播系统中日常的信息流有何变异。有些需要的涵盖面广，有些大到几乎占用了整个传播系统。旧金山地震时，社会对传播系统的要求大大超过了一幢房子失火时对传播的要求。如果一位宇航员从太空飞行归来时患了不治之症，就像 1970 年初的一部电影中所谓的仙女星座紧张症，这一消息在传播系统占有的地位就很重要，普通病例就难以与之相比了。当年加利福尼亚州发现金矿的消息占据传播系统的程度，连百货公司大甩卖的消息也是望尘莫及的。珍珠港事件发生的时候已经懂事的美国人永远不会忘记 1941 年 12 月 7 日下午的紧急新闻，电台正在播送的纽约爱乐乐团的演出突然中断，插播了简短的新闻公报；这条消息使整个社会传播系统红灯大亮，震撼了星期日下午的美国人，他们放弃了休闲计划，他们对国家安全的信念也随之动摇；这一噩耗取代了多半的新闻，无人不谈，无人不想，挥之不去，珍珠港事件的种种后果成了美国人注意的中心。

## 第二节　传播路径的几种模式

　　可见，社会上的传播流至少有两种模式：一种是为了维持社会机体一般水平的运转所需的模式，另一种是为了应付社会有机体遭遇到挑战和严重问题时所需的模式。传播在网络里流通时还有其他什么显著的特征呢？

　　首先，我们可能会注意到，这个网络里的有些部位灯光不亮，虽然这些部位联结大批人，但其电路不通，很少使用。我们很可能还注意到，有些网络里的结点很少是打通的；那是联结不同阶级的人群的地方，比如城市贫民区与富裕的郊区之间、中央政府与村民之间、富裕地主与佃农之间的"电路"就很少打通。

也许，我们还应该注意，传播活动往往是横向移动的；多半的垂直流动的传播是自上而下的，而不是自下而上的。对于具有专家和权威地位的人来说，流动的走向又有所不同。专家的传播既可能自上而下，也可能自下而上，流动的走向取决于哪里需要他们的技术专长。另一方面，权威人士更多的是自上而下传播，更多的信息从他们向下流动，而不是从下面流向他们。政府向公民流动的信息多，公民向政府流动的信息少。实际上，如果按照刚才指出的规律去观察世界上的传播网络，根据自下而上流动给政府的讯息的数量，我们就能够把比较民主的国家和比较专制的国家区别开来。

在等级森严的传播体制中，军队是一个极端的例子：命令从上级传向下级；士兵、军士和军官都光顾各自的俱乐部，只在同级之间交往；即使在军官内部，将官同校官和尉官也保持着距离。再来看看工业界的传播模式。绝大多数的传播活动是在同事之间进行的，他们需要解决共同的问题。工人在一起交谈，监工在一起交谈，中高级管理人员在一起交谈；他们各有任务，兴趣不同。他们大部分的传播渠道通向同一级别的人。遇到严重的问题则需要逐级上报，直到有权作出必要决定的那一级。有时，为了解决严重的问题，有必要成立申诉委员会或举行罢工。逐级向下的传播要容易一些，比如管理层向监工发布命令，再由监工向工人下达指令，那就容易得多了。

传播模式不同，传播效果就不一样，研究文献里的一些发现十分有趣。暂以工作小组为例，由于其规模较小，研究其传播活动的细节就有可能。利维特（H. J. Leavitt）发现，如果团队小到人人可以自由交流，团队就士气高涨，会比交流受约束的小组精神状态好，这一结论已经被其他人证实。[1]另一方面，其他一些研究发现，在一个人负责的团队里，一切来往的传播活动都通过他（她），解决问题的效率就可能高一些。此外，问题的性质似乎也会导致传播和效率的差异。[2]

蒂博（J. Thibaut）等人的研究揭示，有些能与上层交流的人，反而使人觉得，他们实际上没有能力向上爬。[3]还有一些实验（例如利维特的研究）表明，小组成员离传播和决策中心越远，对自己的任务就越不满意。由此可见，传播路径通达的地方不同，传播效果就不同，而且有相当大的差异。

杰出的印度社会学家杜比①研究了印度的传播路径，他认为，印度必须打通其传播路径，方能有效地发挥它独立国家的作用。他说，事实表明，印度必须至少在以下几个方面建立起有效的交流：

1. 政界与官僚机构的交流
2. 规划者与政治决策者的交流
3. 规划者与研究机构的交流
4. 计划人员同生产单位的交流
5. 政府内各部门和机构之间的交流
6. 各级行政机构之间的交流
7. 行政负责人员与技术人员的交流
8. 现代化推进者与普通民众的交流
9. 援助国与受援国的交流
10. 外国顾问与本国顾问的交流[4]

你可能会问，这些渠道难道不是早就存在吗？回答是，其中一些确实存在，但即使在这些渠道中，角色模式和实际操作也必须作相当大的修正，才能真正有效地发挥作用。比如，官僚机构（殖民时代的旧文官班子）和政界（领导革命的自由战士，或因当选或被委任而在政府里身居要职者）就很难学会合作共事。官僚强调常规和程序，使政界人士感到厌烦；政界人士则缺乏耐心和管理才能，使官僚觉得他们讨厌。归根结底，双方都得调整自己的角色。

如上所述，这个例子表明：研究传播就是研究人的行为。研究信息传播路径就是研究路径两端人们的传播关系。实际上，我们讲述的传播

---

① 杜比（S. C. Dube，1922—1996），印度社会学家，在印度和美国的大学执教，以乡村研究著称，著有《变化中的印度乡村》、《现代化与发展》、《印度社会》等。

网络和电话总机、电子设备、机械装置都大不相同，这里的人为了共同的宗旨而联系在一起，他们互相影响，分享信息。这就是社会传播的含义。

# 第三节　为何选择这些路径？

由此可见，正如生活在空气的"汪洋大海"里一样，我们也生活在传播的"汪洋大海"中，而且同样感到自然。我们并不觉得不堪重负，因为我们能够适应这个汪洋大海；我们从引起我们注意的事物中摄取我们所需要的东西。按照我们的愿望和可能对其加以利用，同时做出我们认为的必要的贡献。空气移动过分强烈形成风暴时，我们感到不舒服；同理，如果传播的流量过大，我们有时也会感到不适，比如，电话太多、要读的文件太多、要写的信太多（尽管我们随后发现，如果我们推迟一下，许多信是根本用不着答复的），就会使人不舒服。另一方面，空气稀薄时，我们感到不舒服；同理，传播流量过少时，我们也不舒服，例如，心上人不来信，我们会不舒服，无法了解中东的情况时，我们也不舒服。但即使在这样的情况下，我们也想办法补救、适应；我们适应环境和社会的能力是惊人的。因此，对大多数人而言，大多数情况下的传播量是足够的，就像马克·吐温所言，人腿的长度刚好能够触地就合适了。

现在的问题是：有些路径被人踏破，有些路径无人问津，这是由什么因素决定的呢？为什么地图上有些道路用粗线条标明，另一些道路却不见这样的标示？

部分原因是出于需要，部分原因是方便、习惯和机缘使然。饭后想喝咖啡，我会向人要，而不会急着给报社写信。如果想听交响乐，我可能会开音响而不是开电视。开车时想听晚间新闻，我就打开车上的收音机。我的一个邻居总是在上班的火车上看《旧金山纪事报》（*San Fran-cisco Chronicle*），另一个邻居则带着头天晚上的《旧金山观察家报》

（*San Francisco Examiner*），因为他无法忍受《旧金山纪事报》。

所以如果要问，人们选择传播路径的根据是媒介还是讯息，我们就只能回答，两者都要考虑。他们选择最能满足需要的路径；在其他条件相同的情况下，他们选择的是最方便、最能迅速满足需要的路径。

说到个人的需要时，路径的选择就相当明确了。倘若我向一个姑娘求婚，我就需要她本人的答复，明显的路径就是在最有利的情况下进行面对面交谈。生病的时候，虽然可以翻医书求教，但我需要的路径是找一位医生，而且最好是我的私人医生，以便得到医生的忠告。然而，如果我需要了解的是列支敦士登的首都，我就有许多选择的渠道：地图、百科全书、世界年鉴、图书馆资料、隔壁办公室的同事。在这种情况下，渠道的便捷性大概是我作决定的因素。

渠道的便捷性取决于我们生长的地方、我们的经济能力，以及我们的文化对我们的制约。比如，如果我生长在非洲的茅屋里，而不是美国的木板房里，我拥有的信息路径就大不一样。我可能没有报纸和书籍，但我可能学会了听懂鼓语；生病时我们要私人医生，就去找巫医。如果我生长在世界的另一个地区，我想追求一位姑娘时，我会委托另一位姑娘去传话，很可能是向她的父亲提亲。

因此，当个人选择信息路径时，文化与环境在几个方面起作用。首先，文化与环境要求至少鼓励我们寻求某些信息，而不是其他信息。其次，它们在一定程度上回应这些信息需要，促进了传播机构和媒介的发展。再次，它们强化了使用某些渠道、与某些人交谈的模式，而不是另一些模式。

许多年以前，我提出过一条经验法则，解释个人选择传播路径的或然率。[5]这个公式如下：

$$\frac{可能的报偿}{费力的程度} = 选择的或然率$$

拟定这个公式时，我大概受了齐普夫（G. K. Zipf）的"最省力原理"（Principle of Least Effort）[6]的影响，这可以说明我在分母中所用的措辞。用我自己的话来说明路径选择的便捷性，那也容易。但在其他条件相同的情况下，人的行为总是倾向于流入最省力的路径；和齐普夫一样，这个倾向给我留下了很深的印象。然而，其他条件并非总是相同的。因此，要提高被选择路径的或然率就有两个办法：一是降低分母值（预期的困难），二是提高分子值（预期的报偿）。这些因子都是个人的估计。Y 先生或 Z 先生向 X 女士求婚时，两人预期的潜在报偿截然不同。另一方面，旁观者对报偿和困难的估计又与当事人的估计大相径庭。比如，有个学生与任课老师有芥蒂，我建议他去和老师谈一谈。他却说："哦，我不能跟他谈这个问题。"他神情沮丧，而我认为，这是一件比较容易做到的事情。

如果从渠道和途径选择的角度来考虑这个公式，可以说，分子即"可能的报偿"的相关因子主要是内容，以及它满足需要的程度。另一方面，分母的相关因子主要是便捷性和使用传播途径的难易程度。选择路径的习惯就是在这两种估计的体验中形成的。例如，如果你觉得晨报令人满意，那种报纸报快就会每天在你的早餐桌上出现。如果你发现晚上九点钟的电视节目能使你在辛苦之余放松，你就会经常看这个节目。如果你发现某个作家使你心宁神静、容易沉入梦乡，这个作家的作品就会出现在你的床头柜上。

通过内省和不挑剔的观察检验，这个公式是相当灵验的。无数的受众调查说明，人们看电视时选择的娱乐节目总是最容易收到的节目。即使换台不费吹灰之力，人们还是守住一个频道，直到出现了实在不爱看的节目或就寝时间来临。因此，电视网的节目编排人员总是把黄金时段当作一个整体来安排，而不是编排一连串互不相干的节目。

在其他条件相同的情况下，要是能获得同样的娱乐，人们宁可待在家里而不愿外出。但如果考虑到同龄人在一起的乐趣，我们就会明白为什么年轻人往往乐意去电影院甚至是公共图书馆。等他们长大成家立业以后，他们就会待在家里，外出的乐趣就有所减退；不久，他们就习惯看电视上的电影和职业橄榄球比赛了。大学入学考试临近时，学生可能觉得，从课本中得到的报偿超过了看电影或电视的报偿，此时，一些学生连收音机也不听了。同理，我们对人际传播路径的选择反映了我们的需要，也反映了路径的便捷性。人际交流的对象多半是身边的人、在一

*98* 起时间最多的人。

另一方面，我们都见到过，某些时候，某些情况下，某种信息的重要性突然增加，值得尽一切努力去获得。然而，即使此时此刻，我们也总是选择便捷的渠道，或者觉得最有把握、最舒服的渠道。但是，如果可能获得的报偿的确很大，我们就乐意花上几年时间去攻读博士学位，或者耗资 220 亿美元去登月。

这个公式的运行隐藏在黑箱里，这个命题又很笼统，所以，这方面的心理研究并不容易。迄今为止的研究集中在本命题的一个侧面：人们选择的信息是否支持自己的信念和价值观，从而削减自己认知不协调的感觉。弗里德曼（J. L. Freedman）和西尔斯（D. O. Sears）对选择性接受（selective exposure）的文献进行研究[7]后得出结论说，人们对传播信息的接受的确是有选择的，人们趋向于接受自己赞同的信息。两位作者指出："参加共和党集会的主要是共和党人，参加浸礼会宗教仪式的主要是浸礼会信徒，阅读《新共和》（*New Republic*）杂志的大多是自由主义者，而阅读《国民评论》（*National Review*）的大多是保守分子。美国医学会（AMA）会刊的读者主要是医生，而美国心理学会（APA）会刊的读者主要是心理学家。大多数大众传播的受众存在预设，一开始就对其观点抱有同情的态度。"但是，两位作者找不到非常令人信服的证据，说明人们有一种普遍的心理偏爱，去挑选支持自己见解的信息。他们断定，选择性接受的背后还有其他原因，比如信息的利用价值（如医学杂志对医务人员有用，心理学杂志对心理学家有用等等）、友好关系、社会角色、习惯等。

有选择地接受信息本身实际上并不存在疑问，存在疑问的是它的起因。选择必然有原因和原因的组合，其作用或在此时，或在彼时，但在我们权衡报偿与代价的问题上，它们都影响着我们的判断。

## 第四节　路径选择的公式涉及哪些问题？

人终其一生都在传播，自然而然地调动自己的技能，将注意力指向自己觉得最能获得报偿的地方，有时跟随最简便的传播路径，偶尔不遗余力挑选困难重重的道路；有时与人交流只是为了消磨时间；有时则出于强烈的紧迫感；有时处于信息很少流动的结点；有时则身处社会大浪之中，比如社会剧变的时期。传播的路线图就是人生的路线图。社会的传播路线图很精妙，是大多数制图家的作品难以匹敌的。

这是人们交往中浮现出来的一幅宏大的路线图。现在提一个较小的问题："为什么某一条传播电路亮着而不是另一条电路亮呢？"我们回过头看前文提出的路径选择公式。人们根据可能的报偿与费力的程度作出判断。如果我们想用更简单的方式来表述这样的选择，就可以考虑这样提问：为何在各种可能的传播形式中选中此而非彼？然后，我们还可以提出以下诸多问题：

传播的信息很容易获取吗？

职业政客喜欢用宣传广告塞满电台节目。广告商知道，大广告比小广告更引人注目。政客和广告商都想在人流量大的地点租广告牌。众所周知，我们晚间喜欢拿起身边的杂志翻一翻；除非有一篇我们非常想看的文章，否则我们不会晚上出门去买一本杂志。

传播的信息突出吗？

讯息符号与其所在的场域是否形成了强烈的反差？和周围的讯息相比，它们量更大、音更高、渗透力更强、色彩更鲜明、模式更清晰吗？我们都有过注意力受到震撼的经历，即感觉环境突变的情况：宁静的森林中疾驰而过的动物；婴儿在夜间的啼哭；喧闹的派对上片刻的沉寂；天空中的流星；蓝色大海中的一点橙色。做父母的都知道，孩子玩得起劲时，我们要提高嗓门才能引起他们注意。

传播的内容吸引人吗？

一定程度上，这取决于选择者的特点；因此，多半的受众研究都会探讨一个问题：把关人从什么传播媒介挑选什么样的材料？比如我们知道，文化程度越高就越有可能选择报刊而不是电视，选择登载公共事务内容的报刊而不是西部片或侦探电影。我们知道，男人比女人更喜欢读书，更喜欢看体育节目。我们还知道，在成年的过程中，儿童对大众媒介内容的兴趣会发生很大的变化。

*100*　　　几年前，本书作者沿着这条思路做因子分析，研究读者对新闻的选择，结果发现，选择的决定因素大体上可以分为三大类。第一个是新闻与读者有多近；这里所谓的近未必是物理时空上的接近，而是多大程度上可能会影响读者或其邻居。年轻的妈妈觉得，麻疹流行的新闻离她们很近；而没有孙子孙女的老先生就觉得，这一新闻离他比较远。以关于旧金山罪案的新闻而言，旧金山的读者就觉得它比较近，波士顿人就觉得它比较远，罪案频发社区的读者觉得它最近。不过，就新闻的潜在影响力而言，读者感知的能力似乎是大不相同的。例如，受过高等教育的读者或对全球事务感兴趣的读者可能会认为，中东局势紧张的新闻离他就很近，具有潜在的重要意义；相反，另外的读者则可能一瞥而过，迅速转向地方政治新闻或食品广告了。

　　第二个决定因素是新闻在读者心目中的分量：是否激动人心，意义是否重大。分量与距离相互影响。印第安纳州加里市市长的选举对本市的人来说，分量就比较重，对亚利桑那州菲尼克斯市的人而言，分量就比较轻。至于愿不愿意阅读分量"重"的新闻，个人的差异则相当大。出于个人的原因，有人回避这类新闻，或只浏览大标题，或只读新闻提要；另一些人则只关心"大"新闻。

　　第三个决定因素是新闻的严肃性或趣味性如何。在这方面，人们的喜好也大不相同。有人喜欢公共事务新闻，有人则喜欢特写新闻，换言之，有人喜欢可能挑起争论或使人不安的新闻，有人喜欢的新闻则是这样的新闻：意在使人窃笑或说一声"他妈的"，读过之后就舒舒服服靠在椅子上，不去想它了。

　　当然，这类研究只描述，不解释。底层的运行机制只能靠猜测或推论了。

　　个人寻求的是什么信息？

　　一个人到传播的超市去时总是带着购物单。我们将其称为"定势"。渔夫意在打鱼而不是采撷溪畔的野花。学生去上课时，他准备寻求的信息不同于到饭堂去寻求的信息。人时刻都在寻求信息，所求的信息因时而易：如何通过考试，是否要带把伞，谈话中用什么引语，小孩为何生闷气。

个人养成了什么传播习惯？

长期的经验证明，有些信息源有某些用途而不作他用。学生上课时间久了后就知道应该注意些什么，需要给予多少注意。搭交通车上班的人在车上就座后，就拿起他们熟悉的报纸，他们会习惯性地翻阅某些栏目，大概还会按照他喜欢的顺序去浏览要闻。

个人拥有什么样的传播技能？

试举一例，阅读的技能显然和喜爱印刷媒介有关系。听和看的技能和使用电子媒介有关系，不过，我们对诸如此类的技能还知之甚少。

这些是简单而实际的问题。广告商和其他专业的传播人员每天都在研究这样的问题。但研究这些问题的目的是要确定潜隐在行为下面的什么因子呢？比如，人们凭什么判断，什么有报偿、什么太费力呢？决定内容吸引力的是什么因素呢？什么是参与者的定势、传播习惯或传播技能呢？当然，有些传播行为受时间制约；除非刚刚发生的事情迫使你道歉或动手，否则人一般是不会道歉或斗殴的。有些行为不太受时间限制：打招呼的习惯、对漂亮女人报以微笑、肚子饿了要东西吃之类。很大一部分行为取决于个人的身份、经历、家庭、环境和教育。

**思考题**

1. 现代世界里有一些"黑暗的地方"，连接大众的"电路"很少在这里亮灯。什么因素使之"黑暗"？

2. 课堂是群体交流的好例子，许多功能在这里起作用。用传播流的方向、种类、数量等术语分析你所在的班级（注意：除了语言交流外，还有许多其他传播形式）。

3. 你如何组织下列群体？是让所有成员彼此自由交流呢，还是让所有的传播流都走向一个核心人物呢？

（1）一家公司的董事会，以全体一致为其议事宗旨。

（2）负责造势的委员会批准（或否决）有关公债的提案。

（3）一所规模很小的学院的财务委员会必须决定如何分配一大笔遗赠。

4. 分析一家大报的第一版，寻找吸引你的新闻并说明理由。再以同样的方式分析一种综合性杂志比如《纽约客》（*New Yorker*）、《时尚》（*Cosmopolitan*）或《读者文摘》（*Reader's Digest*）。影响你选择新闻的因素和非新闻材料的因素有何不同吗？

## 参考文献

For general reading see E. Rogers, *Diffusion of Innovations* (New York: Free Press, 1962); M. DeFleur and O. N. Larsen, *The Flow of Information* (New York: Harper & Row, 1958); and W. Schramm, *Mass Media and National Development* (Stanford, Calif. : Stanford University Press, 1964). Useful material also can be found in D. C. Barnlund (ed. ), *Interpersonal Communication: Survey and Studies* (Boston: Houghton Mifflin, 1968), pp. 227 ff.

[1] H. J. Leavitt. "Some Effects of Certain Communication Patterns on Group Performances. " *Journal of Abnormal and Social Psychology*, 1951, 46, 35 – 80.

[2] *Ibid.*

[3] J. Thibaut. "An Experimental Study of the Cohesiveness of Underprivileged Groups. " *Human Relations*, 1950, 3, 251 – 278.

[4] S. C. Dube. In D. Lerner and W. Schramm (ed. ), *Communication and Change in the Developing Countries*. Honolulu: East-West Center Press, 1967, pp. 131 – 132.

[5] W. Schramm. "How Communication Works. " In W. Schramm (ed. ), *Process and Effects of Mass Communication*. Urbana: University of Illinois Press, 1954, pp. 19 ff.

[6] G. K. Zipf. *The Psycho-Biology of Language*. Boston: Hough-

ton Mifflin, 1935.

[7]D. O. Sears and J. L. Freedman. "Selective Exposure to Information: A Critical Review. "In W. Schramm and D. F. Roberts (ed. ), *The Process and Effects of Mass Communication*, rev. ed. Urbana: University of Illinois Press, 1971, pp. 209 - 234.

# 第七章　传播媒介：大众传播渠道与人际传播渠道

媒介的概念不像看起来那么简单。首先，显而易见的是，大众传播媒介出现之前就有了传媒。无疑，在大众媒介出现之前，传播信息的手段都应该纳入传媒的范畴，例子有传递信息的鼓声、烽火，甚至包括市镇公告人和集市等，因为它们都使人的传播能力得到延伸。市镇公告人是一种正式的职务，而传递信息的鼓可以称为机器，它们介入传播过程，就像今天的播音员和电台一样。

保罗·道奇曼[①]又提出了一种传播情景分类法（见图7—1），意在显示传播渠道与传播路径的关系。[1]

这个示意图（加上下文的例证）有助于说明，大众传播渠道与人际传播渠道之间的区别是很武断的。即使是"私下"的交流，面对面的交谈、打电话交谈、通信的交流也是不大一样的。私下的和公开的面对面交流本身是不同的。公开的交流因对方人数的多寡而千差万别；对方可
能只有两人，也可能是挤满客厅的一群人，或挤满大厅的很多人，或街

---

① 保罗·道奇曼（Paul Deutschmann, 1917—1963），美国社会学家和传播学家，著有《发现民族精英》（合著）。

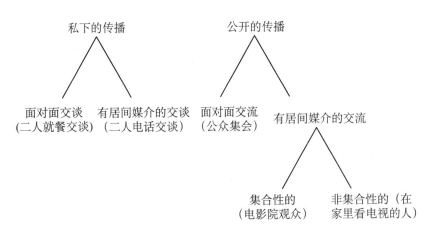

**图 7—1　传播渠道与传播路径**

头示威的很多人，还可能是一帮乌合之众。通过大众媒介进行的公开传播也因接受信息情况不同而截然不同：受众集合［如电影院或"乡村发展广播座谈"（Radio Rural Forum）］的情况和客厅里接收信息的情况不同；客厅里接收大众传播时，一人和几个人的情况又有差别。实际上可以说，面对乌合之众的煽动性演讲少的是个性，多的是大众传播性，反之，电台上柔情低吟的歌声送达独处深闺的少女时就更有个性了。

可见，从制作和发送的观点看来，大众媒介的传播和非大众媒介的传播区别明显，但从受众的角度看，两者的区别并不那么鲜明，因为受众可能是一个人，也可能是千百万人。

我们所谓大众媒介通常是指一种传播渠道里有中介的媒介，这样的中介可能是复制和发送信息符号的机器，也可能是报社或电台之类的传播机构。我们所谓人际传播渠道通常是指从人到人的传播渠道，没有中介。如上所见，两种渠道的区别不那么清晰。比如，电话究竟应该归到哪一种渠道呢？

我们首先归纳一下我们有所了解的情况，看看大众传播渠道和人际传播渠道的区别；然后探讨一种最著名的假说，即"两级传播论"（"Two-Step Flow" theory），这是把大众媒介与人际传播渠道联系起来的假说；最后来思考麦克卢汉引起诸多议论的传播媒介研究路径。

# 第一节　关于大众传播渠道与人际传播
## 渠道的朴素心理学知识

必须承认，我们对大众传播渠道和人际传播渠道的效果和有效性的
了解，尚未脱离所谓朴素心理学（naive psychology）的水平；这个词
指的是，虽然尚未获得充分的研究证据，但心理学家认为，根据现有的
知识，朴素心理问题还是值得提出来探讨。尽管如此，我们还是考虑一
下这两种渠道的相当明显的区别吧。

**不同传播渠道所刺激的感官各有不同**

如上所述，每个人都是作为一个整体的人进行交流的。在面对面交
流的情况下，所有的感官都可能受到刺激，双方都可能与这种全身心的
交流建立联系。然而，一旦有中介插入，感官的使用就受到一定的限
制。于是，广播和电话只能通达耳朵，印刷品只能通达眼睛（虽然不可
低估摩挲精美书籍所获的触觉上的快感）。电视和有声电影同时通达眼
睛和耳朵。因此有理由说，在其他条件相同的情况下，面对面交流应该
能够传达更多和更全面的信息。还有理由说，尽可能同时调动各种感官
的交流是有优势的。由此可见，在传达给定题材、一定数量的信息上，
和单纯的听觉媒介或视觉媒介相比，视听媒介具有更大的优势。

然而，尽管面对面的全身心交流有着明显的优势，我们还必须考
虑，传播媒介在巧妙的制作与编排方面是有长处的。一方面我们要看
到，通达几种感官的传播具有优越性，同时也要看到，注意力集中指向
一种感官的传播也有长处；例子有集中注意力听电话（特别是在必须十
分注意才听得清楚的时候）或集中精力读书（特别是在文字艰深必须聚
精会神的时候）。一方面我们要看到，同时通达听觉和视觉的传播有优
势，同时我们也应该考虑布罗德本特（D. E. Broadbent）、特拉弗斯
（R. M. W. Travers）等人的理论，他们认为，人的感知只有一个渠

道。[2]换句话说，感觉器官通向大脑的路径是只有一条车道的小路，一次只能通过一种感官，要么是听觉，要么是视觉，两种同时通过是断然不行的。总体信息的一部分必须在短期记忆中等待机会，因此，两种感官传播（two-sense communication）所加工的信息量绝不可能是一种感官传播所加工的信息量的两倍。何况有证据显示，在听觉渠道上的信息与视觉渠道上的信息有时会互相干扰；所以，视听两种渠道并举的传播非但不能获得双倍的效果，有时甚至不如单一感官渠道的传播效果好。

在单一感官渠道中，我们也有理由猜想，不同的感官渠道也有差别；有力的材料证明，眼睛吸收信息比耳朵快，嗅觉唤起记忆的能力卓尔不凡。

*106*

### 反馈的机会各有差异

面对面交流时，迅速交换信息的机会最大。此时的双向交流易于进行。因此，符号发出以后，双方不断有机会评估符号的效果，加以矫正、解释、补充，并回答反对的意见。但随着面对面交流人数的增加，主持者能注意的人数就随之减少，每个人分到的谈话时间就越来越少。如果再加上中介物，反馈就减弱了。所以，虽然电话并不影响反馈的速度，但却限制了反馈的信息量；这是因为一般的电话不可能传递任何视觉信号，除非你用的是可视电话。如果有大众媒介插足双方的交流，反馈的速度与数量都会受到限制；因为大众媒介距离遥远、缺乏个性，所以它们不利于信息的反馈。然而，如果大众传播机构觉得反馈十分重要，它们就会事先检测将要传播的节目，请观众到播音间预览，想办法从课堂或市场得到迅速的反馈；这样的例子有广告节目和电视教育节目《芝麻街》。

### 速度控制的差异

面对面交流时，你可以提问，调节交谈的走向，并适当控制速度。如果是阅读，你可以决定速度，停下来思考，有必要且可取时，还可以重读一段文字。老师授课时，可以像读者那样控制速度、停顿思考、作一些重复，但他们必须考虑学生的反馈，尽可能最有效地满足学生的需要。然而，广播听众和影视观众则没有这种控制力。诚然，他们可以把收音机和电视机关上，离开电影院，或思想开小差，但是他们无法控制信息传播的速度，也无法在思考接收到的信息时使信息流暂停。抱怨电视广告的人多，抱怨报刊广告的人少，印刷品对个人学习非常有效，原因之一就在于人对传播速度控制的差异。

107 　　传统的看法是，如果由发送者控制速度，其劝说更加有效，但如果由接受者控制速度，则学习更为有效。20 多年来，新技术手段对发送者和接受者均有助益。例如，人造卫星使集中控制的信息物美价廉，效率更高；与此同时，由于录音设备和计算机辅助教学等技术的问世，使用者又有了多种控制诸如教学速度等因素的手段，接受者个人的作用也增强了。现在的问题是如何把两者结合起来：一是集中发布和控制信息所需要的成本效率，二是控制信息传播速度方面的个人差异。

### 讯息代码的差异

　　面对面交流时，在接收和发送的全部信息中，非语言信号所占的比例是很大的。在电视和有声电影里，这个比例略小；在无声电影和广播里，这个比例更小；至于印刷品里，这个比例是最小的。因此，文化里的无声语言，以及手势、强调和身体动作的语言，用不同的传输系统编码时，难易程度就各有不同了；有些容易，有些难。印刷品传播的信息，有很大一部分是用字母编码的；相比之下，在电视和电影中，字母编码的比例就很小，在绘画、雕塑、音乐或舞蹈中，字母编码的比例近乎零。由此看来，印刷媒介易于用抽象编码，而视听媒介则易于用具象编码。

### 增殖功能的差异

　　面对面交流时，只有经过极大的努力，才能使信息增殖。即使是有十万之众的集会，比如尼赫鲁①发表演说的集会，实际上也不能增大面

---

　　① 尼赫鲁（Jawaharlal Nehru，1889—1964），印度国大党领袖，印度第一任总理，不结盟运动领袖之一，起初与中国友好，后期挑起中印边界冲突，著有《尼赫鲁自传》、《印度的发现》等。

对面交流的效应，因为大多数时候信息必然是单向流动的。与此相反，大众传播的强大功能使单向传播增殖，使之通达许多地方。大众传播能克服时空障碍。在发展中地区，视听媒介也能克服不识字的障碍。因此，在考虑面对面的交流所具有的反馈优势时，还应该考虑大众传播的增殖优势。

近年来，为挽救双方可能失去的最佳优势，对两种传播渠道的结合已经给予了很大的注意。例如，"乡村发展广播座谈"就是为此而采取的一种方式，一组人聚在一起，收听广播，进行讨论；电视教学与课堂教学结合也是一例。大会上面对面交流的效果和人际传播网络的用途也结合起来，受到重视。例如，大群人看竞技运动、参加政治集会的效应本身就是意义重大的传播要素，又如，讯息在个人间传播时，人际网络往往能产生惊人的效果。"甘地①逝世了"这一消息正是通过口头传遍印度的。另一方面，网络传播的讯息又容易失真，关于谣传的一些研究已经证实了失真的效应。[3]

### 保存讯息功能的差异

面对面交流时，讯息转瞬即逝。除非加以录制，电子传播的内容也稍纵即逝。因此，除非记忆力强，否则回忆电影情节或电视节目是有困难的。在保存事实、思想和图片方面，印刷品则始终拥有极大的优势。

印刷品这方面的优势肯定还会继续存在，但由于近年技术的发展，电子储存和检索系统正在发生一些变化。电讯传播已焕然一新，信息的传播更容易、更廉价了；电话公司服务员查找号码、图书管理员查找书籍、店主盘点库存都更加方便，只需靠电脑的小小显示屏，无需再查图书、卡片或电脑打印机。现在，中等收入的家庭有钱买录像机或录音机，能够相当方便地储存各种来源的视听信号，准备随时使用；他们也有钱购买自己喜欢的娱乐制品，包括电影和体育比赛的录像带。有理由预测，各电视网在收视率调查期间播放叫座电影以增加观众人数、争取

① 甘地（Mohandas Karamchand Gandhi，1869—1948），印度国父，尊称圣雄甘地，首倡"非暴力抵抗"，印度独立前夕被极端分子刺杀。

"全胜"的做法已走向穷途末路；拥有自备录像带的人数正在不断增加。

广播界有人认为，电子技术的发展趋势与专门化报刊的兴起可有一比，专业杂志的兴起曾经急剧改变了该领域的面貌。他们还预言，当今宏大的电视网将迅速枯萎凋谢，就像当年的《星期六晚邮报》(*Saturday Evening Post*)、《生活》(*Life*) 杂志和《展望》(*Look*) 杂志一样。经营专门节目的有线电视拥有巨大的潜力，也是朝这一方向挺进的重要力量。

这是有趣的预言，但新生活方式的模式难以预测。然而，有一点是清楚的：大众传播受众的个人控制力将继续增强，而集中传播的形式将会改变。

### 克服受传者选择能力的差异

看电视时，换频道很容易，但面对面交流时，若打断对方，那就太粗鲁。上大课的时候打盹容易，小组讨论会上打盹就很难。关收音机容易，在电影院中途离场就不那么容易了。看报纸的时候，跳过一条新闻或一则广告大概比较容易，躲避广播电视上的新闻或广告就没那么容易了；不过，如果受传者能找出自己需要的东西，新闻或广告就比较容易接受了。众所周知，在其他条件相等的情况下，面对面交流时，你容易号令和垄断对方的注意力，借助媒介的交流就没那么容易吸引注意力了。何况，其他条件并不是相等的。即使是老朋友，如果他第三次给你讲老掉牙的故事，虽然他和你面对面，你还是可能会走神；此时，如果收音机正在播总统被刺的公告，你的注意力很可能就被牢牢地锁定了。

### 满足特别需要能力的差异

在迅速而有效地满足社会的共同需要方面，大众媒介具有难以匹敌的力量。天气预报、当天主要新闻、星期六橄榄球比赛成绩、商品和价格的公告、美国总统的政策演说等是社会的共同需要；传播这些共同需要时，用大众传播的渠道就非常高效，靠口耳相传就比较低效。另一方面，如果用广播、电视、电影和报纸来满足非共同需要，效率就很低了；

不同的人在不同时间的需要、少数人在特定时间的需要，大众传播的渠道就难以满足。列支敦士登的首都在哪里？住在街那头的红头发姑娘叫什么名字？如何换汽车上的火花塞？解答这类问题时，人们向懂行的人请教，或查阅手册和指南。如果说在电视上得到这类信息，那真是天下奇闻。若要获取这类特别的信息，另一个人多半是最佳的源头，备用的印刷品次之，而电子媒介则效果最差。等到录像带既低廉又充足时，也许我们能用它们来储存信息，而不必再用印刷品；不过这个日子尚未到来。

然而，我们不能认为，人际交流渠道和有中介的传播渠道是针锋相对、互相排斥的。事实上，如前所述，两者之间的区别与界限远没有那样清楚。大多数以教育或说服为目标的运动都试图把这两种渠道结合起来，使其互相加强、互为补充。搞政治运动的人既调动一切大众媒介，又挨家挨户地走访，还举行集会。宣传计划生育、农业运动和卫生运动的组织既雇用人员到民间工作，又在财力允许的情况下尽可能利用媒体以支持这些雇员的工作。这就是媒介传播的渠道和人际传播渠道相辅相成的概念，据此，有人提出"两级传播论"。这一理论值得我们注意。 *110*

# 第二节　两级传播论

有位研究者说："最实用的东西莫过于好的理论。"好的理论赋予研究人员思想工具，使之分析掌握之中的问题。诚然，这一理论最终可能被证明并不完善，甚至于并不正确，其重要意义也可能降低，但这一切都不能抹杀它作为起点的重要性。传播学就得益于几种这样的理论。

两级传播的概念来源于有关 1940 年美国总统选举的一个研究项目。在保罗·拉扎斯菲尔德①及其同事的指导下，研究人员在俄亥俄州伊利

---

① 保罗·拉扎斯菲尔德（Paul Lazarsfeld，1901—1976），奥地利裔美国社会学家，哥伦比亚大学社会学派代表人物之一。研究范围涉及大众传播、选举与选民心理、市场研究、民意测验、失业、教育心理、数理社会学等领域，讲究社会统计程序和操作过程，强调定量测量和定性的评价，著有《社会科学中的数学思维》、《人民的选择》、《定性分析》、《应用社会学导论》等。

县展开工作。他们来自哥伦比亚大学社会学系和应用社会研究所。[4]他们原以为会发现大众媒介（当时主要是广播和报纸）对选举产生的重大影响。然而，受访者很少说自己受到媒介的影响。真正影响投票决定的，仍然是个人的接触和面对面的劝说。为了解释这些调查结果，研究人员率先提出了两级传播的假设："观念常常先从广播和报纸流向舆论领袖，然后从舆论领袖流向不太活跃的那部分人。"

两级传播论并不完善，最终证明又不令人满意，然而对传播学研究而言，它还是卓有成效。首先，自此以后，人们对受众的看法改变了，他们不再是一伙"身份不明"的人，也不再是彼此毫无联系、只与传播渠道相关的人了。人们逐渐发现，这些人是彼此相联的。他们不是没有个性、消极被动的人，而是非常主动积极的人。他们讨论、劝说、互通信息，非常活跃。

再者，两级传播论还启动了有关受众行为的一些研究，尤其是与造势运动和传播媒介有关的行为研究。在一个名为罗维尔的郊区，罗伯特·默顿及其同事对舆论领袖进行了研究。在伊利诺伊州的德凯特市，有人对消费者的抉择做了研究。在纽约州的埃尔米拉市，有人对1948年的竞选做了研究。在东部的一个城市里，有人对药物信息在医生中传播的情况做了研究。

后来，其他学者又对哥伦比亚大学诸位学者的研究作了补充。密歇根大学政治研究中心下属的调查研究中心对1952年以来的历届总统选举进行了研究。[5]道奇曼和韦恩·丹尼尔森（Wayne Danielson）对新闻的扩散做了研究，稍后布拉德利·格林伯格（Bradley Greenberg）也做了同样的研究。[6]农村社会学家发现，他们的扩散模式有助于对两级传播的理解。[7]密歇根州和威斯康星州的特罗多（Trohldahl）等人对竞选活动中受众的交流进行了更为详尽的研究，包括征求意见和提出意见两方面的信息交换。[8]肯尼迪总统被刺时信息与观点传播的情况，成为国内几个地区的研究课题。在一定程度上，这一切研究工作都受到两级传播论的启迪或影响。每一项研究都指出了两级传播论的某些不足之处，最后，它原来的概念已所剩无几；尽管如此，今天人们对信息和观念流动的了解，在两级传播论提出以前，多半是不为人知的。这就是优秀理论假说的作用：抛砖引玉，产生更好的理论。

根据已有的发现，最初的两级传播论错在哪里呢？简言之，它不能充分解释实际发生的情况。

首先，它忽略了这样一个事实：大量的信息从媒介直接流向媒介使用者，无需通过中间人。例如，道奇曼和丹尼尔森就发现，大多数新闻是直接收到的。格林伯格曾经很有创见地表明（见图7—2），只有最重要和最不重要的消息才由人来传播。[9]因此，肯尼迪总统的死讯，大约有一半的美国人是听别人口传的，而不是从媒介获悉的。大多数地方新闻因为不太重要，是口耳相传的，报纸广播并不报道。然而，大多数新闻主要是由报纸和广播传给受众的。这些新闻比较重要，值得报道，但不惊人，不必马上告诉别人。在近年来的政治运动中，大量的信息和劝说是通过媒介直接传播给个人的。这一渠道包括记者招待会、政治演讲、大小会议和政治性广告。当然，这绝不是说，政治运动中没有施加个人影响，我们只是说，许多消息和劝说仍然是直接抵达受众的，不必通过"意见领袖"或其他什么中介。

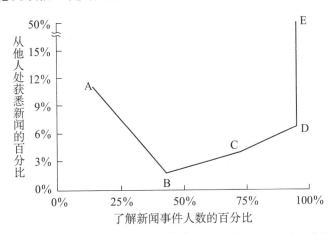

**图7—2　A到E的曲线是引起美国公众注意的新闻不同的百分比。**
**口传只在最重要和最不重要的新闻传播中发挥重要作用**

资料来源：B. S. Greenberg & E. B. Parker, (ed.), *The Kennedy Assassination and the American Public: Social Communication in Crisis.* Stanford, Calif.: Stanford University Press, 1965, p. 17。

其次，把社会区分为领导者和追随者、主动参与者和被动参与者的观点是站不住脚的。特罗多在底特律的研究发现，在选举时，请教"意见领袖"或其他人的选民相当少。[10]同时他又发现，没有十分令人信服的材料证明，"意见领袖"是社会说服教育中特别活跃的力量。显然，他们既可能被动也可能积极，他们宁可坐待他人请教，而不主动去进行劝说。

意见领袖从媒介接受信息，把信息传给普通人这个观点也被证明过于简单。实际上，真正可以确认的意见领袖自然有众多的消息来源。他们参加会议，尝试各种事物，最重要的是，他们与人交谈，有自己的消息来源。换句话说，意见领袖之上还有意见领袖。

因此，两级传播论未能描述事情的真相。传播的过程可能只有一级，也可能有两级或者许多级。这个由影响和信息组成的链条可能很长，真正的起点难以断定。

再次，农村社会学家证明，在影响和信息链条形成的初期，想要采用新思想、新技术的人，可能从大众媒介寻求或接受信息，他们乐意尽量搜罗可资利用的信息，然后才去请教既懂行又受尊重的人；此时，他们真的有了兴趣，想要进一步了解情况，尤其想要请教有实践经验的人。[11]打定主意以后，为了降低信息不和谐的可能性，他们就向媒介寻求强化的信息。可见，两级传播信息流适用于了解情况和作出决断的阶段，而不是在此前或以后的阶段。

最后，"意见领袖"的观念本身也被证明是过分简单了。扩散理论的著名学者埃弗雷特·罗杰斯①说得好，意见领袖是进行之中的变数。[12]有各色各样、层次不同的意见领袖。有些很强势，又被公认，另一些人则不然。自德凯特（Decatur）的研究成果发表以后，我们已经了解到，人们通常是就特殊的问题去向人请教的，门门皆通的意见领袖实属罕见。此外，在社会的各个阶层、各种年龄段中，意见领袖都会涌现，其地位取决于人们期望从他们身上获得的知识。例如，了解有关新

---

① 埃弗雷特·罗杰斯（Everett Rogers，1931—2004），美国社会学家、传播学家，曾任国际传播学会会长，首创"创新扩散论"，著有《创新的扩散》、《传播学史》、《传播技巧》等。

电影、新舞蹈的情况时，你一般不会去找上了年纪的银行老板。重要的是，即使在各自领域内，人们也不是截然划分为领导者与追随者的。有专业知识或技能的人，别人会向其请教，但这个人也有可能就这个领域的问题向其他人请教。寻求并获得了专业信息的人也可能把它转而传达给其他人。有些人喜欢街谈巷议，在理发店、美容院之类的场所工作的人，常与许多人邂逅交谈，无需任何专业技能就能使信息大量增殖扩散。由此看来，信息的增殖和影响有许多的层次和形式，如果认为存在一种叫作"意见领袖"的单一角色，那是无法令人满意地理解实际情况的。

实际情况到底如何？以目前所知来看，最好的表述也许是：信息与思想在社会上川流不息。大众媒介对流经其中的信息直接或间接地产生巨大的影响。有些人也影响信息的流动，他们与人分享自己在某一课题上的专业知识、技能或信念，也可能因能言善辩而产生影响。事实上，所有人大概都在影响信息的流动，只是时机、方式、领域、角色不同而已。有些人的影响大于其他人。然而，领导与被领导的两个阶层是不存在的，而且在大多数情况下，从媒介到领袖再到追随者这样的二级传播流程也是不存在的。你可以把它想象为一种多级流程。更好的是把它想象为一种系统流程，也就是说，信息连续不断地在社会体制中流动，受这个体制约束，服从其需要，由角色来定型，在社会机构的推动下加速流动。

# 第三节　麦克卢汉学说

在人类传播这样复杂的领域里，不仅出现过一些闪亮的理论，它们 *114* 拓宽人的视野，照耀人去作深思熟虑的分析，却逐渐失去光芒，隐入晦暗的阴影之中，而且出现过一些闪亮的人物，马歇尔·麦克卢汉就是一例证。

20世纪60年代后期，麦克卢汉是美国知识分子和学生心目中的偶像。他的《谷登堡星汉：印刷人的诞生》 （*Gutenberg Galaxy*：*The Making of Typographic Man*）于 1962 年问世后，随即吸引了一批追随者。他名噪一时的作品于两年以后问世，书名为《理解媒介：论人的延伸》（*Understanding Media*：*The Extension of Man*）。该书的平装本出版以后，就同麦克卢汉一道开始成为美国的热门话题。

本书的作者之一曾多年在密歇根大学讲授大众媒介的入门课程。追随麦克卢汉的热潮兴起之后，他很快就发现，学生希望老师能讲麦克卢汉的学说。在两三年的时间里，根据学生在课堂上举手的情况所做的粗略调查表明，几乎所有的学生都听说过麦克卢汉，有时有一半以上的学生曾经读过或者打算阅读他的著作（许多人上高中时，《理解媒介》就是指定的读物）。密歇根大学的视听教材处备有一个小时的麦克卢汉电视纪录片，借阅者必须提前一年登记。

他的名望绝不仅仅局限在校园内；有关麦克卢汉及其主张的文章出现在通俗性杂志和星期日报纸上，他异乎寻常的性格和他的思想常常是脱口秀的调料。理查德·尼克松 1968 年竞选总统的顾问班子中有一位就是麦克卢汉的信徒；根据自己对麦克卢汉原理的理解，他对竞选中若干重大的战略决策产生了影响。[13]

大众媒介的饱和关注常产生这样一个结果：当公众（至少是议程设置者）一致认为某个课题宣传过头时，终究会导致强烈的反弹。到 20世纪 70 年代中期，麦克卢汉已不再是流行文化的名家，尽管他的理论仍然引起传播学者的注意。除了 1981 年初伴随他的讣告发表的一些回顾性的总结性文章之外，公众对他的兴趣也开始减弱；凡是提到他观点的文字，无不将其视为怪诞，三言两语打发之。在本科生中，1980 年入门课上的调查表明，300 名学生中只有六七个人听说过麦克卢汉。

对麦克卢汉的漠视十分可悲，远胜于对他的过分吹捧。在传播研究的发展史上，他起过重要的作用。即使从肤浅的层次看，"媒介"一词的走红，麦克卢汉也功莫大焉。须知，它过去主要是艺术家、细菌学家和大众传播专家的行话。

他的表述方式使他的观点难以捉摸；他那长时期的重要影响，尤其是他在短期内如日中天的声望，就更难以解释。毫无疑问，他不信任印刷媒介那种直线的、逻辑的表述方式（他认为，这是 500 年以来许多不良趋势的根源），所以麦克卢汉有意采用一种断续的写作方式，有人将其比作向四面八方散射的罗马式蜡烛。他很少充分展开论述任何观点，鄙视研究证据，因为他认为，那样的研究偏向印刷媒介，不能适应新的电子媒介。用他自己的话来说，他用的手法叫"探针"（probe）；所谓探针是刺穿受众思想框框的表述，意在使人重新考虑原来的立场。这些"探针"往往是玄妙的表述，意在使人震惊或困惑，也许是故意语焉不详，或不加限定（如"媒介即讯息"）。由此可见，他的学术观点带有一丝寓言似的色彩；就像特尔斐的祭司一样，他发布的讯息可以作多种多样的解释，的确令人深思，然而许多时候对祈求神谕的人产生了很大的影响。

　　和他的老师哈罗德·伊尼斯[14]一样①，麦克卢汉是技术决定论者。和伊尼斯一样，他把西方近代史解释为"建基于印刷文字的传播偏向与知识垄断的历史"[15]。这句话实际上引自詹姆斯·凯利②的一篇论文，鉴于麦克卢汉本人的文体晦涩，有时引用他人对他的解释更令人满意。

　　所谓"传播的偏向"（这是伊尼斯一本书的标题）指的是印刷媒介的主导优势。伊尼斯和麦克卢汉两人都认为这不是一件好事。伊尼斯认为，15 世纪以来印刷媒介传播的迅猛发展扼杀了口头传播的传统，用空间的组织形态取代了西方社会的时间组织形态，改造了宗教，使相当一部分传播活动私密化，造成了价值的相对观念，使权威从教会移向国家，助长了民族主义的高涨。所有这些都是些颇为有趣、富有挑战意义的真知灼见，不过，大多数学者不会把这么大的功劳完全算在印刷术的

---

　　①　施拉姆提供的信息有误。伊尼斯和麦克卢汉不是师生关系，而是同事关系；麦克卢汉是多伦多大学圣迈克学院英语系教授，伊尼斯是该校政治经济学系主任。两人是传播学多伦多学派的双星，传播学媒介环境学派的先驱。伊尼斯的两本经典《传播的偏向》和《帝国与传播》均有笔者的译本，由中国人民大学出版社出版，该社还出版了《麦克卢汉：媒介及信使》以及麦克卢汉的《机器新娘》、《麦克卢汉书简》、《麦克卢汉如是说》等著作。

　　②　詹姆斯·凯利（James Carey, 1934—2006），美国新闻学家、传播学家，主张传播研究的文化转向，著有《伊尼斯与麦克卢汉》、《作为文化的传播》等。

账上。其他技术也产生了影响，例子有快捷的运输、新的能源、机械、电子；同时产生影响的还有文艺复兴、民主的发展、中产阶级的兴起、劳动分工和新型社会理想主义的蓬勃发展。应当承认，印刷术与这一切变革有关系，这一切变革与印刷术也有关系。不过，口传社会被取代以后，我们对待周围环境的取向显然从根本上改变了；权力从那些能记住历史和《圣经》的人那里转移出来，了解遥远的地域情况和其他行事之道的人接过了权力，集中领导的大型社会集团形成了，其中一些集团时有冲突。口传社会转变为媒介社会，在几十个发展中国家里，这样的变迁很容易看见。

以上是伊尼斯的观点，麦克卢汉接受了这些观点，但研究这些观点时，他从心理入手，而不是从制度入手。实际上，这使人想起沃尔夫—萨丕尔假说，不过，麦克卢汉感兴趣的是媒介，而不是语言；他研究媒介如何影响人的世界观和思维方式。他的中心思想（再引凯利的话）是："传播媒介……是宏大的社会比喻，它们不仅传输信息而且告诉我们世界像什么样子；不仅激活并愉悦我们的感官，而且改变我们的感知比率，进而改变我们的特性。"麦克卢汉并不是第一个说"书写语词的材料比语词更重要"的人，但他对这一观点的表述却是引用率最高的论断。"媒介即讯息"这句话成了他同昆廷·菲奥里（Quentin Fiore）合著并于 1967 年出版的一本书的标题。

麦克卢汉对伊尼斯学说最有趣的补充，也许是他对印刷术影响的分析。他认为，借助印刷媒介的传播迫使人"用一种特殊的逻辑来组织视觉经验"。印刷媒介把现实分解为非连续的单位，靠逻辑和因果关系联系，以线性排列在书页上展开而让人感知，这一媒介从生活中抽取出来，失去了生活那种整体、无序和多重感官的性质。尤为重要者，印刷媒介侧重于眼睛接收的信息，忽视人际传播中调动一切感官所接收到的信息，使我们与环境的关系失衡。阅读和书写基本上是私密的活动，而且，阅读和书写加工的是经过抽象的经验，所以其结果就使人"非部落化"，使人脱离关系密切的口传文化，使人进入远离现实的个人空间，脱离个人要交往的现实。当然，印刷术的发展往往使方言规范化，改进远距离传播，用城市取代乡村，用民族国家取代城邦。

可见，麦克卢汉不仅抨击印刷文字的线性展开，而且抨击其抽象性。然而，如上所述，抽象性是语言的最大优势，又是其问题的根源。他不关心抽象的能力，而是关心想象的能力。对想象力的关注，正是他的另一个观点背后的动因；他区分"热"媒介和"冷"媒介，这是他又一个最被人广泛征引的观点。

"热"媒介有时候似乎不需要维持感觉平衡；有时，它似乎具有预定的意义，无需想象，就可以完成从符号向现实图像的飞跃。相反，"冷"媒介具有感觉平衡的特性，需要相当丰富的想象力。然而，麦克卢汉本人在媒介分类上前后并不完全一致。他认为印刷媒介和广播是"热"媒介，因为它们只使用一种感官，而且（据他说）无需多少想象力；同时他又说，有声电影某种程度上是"冷"媒介，电视尤其是"冷"媒介；这两种"冷"媒介要求观众最大限度地发挥想象力。奇怪的是，他所谓"冷"媒介需要想象的结论，主要不是依据组织和抽象经验的需要，他不强调从电视提供的具体经验取进行抽象。相反，他从感知的角度立论：电视屏幕发出大量的细小光点，感觉器官和神经中枢不得不将其整合成现实的图像。

要想用研究证据来验证麦克卢汉的观点，几乎是徒劳的，这是因为他很少用可以检验的形式来表述自己的观点；麦克卢汉及其主要追随者一向轻视科学研究，他们争辩说，科学研究偏向于印刷媒介、线性展开和逻辑，不适用于电子传播的研究。另一方面，如果选取他一些给人启迪的真知灼见，穷追不舍，反复思考，直到柳暗花明，找到一些可以验证、颇为实用的命题，其效果定会更好。不言而喻，印刷时代的影响、从口头文化向媒介文化的过渡的影响，以及传播需要想象活动的影响，都是十分值得认真思考、深入研究的，而且这样的研究还应该建立在比麦克卢汉的考察更加广阔的基础上。

然而，我们不能认为，麦克卢汉在一个世界，一切科学的学问在另一个天地，两者毫不搭界。也许，他的言论的极端性质和他写作讲演那种寓言似的风格不无关系；也许，外行人接过其言论，使之僵化，正好

117

给他帮了倒忙。因此，有必要指出，虽然他强调媒介本身的作用值得赞扬，但是研究结果发现，和媒介传播效果的变异相比，讯息传播作用的变异要大得多。讯息是讯息，媒介是媒介，两者相互影响，但并不互相排斥。比如，肯尼迪总统逝世的新闻由电视、广播、报刊媒介或口头渠道传播，但谁能说出决定这一新闻影响的因素主要是哪一种媒介呢？谁又能说，肯尼迪去世的新闻和家庭连续剧的影响之所以不同，主要是由于前者的传播媒介是报刊，后者的传播媒介是电视呢？

　　与此相似，没有证据表明，看电视的感受和屏幕上的光点及其组合有关系，光点的投射与收视效果的不同有直接的关系。如果两者真有关系，通过直觉观察到的凸版印刷的报纸上的网点就应该产生同样的效果，相反，通过直觉观察到的用凸版印刷的字体就应该与胶印的字体或活版技术印的字体完全不同。事实上，不同传媒需要不同的想象力的观点是一个大问题，在麦克卢汉之后，我们需要重新思考，为此，我们必须给他记一大功。把印刷文字转换为现实图像所需要的想象力是一回事，把电视屏幕上看见的图像转换为现实图像所需要的想象力又是另一回事，难道前者所需要的想象力还会大于后者吗？无声电影比有声电影促使人发挥更大的想象力，难道不是吗？

　　另一方面，麦克卢汉强调媒介本身的作用值得赞扬；他有些观点值得进一步研究，感知渠道的平衡和失衡的观点、线性的印刷文字对思维逻辑的影响的观点，都在此列。

# 第四节　本章小结

　　本章的几种研究路径使人眼前一亮，但未能清楚阐明传播媒介的性质。要理解传播形式的区别显然不是轻而易举的事情。把大众媒介当作组织机构来考察是比较容易的，我们在下一章里就打算这样做。最终更为有用的是把传播渠道和途径当作社会里络绎不绝的信息流。有些信息流距离短，如从人到人的信息流。有些是长距离的，由电线、邮政或大众媒介来传递。有些只达到一个人，有些达到一群人，有些送达高度分散的个人或群体。就给定的时间和特定目的而言，这些信息流的途径优劣皆有，长短互见。在传播系统内的不同部位，都存在一些个人或群体，不论其有无传播工具，他们都扩散信息并在其上打上自己的烙印。

然而，如果把这些共享传播信息的行为视作单一行为，那就有危险。在广角镜下，一切行为都是互相关联的。信息流不会在任何接收者那里止步不前。它会以这样那样的形式继续流动。而所有这些长长短短、宽宽窄窄、人际的和有中介的关系合在一起，就形成信息的滚滚洪流，维持了社会的活力。

*119*

### 思考题

1. 大多数传播学者都同意，面对面交流是最有效的，它传递的信息尤其是非语言信息特别多，超过其他任何形式的传播。

在所有的媒介中，电视最接近面对面传播，但两者有重大差别；这些差别是什么？其影响何在？

2. 对大多数人而言，市场上的录像机虽然有一些专门的用途，但其主要用途是记录和储存来自电视网的电视节目。当其价格降到目前彩色电视机的价格时，你认为人人都会买录像机吗？买是为什么？不买又是为什么？

3. 且不论系统的研究，仅根据你的观察，你个人认为，两级传播论是否成立？比如，在政治观点的形成中有何作用？在电影、书籍和电视节目质量的评判上有何影响？你在什么情况下是意见领袖？在什么情况下是追随者？

4. 你认为媒介真是讯息吗？换句话说，媒介介入的情景比其传递的内容更重要吗？

### 参考文献

For general reading: two early studies, H. Cantril and G. W. Allport, *The Psychology of Radio* (New York: Harper & Row, 1935), and P. F.

Lazarsfeld, *Radio and the Printed Page* (New York: Duell, Sloan, and Pearce, 1940). See also W. Schramm, *Men, Messages, and Media* (New York: Harper & Row, 1973); E. Katz and P. F. Lazarsfeld, *Personal Influence: The Part Played by People in the Flow of Mass Communications* (New York: Free Press, 1955); and M. McLuhan, *Understanding Media: The Extensions of Man* (New York: McGraw-Hill, 1966).

[1] P. J. Deutschmann. "The Sign-Situation Classification of Human Communication. "*Journal of Communication*, 1967, 7, 2, 63 – 73.

[2] D. E. Broadbent. *Perception and Communication*. Elmsford. N. Y. : Pergamon Press, 1958. R. M. W. Travers et al. *Research and Theory Related to Audiovisual Information Transmission*. Salt Lake City: Bureau of Educational Research, University of Utah, 1966.

[3] G. W. Allport and L. J. Postman. "The Basic Psychology of Rumor. "*Transactions of the New York Academy of Sciences*, II, 1945, 8, 61 – 81. L. Festinger and J. Thibaut. "Interpersonal Communication in Small Groups. "*Journal of Abnormal and Social Psychology*, 1951, 46, 92 – 99.

[4] P. F. Lazarsfeld, B. Berelson, and H. Gaudet. *The People's Choice*. New York: Duell, Sloan, and Pearce, 1944.

[5] A. Campbell, P. E. Converse, W. E. Miller, and D. E. Stokes. *The American Voter*. New York: Wiley, 1960.

[6] P. J. Deutschmann and W. Danielson. "Diffusion of Knowledge of the Major News Story. "*Journalism Quarterly*, 1960, p. 37, pp. 345 – 355. B. S. Greenberg. "Person-to-Person Communication in the Diffusion of News Events. "*Journalism Quarterly*, 1964, p. 41, pp. 489 – 494. Also, B. S. Greenberg and E. B. Parker, (ed. ), *The Kennedy Assassination and the American Public: Social Communication in Crisis*. Stanford, Calif. : Stanford University Press, 1965, ch. 1.

[7] E. M. Rogers and F. F. Shoemaker. *Communication of Innovations: A Cross-Cultural Approach*. New York: Free Press, 1971.

[8] V. C. Trohldahl. "A Field Test of a Modified 'Two-Step Flow of Communication' Model." *Public Opinion Quarterly*, 1966-1967, 30, 4, 609 – 623.

[9] B. S. Greenberg. "Person-to-Person Communication in the Diffusion of News Events," *op. cit.*, 489 – 494.

[10] Trohldahl, *op. cit.*

[11] See summary in Rogers and Shoemaker, *op. cit.*

[12] See also E. M. Rogers, "Interpersonal Communication and Mass Media." In I. Pool et al., (ed.), *Handbook of Communication*. Skokie, Ill.: Rand McNally, 1973.

[13] See J. McGinniss, *The Selling of the President*, 1968. New York: Trident Press, 1969.

[14] H. Innis. *The Bias of Communication*. Toronto, Canada: University of Toronto Press, 1961. Also *Empire and Communication*. Oxford, England: Oxford University Press, 1950.

[15] J. W. Carey. "Harold Adams Innis and Marshall McLuhan." *Antioch Review*, 1967, 27, 1, 5 – 39.

# 第八章　大众媒介面面观

　　20 世纪 40 年代末的一天下午，在法国南部一个阳光明媚的村庄里，我听见一阵鼓声，虽不热烈，却很急促。实际上，果然有人在拼命敲鼓，仿佛要把鼓敲烂。人们从住宅、店铺甚至教堂里匆匆赶出来，走上街头。我尾随人群走了一两个街区，来到一个高大的年轻人面前，他拼命敲，仿佛是想要全世界都听见。人凑齐以后，他就开始讲话了，声音嘹亮，传得很远。他对我们讲了三四件事情：附近的一个镇子要集会欢迎戴高乐将军；发生了一起火灾；国民议会就税收问题通过了一项同本地有关的法案；一个农场主有一头公牛出售。

　　少顷，我意识到，这个年轻人是宣讲人。在这个《费加罗报》（*Figaro*）和《世界报》（*Le Monde*）的时代，传播模式突然倒转了 1 000 年；那一刻，我聆听消息的模式和千年前无异，和最早的中世纪天主教堂兴建时人们听消息的情况一样。而且世事变化越大，传播消息的模式越相似——他的公告竟是以新闻加广告的形式出现的！

　　我认为，宣讲人是一种地地道道的传播媒介。这使我们回想起第一章里提到的问题：传播媒介的历史到底有多久？

　　如果我们认为，媒介是插入传播过程的中介，是用以扩大并延伸信

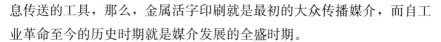

息传送的工具，那么，金属活字印刷就是最初的大众传播媒介，而自工业革命至今的历史时期就是媒介发展的全盛时期。

然而，如果我们仅仅把传播媒介看作旨在加速并拓展信息交换的一种社会机构，那么，"大众"传媒则是传播媒介里的后来者。

宣讲人绝不是最早的传播设施。学校历史悠久，谁也不知道最早的学校是何时建立的；一个部落召集一群孩子，由一位见多识广的长者教导，而不是由父母教诲，这一想法起于何时难以断定了。自古以来，教堂就在直接或间接地向民众传播信息。图书馆的历史悠久，至少和巴比伦的黏土碑铭、亚历山大港的石刻和莎草纸手稿一样古老。几千年来，巴扎[①]、集市和庙会使人相聚在一起打听消息，交流意见，说说笑话。不到集市、公共集会或者马戏班演出的时候，人们也会想办法聚会交换信息。即使在今天，在亚洲的许多村庄里，洗衣服的时间仍然既是劳动也是进行社会交流的时间。在非洲，部落人的聚会一直是他们对酋长倾诉的场合。在昔日的地中海地区，人们在广场聚会，传递信息；新法律在这里颁布，决定在这里作出。在世界的许多地区，江湖艺人、木偶戏班、舞蹈团体和民间歌手走街串巷，既提供娱乐，也传递消息，过去如此，现在亦如此。在中东，咖啡馆长期以来就是交谈和休息的场所。以上是人们交谈、互通信息的场所；此外，"无声的媒介"也历史悠久：石雕传播古代诸神的庄严伟大，建筑物和纪念碑传达王国或统治者的丰功伟绩，泰姬陵和金字塔等名胜古迹、教堂的非凡构想不仅召唤人群、传播生活方式，而且传授民族的历史、讲述其对未来的希望。

与后继的印刷媒介和电子媒介一样，这些面对面的媒介的存在都是为了促进社会传播。它们围绕传播功能构建和组织，有自己的规章制度、目标期待、专业角色，也有社会的支持。和现代传媒一样，即使最严肃的面对面传媒也含有大量的娱乐成分。直到今天，这些传统的媒介多半仍在使用之中，这正好说明，它们还是行之有效的媒介。

有机器中介的媒介出现以后，许多面对面的媒介发生了变化。印刷

---

① 巴扎，维吾尔语，意为集市、农贸市场。

书籍的出现使有些国家几乎能在所有的儿童中普及教育。报纸给咖啡馆增添了新的功能。邮购目录形成了另一种巴扎，广告则使得大商店成为川流不息的市场。电影和电视使江湖艺人成为正规化的职业艺人。

所以，现代大众媒介并不是真正的新鲜事物，只不过传播信息的距离更远、速度更快而已，只不过是悠久的信息传播的最新成就，其功能是更有效地搜集与交换信息。即使在内容上，它们也既不新颖又不迥异。在一定程度上，现代大众媒介师法传统的面对面媒介，面对面的媒介也接过新媒介的某些特色。论坛上了报纸；宣讲人和民歌手上了广播；马戏班、舞蹈团和演员上了电视；部落议事会变成了广播电视上的新闻发布会或访谈节目。

个人传播渠道仍然活跃、有效，与传播媒介并存。在亚洲，社区发展规划依靠木偶戏和江湖艺人宣传的程度，超过任何人的想象。中国的传统戏剧经改编后用来表现政治内容。甘地被刺的消息，印度军队同中国军队在边境打仗的消息，印度民众多半是靠口耳相传知道的。你也许会说，那是发展中国家。难道在每户有五部收音机，几乎家家都有日报和电视机的美国，口耳相传的渠道也能存在吗？肯尼迪被刺时，传播的情况如何呢？正如上一章所言，几乎一半的美国人首先是靠口耳相传获悉那一噩耗的。近年来，美国青年人举行大规模的集会，伍德斯托克的摇滚音乐会、十万之众的政治示威即为其例——这又作何解释呢？诚然，这些集会是在大众媒介的刺激和鼓动下形成的，但显而易见，它们仍然回归到古老的大众传播方式了，那是机器尚未介入传播之前的情景。

# 第一节　大众媒介的结构与功能

124　　　坊间已有几种书详细描绘大众媒介，且将其置入社会语境进行论述。[1]此地无需赘述。另一方面，虽然媒介分析的研究成果不少，但许多工作尚待开拓，因此，在谈到人类传播的整个过程时，我们必须经常讲一讲媒介（例如，在大众媒介产品饱和的环境里，生活方式如何影响面对面的交流？非语言讯息之类的现象又如何解释？诸如此类的问题几乎尚无研究）。在此，我们有必要提醒自己注意媒介的某些方面与特点，正是它们形塑着面对面交流的过程，用过去流行的话说，这就是"人对人说话"的过程。

图 8—1 显示了媒介的标准结构与功能。

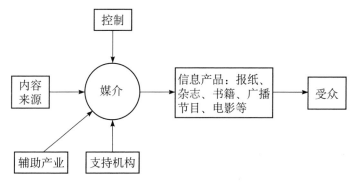

**图 8—1　媒介的基本结构**

图 8—2 则显示了一种特定媒介即广播事业的结构与功能，图示了其辅助机构和组织。

在印刷媒体和电影媒体的周围也聚集着同样的服务机构。事实上，美国的各种媒体在结构上都大同小异：

（1）一个组织机构，分为创作、生产、技术、推销和管理部门；

（2）多半是私营企业；

（3）最低限度的政府管制；

（4）有各种相关的辅助机构；

（5）行使把关、加工和放大信息的功能；

（6）生产信息产品和娱乐产品；

（7）受众规模庞大。[2]

仅以美国而言，按 1977—1978 年年度的数据水平，组成这种群集的产业规模也是十分可观的。

电视台 996 家［727 家商业电视台：其中甚高频（VHF）516 家，超高频（UHF）211 家；269 家非商业电视台：其中甚高频 111

家,超高频 158 家]。

广播电台 8 173 家 (4 497 家调幅台,包括 25 家非商业电台;3 676 家调频台,包括 839 家非商业电台)。

有线电视台 4 001 家。

日报 1 762 家 (其中有 346 家晨报、1 435 家晚报,650 家出星期日版)。

周报约 9 000 家。

杂志约 9 000 家。

出版社约 1 250 家 (其中 50 家出书的数量占全国的 75%)。

电影制作机构约 2 250 家,其中约 1 000 家制作电视片 (1976 年数据)。

室内电影院约 13 000 家,汽车电影院 3 800 家 (亦为 1976 年数据;以后,室内电影院剧增,电影院的分院纷纷建立,商业中心的电影院也兴起)。

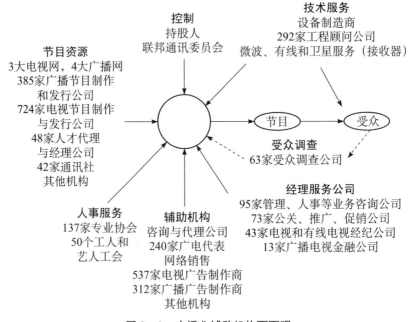

图 8—2　广播业辅助机构面面观

　　以美元计算，这些媒体的收入也很惊人。早在 1976 年，电影业的126总收入约 25 亿美元。近年来，杂志社的收入仅广告一项即达 23 亿美元；杂志的发行收入不详，大概是广告收入的两倍。据近年的统计，图书出版业每年的总收入超过了 50 亿美元。广播电视产业，电视每年的收入在 70 亿美元以上；广播每年的收入也在 20 亿美元上下。报纸近年来的收入仅广告一项每年即达 100 亿美元左右。换句话说，大众媒体每年收入高达 300 亿美元。

　　美国拥有全世界半数的收音机和三分之一的电视机。美国新闻纸的消费量占全世界的一半以上。但是，新闻纸的消耗量大并不表示美国的报纸发行量大，只表示其报纸种类多，版面大，版面多。按每千人拥有的日报份数计算，美国在世界各国中所占的地位是相当低的（美国是287 份，而瑞典是 572 份，日本是 526 份，英国是 400 份；新西兰、澳大利亚、丹麦、瑞士、原联邦德国等国家也在美国之上）。

# 第二节　大众媒介的经营之道

　　在美国的体制下，媒体是私营企业，只实施最低限度的政府干预。有些广播电视台是州立大学或教育系统举办的。各州和联邦的机构都从事一些出版事业，而美国政府印刷局（U. S. Government Printing Office）算得上是国内最大的出版机构。然而，对一般兴趣的读物或新闻，政府是根本或几乎不过问的。这方面的印行工作主要是私营企业的领域。

　　在世界范围内，美国这种财政和所有制模式绝不是典型的。在全世界的广播系统中，69％是由政府经营或官办公司经营的，在其余的31％中，15％是公私合营的。在电视系统中，几乎 60％是由政府机构或者公营公司经营的，16％是公私合营的。只有 13％的广播系统和21％的电视系统是私营的，这些私营的电视公司大多数在美洲。在世界报业中，私营企业所占的比例比在广播事业里的私营企业比例略大一127

些；但有些国家的新闻事业已经彻底纳入了政治体系，许多欠发达国家的情况就是这样的。

法国和意大利这样的国家又代表着另一种与美国不同的制度，这些国家的出版业常常靠暗地里的补贴来维持生存。例如，自从20世纪70年代初以来，意大利没有一家日报曾经盈利，大多数的意大利报纸年年都有巨额亏损。然而，在此期间，意大利始终维持着大约80家日报。它们赖以维持的津贴来自多种形式的资助。

有些政党公开办报，弥补其赤字；有些报纸是大工业企业主办的，多半也靠政府的资助生存；政府直接的援助形式有多种，如减税和拨款。

其他西方国家的报纸也或多或少得到同样的援助，一般是暗中的补贴。大多数情况下，这些补贴并不带有明显而故意的政治操纵。这些报纸与美国报纸的主要区别是，其生存与其吸引读者的能力无关；它们并不是市场经济的产物。

美国私营媒体的财源性质也各不相同。电视和广播当然完全靠广告赚钱。另一方面，图书出版完全靠销售盈利；而电影（除电视片外）则主要靠票房收入，虽然电影院的广告也可以为放映者带来一小部分收益。报纸和杂志又是一种情况，既要靠订户也要靠广告，而两者之间又以广告为大宗。报纸和杂志成本的60%～75%靠广告；一般地说，订阅费收入不到报刊生产和发行成本的三分之一。

媒体经营的一端可以称为间接财源，另一端称为直接的公共支持，其间是两者兼而有之的混杂区。大多数情况下，看电视既不必买门票也不要付订费，然而，美国家庭每年平均要间接支付300美元的广告费。[3]有些国家的广播电视由政府举办，或者由公有企业经营；在这些国家里，用户是通过纳税付费的，形式有一般的捐税或通过收银机支付的消费税。

这些不同的财务模式有助于我们理解大众媒介里两股平行的潮流。一股强大的潮流是，减少都市大报在所有制上的竞争，组建报业集团和广播集团，由同一伙人和公司拥有。1910年，美国有1 200座城市出版日报，其中57%的城市内的报纸处于相互竞争的模式；今天，1 536座城市出版日报，而报纸存在竞争的城市只占2.3%（全国只有35座这样的城市）。诚然，在有些城市里，还有互相竞争又同时出版的报纸即由不同业主经营的两家晨报或晚报，不过，这样的城市还不到10座。

报系的数字表明了同样的情况。1910年，赫斯特（Heart）[①] 和斯克里普斯（Scripps）这样的报业巨子异常活跃，报系只占全国日报总数的3%；今天，报系已占日报总数的63%。奈特—里德（Knight-Ridder）、甘尼特（Gannett）、纽豪斯（Newhouse）、论坛报（Tribune Co.）四大报系已占全美报纸总发行量的22%。

从1939年到1969年，联营的调幅（AM）广播电台占全美电台总数的比例从14%升到31%。联邦通讯委员会（FCC）禁止任何业主拥有七座以上的电视台，其中甚高频（VHF）的电视台不得超过五座；尽管如此，从1956年到1976年，拥有三座或三座以上电视台的业主从34家增加到119家。75%的美国人收看50家电视网，其中的三大电视网即全国广播公司（NBC）、哥伦比亚广播公司（CBS）、美国广播公司（ABC）拥有绝大多数的电视观众，其累计数已经超过90%，也就是说，这三家制片公司提供的节目占美国全部电视内容的75%以上。

可见，一个强大的潮流是：所有权集中，竞争减少。另一趋势与之相反。过去30年中，国内一些最大的杂志停刊倒闭，同时，一些较小的专业杂志兴旺发达。尽管在电视和调幅广播领域出现了集中的趋势，小型的电台（多半是调频电台）却大量发展，超高频电视台的增长也相当可观。此外，在大城市报纸数目减少的情况下，郊区报纸却数量增加，财源滚滚。而且，一度所谓的地下报纸也有了强劲的增长，其形式是反体制的周报。

广播公司所有权的变化趋势，一定程度上是联邦通讯委员会的产物，委员会规定，所有电视机都接收超高频信号。因此有些人认为，从

---

① 英文原文如此，疑为 Hearst 之误。

长远考虑，超高频是潜在回报好的投资项目，虽然它短期内不会有很大的盈利空间。再者，调频收音机数量上大幅增长，调频电台投资不多，节目制作费用也少，因为它可以主要播放录制好的音乐——所以，投资这个领域就具有很大的诱惑力。不过，这只是广播公司所有权变化趋势的部分原因。

美国传媒的传统是激烈的竞争，这是私有制理所当然的结果。这里的竞争既有理念和服务的竞争，也有近年来争夺受众和收益的竞争。很难想象，美国的商业广播网会制作 BBC 三台那样的节目，那是专门吸引高雅听众、阳春白雪的节目，仅限于很少的听众。在美国这种制度下，电台的收益靠大量的听众，因为广告就是针对大量听众的。

印刷媒介的成本多半花在有形产品的制作上。发行量越大，印刷和发行成本的比例也就越高。例如，本·巴格迪基安（Ben Bagdikian）在《信息机器》（*The Information Machines*）一书中指出，小报纸的年收入约 400 万美元，其中一半要花在印刷和发行上；中型报纸年收入约 1 400万美元，其中 800 万美元要花在编辑之后的环节上；大报纸年收入约 6 000 万美元，其中 4 000 万美元要花在纸张、生产和发行上。[4]无论是哪种情况，订报费不会超过总成本的一半。

印刷和新闻纸的成本一直在迅速上涨。这就是说，到了一定的拐点上，规模大未必再比规模小赚钱。大杂志的广告收费标准只能提高到一定的限度，如果太高，广告商就会转向更有竞争力的媒介，比如电视。因此，一家大型的综合性杂志发展到一定程度之后，收入就不再随着发行量的扩大而提高了。订阅费也许只相当于杂志成本的四分之一。如果广告收入不足以支付其余的成本，杂志就要陷入困境。因此，近年来的实践证明，中等发行量的杂志比发行量很大的杂志更有利可图。

这一盈亏趋势对报纸意味着什么呢？两家争夺同一大市场的报纸，如果能够合并，两家报纸的广告收入就可以集中于一家，收费标准也随之提高。如果两家报纸各自管理，只将印刷和发行合并起来，其单位成本也能降低；合并后的报纸使商家获益，因为他们可以在两家报纸上打广告。因此，近年出现了一些报纸合并的趋势。

对广播公司来说，这一盈亏趋势又意味着什么呢？以电台而言，成本几乎不会因听众增加而增加。一旦把播音间、发射机等基本费用解决之后，经营成本并不增加，无论听众是 100 万人还是 2 万人。成本变量主要是节目制作费。以中等规模的电台为例，节目的制作费要占预算的三分之一，技术运转的成本只占 10％～15％，其余成本用于营销和管理。电台节目的吸引力决定其招徕广告的能力。因此，商业广播公司的首要条件是拥有吸引大批普通受众的节目。为何三大电视网耗费巨资制作大型的文娱节目？其意图就是吸引大批观众；在决定电视台观众的分配比例上，这些节目就成了至关重要的因素。

然而，从长远观点看，并非所有这些动态都能从经济角度来解释。相对而言，目前最赚钱的杂志是专业刊物，为特殊的兴趣和需要服务，而不是满足一般口味。广播电台也表现出强劲的专业化趋势，新闻台、脱口秀台、音乐台甚至"地下"和"地上"的摇滚乐电台风起云涌。对抗一路顺风的大都市报的潮流也逆势而上，都市报的成功模式是一般性新闻加上大量娱乐性特稿；重新发现的模式颇具吸引力，旨在迎合本地读者比如郊区居民的兴趣。有些报纸出版商回归 150 年前的模式，使迎合专业兴趣的地下报纸的办报方向起死回生。在电视领域，有些独立电视台也另辟蹊径，不再追随大型电视网的综合性节目，它们播放电影、重播老节目、体育节目，以及不同于电视网的联播节目。其中一些台站业绩明显。在社区组织的支持下，非商业性的"公共"电视台吸引的观众显著增加，它们播放有地方色彩、趣味高雅的节目。

可见从理论上讲，媒体的发展受制于经济和口味两种因素。私营体制将所有权集中于一个地方的经营模式不可能无限发展。它用单一的综合性节目尽可能吸引观众，讨好大多数，不冒犯任何人，未必会风光无限。至于杂志社，至少也是有发展极限的，发行量过大，反难赚钱。再说广播业和书业，平淡无味、自捆手脚、千篇一律的选题和内容终会走到尽头，不可能永远吸引人。再往前走，关注受众的特殊兴趣与需要似乎才是制胜之道。

# 第三节　媒介的延伸：知识产业

131　　本章一开始就已指出，关于传播研究，很大一部分必须从大众媒介着手（本书其余章节的大部分与其相关）。然而，如果认为我们迄今所论包罗无遗，已然是"媒介"概念的极限，那就是误读，令人遗憾了。实际上，有机器中介的媒介尤其电子媒介有一件了不起的成就，那就是推动世界知识产业的形成；这一产业规模宏大、史无前例。1962 年，普林斯顿大学的经济学家弗里兹·马克卢普①出版了《知识产业》（*The Knowledge Industry*）一书，对这一产业的发展作了总结，其洞见令人惊叹。在我们这本书写作的过程中，他正在修订《知识产业》，准备将其写成多卷本。下面引用的数字根据其他来源作了更新，但仍然沿用马克卢普原著里的分析范畴。[5]

　　知识产业是沿着以下的路径组织起来的：

　　　　讯息增殖机构：报纸、杂志、书籍、电影、广播、电视等大众媒介

　　　　讯息传递机构：电话、电报、邮政，通讯卫星及其他

　　　　为个人需要提供信息的机构：图书馆、文件检索系统、电脑中心、数据库等

　　　　制造与维修机构：印刷厂、电子与印刷设备制造商、安装与维修媒介设备的技术人员及其他

　　　　提供传媒内容的特殊机构：通讯社、节目制作室、作家、演员、艺术家、教育材料设计人员、计算机程序员及其他

　　　　经济保障机构：广告公司与媒体经营部门、发行与销售代理及其他

---

　　①　弗里兹·马克卢普（Fritz Machlup，1902—1983），美国经济学家，著有《美国的知识生产与分配》、《知识与知识生产》、《知识的分支》、《信息与人力资本经济学》。

行政保障机构：法律顾问与指导、宣传与公共关系、财务会计、行政咨询等

人事保障机构：工会与行业协会、在岗与岗前培训机构、人才招聘机构等

数据搜集机构：研究与开发、田野调查与受众研究、情报收集、舆论研究、人口调查与其他主要统计机关等

教育：中小学与大学、自学机会，行业、军队、政府等主办的专门学校。　*132*

不言而喻，这些活动占国民总支出的很大一部分。当然，刚性的数字要求我们既要作仔细的分析，又要作详尽的界说与解释。然而，即使是对 1978—1979 年年度数据的匆匆一瞥，也可以揭示，美国每年花在"知识"领域里的钱超过 3 000 亿美元，也许高达 3 500 亿美元，大约相当于国民生产总值的 20%。

按照巴格迪基安 10 年前的计算，一个美国家庭每年平均花在传播服务方面的费用达 688 美元，花费的项目包括电话、报纸、广播、电视、录音带和唱片、书籍和邮递等服务。1980 年，同样项目的概略统计表明，这个方面的支出已经超过 1 300 美元。这一数字还不包括知识产业里其他方面的支出，最重要的一项支出是教育费用。

1978 年，美国家庭在教育方面的开支平均为 1 987 美元。自本书初版的 1973 年以来，这个数字已经戏剧性地上升；那一年，每个家庭平均的教育支出大约是 1 000 美元。至于总的国民教育支出，这个数字已经从 1971 年的 753 亿美元增长到 1978 年的 1 510 亿美元，约为当年国民生产总值的 8%。

此外，仅公共图书馆一项（不含私立图书馆和特种图书馆）的支出，1977 年即达 7.7 亿美元。以下各项的支出也很重要，应该考虑（数字以百万美元为单位）：

| | |
|---|---|
| 邮政（1978 年） | 18 000 |
| 电话（同上） | 41 953 |
| 电报（同上） | 555；其中国际电报 397 |

| | |
|---|---|
| 研究开发（1976 年） | 35 581 |
| 印刷出版（1978 年） | 42 838（包括书报杂志的印刷；仅商业表格印刷的支出即达 2 328） |
| 造纸厂，不包括建筑用纸（1978 年） | 6 385 |
| 办公和计算机器（同上） | 15 700 |
| 摄影器材（同上） | 5 600 |
| 广告（1978 年各类广告估计数） | 43 000 |

*133*

从事知识产业的训练有素的员工人数众多，大致如下：各类学校和大学共有教师 300 多万，邮政系统员工达 65 万，电话系统员工达 82.3 万，报社员工超过 40 万（有趣的是，过去 10 年来，电话和邮政部门的员工人数都下降了，很可能是新技术发展的结果）。此外，从事知识产业的还有印刷、传播设备的生产与维修、广播和电影、出版业（不含日报）、图书管理、科研和广告等行业的员工。显而易见，美国很大一部分劳动力从事知识产业，而且，其中很大一部分是训练有素的人才。

上列数据的冲击力不仅说明知识产业规模宏大，与其他各产业密切相关，而且说明它与各个家庭的生活关系密切。

普通美国家庭平均：

有一个上学的孩子

有一台电视机（实际上每户人家的平均拥有量为 1.5 台）

有几部收音机

订一份日报

订一两份杂志

有一小书架的书籍

每天打 7 次电话，每隔一天打一次长途电话

每年间接负担 500 美元的广告费

每年支出 100 美元，用于基础研究并从中受益；至于为开发研究而支付的费用，则难以估计

当然，许多家庭的情况同以上的描述未必完全吻合。许多家庭并没

有入学的子女；不少家庭有几个孩子上学。有些人家订了几份报纸，少数家庭根本不订报。同理，一个家庭在通讯上的花销可能的确多达几千美元（尤其有孩子上大学时）；另一个家庭则只花几百美元。然而，和食物、住房、汽车等服务业一样，知识产业是现代社会的生活模式里不可或缺的一部分，也成了我们的日常生活中无处不在的要素。

*134*

### 思考题

本章很短，主要目的是提供一些事实和数据，但以下两个问题颇为有趣：

1. 为什么日本人、英国人、瑞典人阅读的报纸比美国人多？（顺便说明，早在电视时代之前，自从有比较数据以来，一直如此）

2. 自 20 世纪 60 年代起，有一个理念被提出来：几乎拿掉联邦通讯委员会的一切权力，包括分配通讯波段的权力。国会也以这样那样的形式提出类似的法案，其根本理念是：让广播效法报纸，完全靠回应市场来经营。

在你看来，这一理念的利弊何在？

### 参考文献

[1] Among these, E. Emery, P. Ault, and W. Agee, *Introduction to Mass Communication* (New York: Harper & Row, 1979); P. Sandman, D. Rubin, and D. Sachsman, *Mass Media* (Englewood Cliffs, N. J.: Prentice-Hall, 1972); and D. Pember, *Mass Media in America* (Chicago: Science Research Associates, 1977).

[2] I. Pool et a1., (ed.). *Handbook of Communication*. Skokie, Ill.: Rand McNally, 1973.

[3] B. H. Bagdikian estimated $306 in *The Information Machines: Their Impact on Men and the Media*. New York: Harper & Row, 1971, pp. 207 ff.

[4] *Ibid*., p. 174.

[5] F. Machlup. *The Production and Distribution of Knowledge in*

*the United States*. Princeton, N. J. : Princeton University Press, 1962. The new series is entitled *Knowledge: Its Creation*, *Distribution*, *and Economic Significance*, and Volume One, *Knowledge and Knowledge Production*, was published in late 1980 by the Princeton University Press.

# 第九章　发送者、接收者与选择过程

　　讨论大众媒介时，本书的首要关注点是其在人类传播的全部过程中
扮演的角色，也就是大众媒介在社会里的角色。本章审视传媒专业人员
如何选择传播材料以印刷、广播或摄制并将内容传递给受众的过程；对
媒体传播的内容作出选择的受众的组成情况，以及受众究竟选择了
什么。

　　不妨开宗明义地指出，除了极个别的情况外，美国的受众对媒介是
自主选择的；他们有挑选的自由。创刊号发行以后，新杂志的创办人总
是希望有足够多的读者喜欢这个刊物，足以使之赚钱；电视网的节目编
排者推出情景剧的头几集后，总是忐忑不安地等待观众残酷无情、轻描
淡写的评判，如果有何差错，他们的损失就是几百万美元；出版商则断
定，尽管美国每年要出版 400 种有关烹饪的新书，再多出一种也是有人
买的。强迫人去读、去看、去听什么，几乎是不可能的。既然大众媒介
在市场经济中运转，受众自主选择的性质就极为重要了。

　　至于专业人员为大众媒介制作什么节目，本质上是不受外在权威干
涉的，他们不会听人摆布（当然，影响重大的其他因素也是存在的，比
如传统做法、商业考虑、结构效率的需要等）。本质上，美国体制下的
生产者与消费者的关系，既是自愿的，也是复杂的。

# 第一节　新闻的选择

　　媒介组织的方式透露了大量的信息，它告诉我们媒介必然的运作方式，以及媒介存在的问题。媒介的功能是广泛、迅速地提供信息，使受众能便捷地得到信息。从体制上看，媒介的主要功能是过滤并放大信息。媒体人从社会上的一切信息中挑选一些他们希望广泛流通的新闻。媒体加工并放大这些新闻，服务于广大的受众。

　　选择内容这一步也许是媒体运作最为重要的组成部分。我们将媒体称为"把关人"，而不是过滤器，这个词是库尔特·勒温①启用的社会心理学术语。大众媒介是信息在社会流通过程中的主要把关人。

　　在信息网络中到处都设有把关人，记者位居其中；采访法庭审判、事故或政治示威时，他们决定什么事实应该予以报道。其他把关人还有不少。编辑决定通讯社发布的新闻哪些应该刊登，哪些应该舍弃；作家决定哪些类型的人物和事件值得书写、什么样的人生观值得表现；出版公司的编辑决定哪些作家的作品应该出版，其手稿内容应该如何删改；影视制片人决定摄像机应该指向哪里；毛片剪辑人决定什么镜头剪掉，什么内容保留；图书馆采购人决定应该买什么书；老师决定应该用什么教科书和教学片；负责汇报的官员决定应该把哪些情况向上级汇报；甚至丈夫也得决定，晚餐时应该把当天办公室的哪些情况告诉妻子。

　　任何一种媒介都可以显示，媒体的把关人功能如何影响其产品，不过，最为引人注目的把关人功能表现在新闻的选择中。首先，从发送者到最终的接收者之间，信息的损失数量惊人。一家报纸的编选常态是这样的：它既抄收美联社的"低速"新闻（每 12 小时共发 72 000 个词）又抄收该社的"高速"新闻（每 12 小时共发 864 000 个词），可以挑选的内容几乎达到 100 万词。从通讯社的原点看，其电讯稿收录的新闻仅

---

　　①　库尔特·勒温（Kurt Lewin，1890—1947），美国心理学家，尤擅格式塔心理学，提出群体动力、内聚力、领导风格、抱负水平等概念，代表作有《关于人格的动力理论》、《拓扑心理学原理》、《社会科学中的场论》等。

仅是原发事件的九牛一毛而已。

可见，考察把关人究竟如何工作的确是传播学研究的重要课题之一，他们的工作包括如何选择、什么该发、什么要改、什么不予放行。30 年前，戴维·曼宁·怀特（David Manning White）在伊利诺伊州对一家报纸的把关人做过一项非常有趣的研究。这位电讯编辑坦承，自己怀有偏见，同时又希望，正因为他认识到了自己的偏见，所以他仍有可能作出尽可能客观的决断。[1] 朗格夫妇（G. E. Lang ＆ K. Lang）对芝加哥欢迎麦克阿瑟的游行做了研究，结果表明，电视报道激动人心，比目击者的感觉更激动人心。[2] 其他的研究也说明了把关人的重要性，比如对谣言在流传过程中被过滤的研究，以及坦南鲍姆和格布纳（P. H. Tannenbaum ＆ G. Gerbner）就医学杂志如何选用精神健康与疾病材料进行的研究。这类研究有两方面的价值：通过揭示把关的过程，它使受众清楚如何评价已经过关的内容；此外，它挑战把关人，使之评判自己决定取舍的理由。[3]

大众媒介运转的速度快，这是其把关困难的因素之一。必要时，书商可以用几个月的时间来确定是否采用一部书稿，决定采用以后，他们还有几个月的时间对稿件进行编辑加工。相反，一家日报的新闻编辑遇到的问题就完全不同了。

几年前，高速网络尚未问世时，本·巴格迪基安考察了一家郊区晚报一位新闻编辑的工作情况[4]，报告的结果如下：从清晨六时到午后一时，这位把关人处理了 11 万词的新闻，包括需要特别注意的 500 词的地方新闻。他决定采用大约 2 万词。他查阅了 96 张传真图片，从中挑选了 16 张。他还翻阅了一些电讯稿，采用一些，放弃一些。他设计了几个版面，又反复修改。他还要对更新和重写的材料做出回应，同记者等人交换意见。所有这一切都是在这 7 个小时的值班时间内完成的。也许，最值得我们注意的是那一天经过他台面的那 11 万词的素材。这是比每本书平均字数还要多一点的工作量。

让我们沿着速度的标尺再前进一步，看看新闻直播间工作的情况。导播这位把关人，眼睛盯着三四个监视器。两个监视器从不同角度显示播音员，第三个监视器接收另一个地点发来的影像，第四个监视器捕捉的镜头可以用来解释主持人正在播送的节目，也可能是稍后用得上的资料。这位把关人的注意力必须指向一个监视器，或切换镜头，决定下一刻观众看什么。把关人没有长达一年或几个小时的时间，不可能从容决策；他必须在几分之一秒内作出决定，根本无暇仔细思索、研究或向人请教。正如沃尔特·克朗凯特①的《变革的挑战者》（*Challengers of Change*）一书所言，这真是一种新的编辑形式，新闻世界里的新技术。[5]

把关人放行的材料还得交给另一批人去加工，加以放大并传送出去。以报纸为例，放行后的材料送交印刷厂和发行部门。在电台和电视台，这些材料就交给演播室和管播音的工程技术人员。

这就是媒体的特点。创作人员和生产人员比如作家、编辑和演播室技师对产品负责，由受众据此决定买不买、看不看。一旦交出产品，创作人员和生产人员的工作也就完结了。此后，产品就交给技术人员和营销人员。技术人员对电视图像和文本外观的质量负责。销售人员负责的是广告、订户和拷贝的数量，以营销维持媒体的生存。一个业务部门负责发行宣传材料。管理部门负责媒体内部十分复杂、各不相同的部门之间的协调运转。

大众媒介的运行与个人在社会传播网中的活动一模一样，其区别仅在于规模更大、专业化程度更高、受众更庞大。大众媒介也要决定选择什么信息、如何加工信息、传播什么信息。实际上，媒介就像是社群的感觉器官、神经中枢和肌肉系统。因此，凡是仔细观察一家报社或电台运转的人，无不感到它是个"小小的奇迹"。凭借职责规章、人员培训和工作传统，管理层协调数以百计的员工，使其像一个人那样参与传播过程。

事实上，媒体的各个部门像人体的器官一样各司其职，各部门都对产品产生影响。当然，负责产品内容的员工如作家、编辑、演员、出品人的作用是最重要的。但是有些关于媒介特性及内容的决定则主要是技术性的：它成其为"电视"吗？就是说，其视觉形象突出吗？这一画面上镜后的效果好吗？音响效果好吗？至于报刊，截稿之前来得及排版吗？时间和设备来得及给这条新闻追加新内容吗？为了使头版吸引人，

--------

① 沃尔特·克朗凯特（Walter Cronkite，1916—2009），美国 CBS 著名主持人，著有《变革的挑战者》、《沃尔特·克朗凯特：一个记者的一生》（回忆录）等。

应该放多少条新闻才合适呢？能派摄影记者赶到现场吗？

有一些决定主要得靠营销人员去作。对于报纸来说，最重要的决定之一是当天的广告能支持多少栏的新闻。至于广播电视，要销售多少本地广告才能支持一台自办的节目？哪些类型的节目能够吸引广告，哪些则不能？如果一个公益节目的收视率低，紧接着的广告节目收视率会相应减少，广告商会不会撤销广告呢？

显然，管理层对产品也是有影响的。社长或台长是老板的代表，媒体为老板打工，老板有权决定这家媒体应该如何办。大多数管理人员谨守老板决定的编辑方针，但老板很少直接过问新闻、地方节目或专题的内容。尽管如此，管理部门的观点和偏好还是经常以微妙的方式静悄悄地传递给了编剧、编辑和监制人。沃伦·布里德（Warren Breed）的《新闻编辑室里的社会控制》（Social Control in the News Room）一文对报纸的研究发人深省。这是长期实地考察的成果，它令人信服地证明，新闻编辑只需注意什么新闻受奖赏就知道管理层的方针；他们对管理层的意图心领神会，尽管编辑方针和意图从来就不会被点破。[6]

这就是"小小的奇迹"。各部门不同的观点与活动融合起来了，有时甚至分歧和冲突的兴趣也得到整合，媒体内个体的交流及其传播网络的交流结成一个整体运行，就淹没在媒体的组织人格里了。

# 第二节　大众传播的受众

冬天的晚上，约有 1 亿美国人在看电视（过去 10 年里，观众人数略有增加，反映了人口的增长；电视观众在总人口中的比例是稳定的）。每个工作日日报的发行量达 6 100 万份，读者达 9 200 万人。大约 75% 的美国人经常读报，平均每天读报的时间是 35 分钟；经常阅读杂志的美国人大约有 75%，他们平均每天花费的时间是 33 分钟；三分之一的美国人经常阅读书籍，每天读书的时间平均为 47 分钟。在冬季，美国家庭平均（如果确有这种平均数的话）开电视的时间是 6 个多小时。至于各种媒介加起来每天花费的时间，人均（如果确有这种平均数的话）

为 5 个多小时；也就是说，除了工作和睡眠以外，看电视的时间比做其他任何事情所花费的时间都要多。

*140* 　　在美国，大众传播媒介的受众人数很多，实际上在大多数媒介发达的国家，受众都很多，这已不是什么新闻。我们更感兴趣的是，从使用媒介的大批受众中，我们能看到什么样的模式。

# 第三节　各年龄段使用媒介的模式

　　20 世纪 70 年代或 80 年代的儿童，即使未满 1 岁，也知道电视机上的活动了，无论其是否懂电视的含义。他们发现电视偶尔起到临时保姆的作用。他们听到收音机的声音。大人念故事给他们听，拿印好的图画给他们看。不久，他们就会自己去寻找这类图画，说不定还会要大人开电视。学会读书以前，电子媒介在他们的生活经历中占主导地位。学会读书以后，他们的兴趣将大大拓宽，理解新观念的能力将大大提高，印刷品的神奇将同电视机的美妙展开竞争。

　　近来未曾观察儿童的人，如果突然发现幼儿已经大量接触媒介，都会大吃一惊。然而，正如表 9—1 所示，早在电视出现的初期，这就是十分普遍的幼儿行为模式了。

　　尼尔森公司（Nielsen Company）对儿童看电视的情况做了研究，统计数字表明，2 岁到 11 岁的儿童每周平均看电视的时间，1967 年是 19.2 小时，到 1976 年，增加到了 21.9 小时；同一个时期，12 岁到 17 岁的青少年每周平均看电视的时间，从 9.7 小时增加到 24.8 小时。[7] 关于开始看电视的年龄以及幼年看电视的时间，约翰·默里（John Murray）和苏珊·基帕克斯（Susan Kippax）指出，各国调查的结果差别 *141* 悬殊，不过，这类差异的主要原因似乎是电视播放时间的多少，而不是其他原因。[8] 唐纳德·罗伯茨（Donald Roberts）指出，不同研究者的研究结果自然会有差异，所谓儿童平均看电视的时间的概念，相当"难以把握"。然而，他同时又指出，上面引述的施拉姆、莱尔（Lyle）和帕克（Parker）提出的数据"总体上经受了时间的考验"。[9]

**表 9—1**                      美国儿童在不同年龄段使用不同媒介的百分比

（旧金山，1958 年，指数＝754）

| 年龄 | 电视（%） | 广播 | 杂志（%） | 连环画 | 电影（%） | 书　籍（%） | | 报　纸（%） | |
|---|---|---|---|---|---|---|---|---|---|
| | | | | | | 听大人读 | 自己读 | 听大人读 | 自己读 |
| 2 | 14 | 11 | 3 | 1 | 0 | 38 | 0 | 0 | 0 |
| 3 | 37 | 20 | 11 | 6 | 8 | 58 | 0 | 0 | 0 |
| 4 | 65 | 27 | 20 | 17 | 21 | 72 | 2 | 4 | 0 |
| 5 | 82 | 40 | 33 | 35 | 39 | 74 | 9 | 9 | 0 |
| 6 | 91 | 47 | 41 | 50 | 60 | 75 | 40 | 12 | 9 |
| 7 | 94 | 53 | 53 | 61 | 70 | 75 | 73 | 12 | 44 |
| 8 | 95 | 62 | 59 | 68 | 76 | 75 | 86 | 12 | 59 |

资料来源：W. Schramm, J. Lyle, and E. B. Parker, *Television in the Lives of Our Children*. Stanford, Calif.：Stanford University Press, 1961, p. 218.

在 8～10 岁这个年龄段，家庭使用媒介的模式对儿童利用媒介的时间和内容有着很大的影响。在以后的 10 年里，他们的媒介行为由以下因素来决定：阅读技能的发展、知识与兴趣的拓宽、学校和同龄人的影响、年轻人角色的要求与不确定压力、对身份和地位的探索、个人趣味的逐渐成熟、接近成年时生活的要求。起初，儿童挑选的媒介多半是娱乐性的：连环画、电视娱乐节目、流行音乐。稍后，在尝试年轻人角色的过程中，他们发现社交吸引人，于是就走出家门去电影院和公共图书馆，寻求娱乐与知识。从十来岁开始，他们就把课外作业拿回家去做。他们往往一边学习一边用收音机收听摇滚乐，但是看电视的时间比较少。随着兴趣的扩大，品味也提高。看连环画逐渐减少，读有关爱好和人生的书逐渐增多。开始阅读报上的关于公众事务的新闻。有些青少年开始读社论。小一些的儿童喜爱滑稽作品和幻想作品，青少年则喜欢阅读人生顾问的专栏。

表 9—2 显示的是青少年看电视的一般模式：

**表 9—2**                      各年龄段看电视的平均时间

| 年龄 | 每天看电视时数 |
|---|---|
| 2 | 0.2 |
| 4 | 2.2 |
| 6 | 2.3 |

续前表

| 年龄 | 每天看电视时数 |
|------|----------------|
| 8 | 2.5 |
| 10 | 3.5 |
| 12 | 3.9 |
| 14 | 3.8 |
| 16 | 3.6 |
| 18 | 3.1 |
| 20 | 2.9 |

资料来源：A composite of five studies drawn by D. F. Roberts in G. Comstock et al.，*Television and Human Behavior*，New York：Columbia University Press，1978，p. 178。

*142*　　　　十几二十岁这段时间，人的趣味日渐成熟，这是新社会角色的反映；人在十五六岁以后，花在大众媒介上的时间也逐渐减少，因为功课和社交与使用媒介的时间展开了激烈的争夺。

成年以后，电视、报纸和收音机几乎成了人人使用的媒介。美国拥有电视机的家庭大约占95%，有收音机的大约占98%（此外，7 500万辆汽车、100万个公共场所装有收音机）。订报纸的家庭大约占85%。此外，在成年生活中，看电视和读报纸的人数稳定在相当高的水平上，但听收音机的人数没有直接可比的数字。在40多岁这个年龄段，读报的人数达到巅峰，然后略有减少，可能和视力不如以前有一点关系。相反，55岁以后，看电视的时间却有所增加。受众研究一项出色的成果是老年人使用媒介情况的调查。进入老年以后，媒介可以帮助人战胜孤寂，克服远离社会活动中心的落寞心态。尼尔森公司1976年的统计表明，从12岁起，年龄和看电视时间的增长是互相关联的。1976年，50岁以上的妇女平均每天看电视的时间是5个小时，比1967年只增长了不到一个小时；那一年，50岁以上的男子每天看电视的时间是大约4.6小时。

读报的情况反映出同样的总体趋势。在50多岁的人里，看报的人大约占79%，但在65岁以后，这个比例就急剧下降。相反，青少年和成年人看电视的时间增加，报纸则不大看；根据1961年至1973年的统计，这两类人每周看电视的时间都增加了2～4小时，看报的人数却整整减少 10%。

如前所述，报纸、电视和广播可以被看作普遍使用的媒介。它们几乎深入每一个家庭，每周读报的人累计超过 1 亿，其他媒介的受众人数也创造了惊人的纪录。

例如，据尼尔森公司的统计，在 1960 年至 1977 年年间，收看 20 个节目的家庭超过 40%（收视率最高的节目是 1977 年 1 月播放的电视剧《根》，最后一集吸引了 51.1% 的家庭）。换句话说，这些节目的观众人数大多在 5 000 万到 7 500 万之间。黄金时段节目的观众在 2 000 万到 3 500 万之间。

杂志和电影的情况如何？据杂志出版人协会统计，90% 的美国人看杂志。电影观众的统计资料却不明朗，因为电影业多年来都倾向于保守机密；但 1980 年的数字表明，观众人数已经下降到每周 2 000 万以下，还不到电视出现以前电影业最高纪录的三分之一。不过，较为准确的统计也许应该考虑电视上重播的电影，那样的观众应该包括进去；现在大多数人是在电视上看电影的。

如果按一天的时间段划分，媒介使用的情况又如何呢？据我们所知，早晨可以说是广播的天下，下午可以说是电视的世界。尼尔森公司的报告指出，晚上看电视的人数至少要增加一倍，白天的电视观众大多是妇女和儿童；即使在晚间，妇女所占的比例也比男子大（参见表 9—3）。

**表 9—3　　　　　　　　　美国电视观众一天各时段的收视率**

| 时间 | 男人（%） | 女人（%） | 青少年（%） | 儿童（%） |
|---|---|---|---|---|
| 周一～周五 | | | | |
| 10：00～13：00 | 8 | 26 | 9 | 8 |
| 13：00～17：00 | 15 | 25 | 30 | 45 |
| 每天夜晚 | | | | |
| 13：30～21：00 | 47 | 54 | 42 | 53 |

资料来源：Adapted from Nielsen data as presented in C. J. Sterling and T. R. Haight, *The Mass Media：Aspen Institute Guide to Communication Industry Trends*，New York：Praeger，1978，p.375。

# 第四节 受众爱好的模式

从下述的尼尔森公司 1976 年汇编的数字,我们可以对电视观众的爱好略知一二。就趣味而言,受众类别差异之小,相当令人吃惊。当然,最大的差别在商业电视网和公共电视之间。公共电视的观众少得多;一个星期的累计数字仅达观看电视户数的 31.4%。不过,公共电视的观众人数已经有所增加,1966 年只有 13%。公共电视台观众人数的增加大概和黄金时段播放受欢迎的电视连续剧有关系吧,比如喜剧片《大蟒蒙蒂》(Monty Python)和《楼上楼下》(Upstairs, Downstairs)。

然而,商业电视网仍然拥有最多的观众。表 9—4 列出了尼尔森公司统计的 1976 年秋季商业电视网黄金时段节目的收视率。

**表 9—4** 黄金时段各电视网不同节目的收视率(尼尔森公司)

| 节目类型 | 平均收视率(%) |
| --- | --- |
| 一般电视剧 | 19.0 |
| 悬念与神秘剧 | 18.5 |
| 情景剧 | 20.1 |
| 综艺节目 | 14.9 |
| 故事片 | 21.5 |

资料来源:尼尔森公司 1976 年统计数字。

惊人的相似之处显示,就趣味而言,各年龄段的男女观众的差异很小:妇女以微弱的优势在观众中占据较大的比例,但各类观众的构成则十分相似。显著缺乏差异的现象说明,一般人看电视的态度和强度差不多;唯一重要的决定也许是要不要开电视。只要打开了电视,那就看下去,内容如何关系不大,至少是直到不喜欢为止。

144

然而,受众爱好的变化值得给予更多的研究。从已知的材料看,最重要的趋势之一就是在各年龄段爱好模式的变化。随着年龄的增长,人对知识与智慧更加珍视,对物质成就比较淡然,更倾向于关注传媒里的政治内容。斯坦纳 1963 年对电视观众的研究可以为证(见表 9—5)。

表 9—5　　　不同年龄段电视观众选择知识性节目与娱乐性节目的比例

（1960 年全美调查，总数：2 407）

| 年龄 | 知识性节目和娱乐性节目相比所占百分比 | 每人每周看知识性节目的平均时数 |
|---|---|---|
| 25 岁以下 | 20 | 5.2 |
| 25～34 岁 | 33 | 8.9 |
| 35～44 岁 | 31 | 8.8 |
| 45～54 岁 | 35 | 11.2 |
| 55～64 岁 | 44 | 16.4 |
| 65 岁以上 | 48 | 22.4 |

资料来源：G. Steiner, *The People Look at Television*, New York：Knopf, 1963, p.178。

　　施拉姆和怀特研究了人自少年至老年阅读习惯的变化，以 10 岁为一组，一共 6 组，以读报纸上的公共事务新闻和趣味性特稿相比，发现人对公共事务的兴趣随年龄而稳步增长。同一研究还发现，读社论的人也越来越多，直到 60 岁；看连环画的则逐渐减少；20 岁以后，读体育新闻的人也逐渐减少；30 岁以后，读罪案和灾难新闻的人亦逐渐减少。在早期对电影观众的研究中，汉德尔（L. A. Handel）也发现，电影观众的爱好也发生了类似的变化（见表 9—6）。

　　这似乎是一个相当普遍的趋势。问题是，它背后的原因是什么？为了回答这个问题，我们必须考虑教育对人们的媒介行为产生了什么影响。

表 9—6　　　　　不同年龄段电影观众对不同电影爱好的变化

（按年龄和百分比排列。1945 年在全美 45 个城镇的调查。总数：2 000）

| 年龄 | 闹剧 | 神秘、恐怖片 | 历史、传记片 | 严肃文艺片 |
|---|---|---|---|---|
| 12～16 | | | | |
| 好 | 4.0 | 8.5 | 3.8 | 5.1 |
| 恶 | 4.40 | 7.6 | 8.7 | 6.4 |
| 17～29 | | | | |
| 好 | 2.4 | 5.4 | 5.8 | 10.3 |
| 恶 | 10.8 | .38 | 7.3 | 3.9 |
| 30～44 | | | | |
| 好 | 2.9 | 4.5 | 6.3 | 10.8 |
| 恶 | 11.0 | 10.4 | 4.5 | 2.9 |

续前表

| 年龄 | 闹剧 | 神秘、恐怖片 | 历史、传记片 | 严肃文艺片 |
|---|---|---|---|---|
| 45 岁以上 | | | | |
| 好 | 1.1 | 5.3 | 7.1 | 12.2 |
| 恶 | 12.6 | 11.3 | 3.7 | 5.3 |

资料来源：L. A. Handel. *Hollywood Looks at Its Audience*，Urbana：University of Illinois Press，1950，p. 125。

# 第五节　教育程度与媒介的使用

145　　大多教学者发现，教育程度和信息摄取模式的相关系数很高，超过了其他一切变量，年龄和教育两者在很大程度上决定了使用媒介的习惯。比如，年龄越大，教育程度越高，选择"严肃"媒介内容的比例就越大。斯坦纳另一张图表（见表9—7）可以印证这样的相关系数。

　　这些数据是 20 年前采集的，但随后的研究证实，其总体方向和比例仍然是准确的。1979 年，乔治·孔斯托克等人发现，媒介内容的选择与教育程度关系密切，几乎没有变化；唯一的变化是，20 世纪 70 年代，教育程度高的人看电视的时间略有增加，这使不同教育程度观众的差异有所减少，但这一变化并不显著。[10]

**表 9—7　　不同年龄段和不同教育程度的人选择不同电视节目的百分比**
（1960 年全美调查。总数：2 428）

| 年龄 | 高中以下水平 | | 新闻节目 | 公共事务新闻 |
|---|---|---|---|---|
| | 娱乐节目 | | | |
| | 轻松 | 深度 | | |
| 35 岁以下 | 76 | 3 | 22 | 2 |
| 35～54 岁 | 66 | 3 | 27 | 4 |
| 55 岁以上 | 56 | 3 | 34 | 7 |
| 大学以上水平 | | | | |
| 35 岁以下 | 53 | 9 | 33 | 5 |
| 35～54 岁 | 59 | 7 | 28 | 6 |
| 55 岁以上 | 38 | 2 | 47 | 13 |

资料来源：G. Steiner，*The People Look at Television*，New York：Knopf，1963，p. 177。

表 9—7 清楚地显示了年龄和教育程度与选择电视内容的相关系数：*146*
与新闻和公共事务成正比，和娱乐性节目成反比。拉扎斯菲尔德和肯德
尔（P. Kendall）发现，教育程度同阅读书籍杂志之间的关系密切，而年
龄同阅读的关系则较弱。[11] 在广播主导、电视初兴的时候，林克
（H. C. Link）与霍普夫（H. A. Hopf）研究发现，教育程度越高，读印刷
品的人数所占比例越高，所花的时间也越多，但大学教育水平的人和教
育程度较低的人相比，爱听收音机和看电影的人就比较少。[12]拉扎斯菲尔
德和肯德尔还发现，教育程度越高，听广播越少。汉德尔发现，在去电影
院看电影盛行的时期，教育程度高的上了年纪的人看电影的肯定比其他人
要少。[13]斯坦纳也发现，教育程度越高的人，每周看的电视节目就越少。

不过，有一个因素必须考虑：不同的人的闲暇时间是不一样的。高
学历的人外出开会、去音乐厅比较多，参加的社团、承担的责任较多，
用于外出娱乐的钱也多。而且，年龄越大，生活越忙碌。所以他们用于
媒介的时间就比较少。萨缪尔森（M. E. Samuelson）、卡特（R. F.
Carter）和拉格尔斯（L. Ruggles）对此作了令人信服的论证。他们在
旧金山的成年男子中抽样，对调查材料作统计学处理，考虑到其拥有的
闲暇时间，结果发现：教育程度和使用广播电视的多少存在着弱正比关
系；教育程度和使用印刷媒介的多少存在着比较强的正比关系（这一关
系在读报方面稍弱，在阅读书刊方面更强）。[14]因此，有理由认为，在闲
暇时间的限度内，人对于一切大众媒介的胃口是随着教育程度而增长的。

然而，仅仅这样说就忽略了一个事实：决定如何使用闲暇时间时，
教育程度高的人倾向于减少用于电子媒介的时间，而不是减少用于印刷
媒介的时间。这是他们优先考虑媒介内容的必然反映。我们还可以回忆
一下斯坦纳的发现：教育程度越高、年龄越大，对公共事务和新闻节目
的爱好就随之增加，而不是对娱乐节目的爱好增加。不妨再回忆一下施
拉姆和怀特所作的结论：教育程度越高的人，就越爱读公共事务的新闻、
社论、严肃的专栏和读者来信。公共电视的娱乐节目少，它强调的是公 *147*
共事务和"教育性"节目，所以它吸引的观众多半是大学以上学历的人。

那么，在人格发展的背后，有什么因素足以解释媒介使用的种种模

式呢？让我们从"生命空间"（life space）这个概念入手。库尔特·勒温用这个概念来表述个人储存的经验，也就是他接触过的各种观点和概念，他与环境进行的有意义的接触；这些都经过他的处理，有用的部分被储存起来，成为"他头脑中图像"的基础以及他社会行为的指南。

我们的全部经验都用来填充我们的生命空间。因此，在其他条件相同的情况下，年龄越大，我们生命空间的内容就越丰富。不过，填充生命空间最勤奋的时期、最有条不紊组织这个空间的时期，是我们在校求学期间。求学期间的另一个重要贡献是养成我们使用媒介的习惯：培养了我们的阅读能力。总有一天，学校的功课还能做出另一个重要贡献：培养我们使用视听媒介的能力，可惜目前时机还不成熟。目前，学校培养的基本技能还是阅读，而阅读能力是基础的基础。我们的阅读能力随着受教育程度而提高，因为我们阅读的科目越来越难。

生命空间的扩大，无论是校内还是校外的扩大，都在拓宽我们的兴趣范围和对知识的需求。但我们对娱乐的需要并不特别增加。事实上，娱乐、幻想、"逃避"之类的消遣，和我们追求当下信息的正经工作，存在一种竞争的关系。因此，如上所见，随着年龄和教育程度的增长，我们选择的信息量也随之增加；生命空间里的兴趣越多，兴趣分布面越宽，我们对信息与理解的需求就越大（见图9—1）。

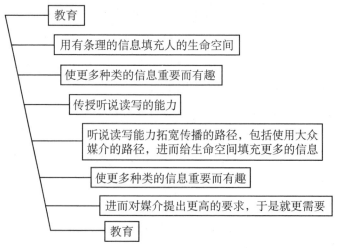

图9—1　人生过程中教育、大众媒介和信息追求的关系

在时间有限的情况下，教育程度高的人往往到印刷媒介里去寻找信息，他们找起来既容易又便捷。使用印刷媒介时，他们有驾驭能力，能进行选择，控制着进度。很强的阅读能力使他们倾向于印刷媒介。和教育程度较低的人相比，教育程度高的人更喜欢印刷媒介，不太喜欢电子媒介；其原因是他们的阅读能力强，而不是他们拒绝视听媒介的娱乐。

有人终身都在读报，而且读报的倾向强大而稳定，其原因就是，读报成功满足了他对当下信息的需要。有人经常看电视，首先是因为电视给他们提供娱乐，其次才是电视的信息功能。教育程度越高，对书刊的使用就越多，这可以用生命空间的需要来解释。成年人对书籍、杂志和电影的使用减少，这只能用其他的变量诸如"最省力原理"来解释；根据这条原理，成年人倾向于享用近在手边的媒介而不是出门寻找：使用客厅的设备（如收音机和电视机）、每天送上门的报纸而不是出门去买报纸或借报纸。此外，纵观一生，人的角色模式总是不断变化的：年轻人、年轻的妈妈、有事业心的年轻人、在新的社会环境中扎根的年轻夫妇，直到最后退休的老人，他们必须不断肩负新的责任。人生的一切变化都必然影响人对媒介模式的选择。 *148*

我们在图9—1这个模式里放进了人生的许多变化，但我们省略了人格和个体差异。然而，这两个因素显然和人们对媒介种类和媒介内容的使用很有关系。不过，我们业已起步；我们研究了生命空间，又研究了教育等经验对生命空间的贡献，还研究了生命空间中的媒介内容与信息和兴趣种类的关系；据此，我们能够更好地理解受众研究的大量成果。 *149*

然而，受众研究任重道远，尚待开拓。我们将在本书第十二章再次审视受众与媒介的关系，那是基于传播的效果这一语境的研究。

**思考题**

1. 报纸编辑选择新闻时要有"神圣情怀"吗？要想到他编发的新闻的效果吗？

2. 一些重要的发展从来就没有"进入议程"，请想想为什么。

3. 常有人说，大学生比少年或老人看电视少。分析你自己看电视的情况。就你的学生身份而言，你看得比较少吗？多大程度上是因为缺少时间？多大程度上是因为你找到了其他更能激发你兴趣的爱好？有没有你尽量抽时间经常看的电视节目？你仔细看电视节目预告吗？

4. 在未来几十年里，哪一种媒介在维持受众人数上前景最被看好？

专业或专门性杂志

网络电视

早报

请说明你判断的理由。

## 参考文献

For general reading: on news selection, H. Gans, *Deciding What's News* (New York: Pantheon Books, 1979), and B. Roshko, *Newsmaking* (Chicago: University of Chicago Press, 1975). These concentrate on the process within newsrooms. There are a number of good treatments of audiences; the most comprehensive, perhaps, is G. Steiner, *The People Look at Television* (New York: Knopf, 1963). There are extensive examinations also in G. Comstock et al. , *Television and Human Behavior* (New York: Columbia University Press, 1978) and C. Sterling and T. Haight, *The Mass Media*, cited earlier. The best sources of recent audience data are the yearbooks of the media and the various audience measurement services.

[1] D. M. White. "The 'Gate Keeper': A Case Study in the Selection of News. " *Journalism Quarterly*, 1950, 27, 383 – 390.

[2] G. E. Lang and K. Lang. "The Unique Perspective of Television: A Pilot Study. " *American Sociological Review*, 1953, 18, 3 – 12.

[3] G. Gerbner and P. H. Tannenbaum. "Mass Media Censorship and the Portrayal of Mental Illness: Some Effects of Industrywide Controls in Motion Pictures and Television. " *Studies of Innovation and of*

*Communication to the Public*. Stanford, Calif. : Institute for Communication Research, 1962, pp. 203 – 226.

[4] B. H. Bagdikian. *The Information Machines: Their Impact on Men and the Media*. New York: Harper &. Row, 1971, pp. 61 ff.

[5] W. Cronkite. *Challengers of Change*. Washington, D. C. : Public Affairs Press. 1971, pp. 61 ff.

[6] W. Breed. "Social Control in the Newsroom. "Reprinted from Social Forces (May 1955). In W. Schramm, (ed. ), *Mass Communication*. Urbana: University of Illinois Press, 1960, pp. 178 – 194.

[7] A. C. Nielsen Company. "National Audience Demographic Report. "Quoted in G. Comstock et al. , *Television and Human Behavior*. New York: Columbia University Press, 1978.

[8] J. Murray and S. Kippax. "From the Early Window to the Late Night Show: International Trends in the Study of Television's Impact on Children and Adults. "In L. Berkowitz, (ed. ), *Advances in Experimental Social Psychology*. New York: Academic Press, 1979.

[9] In Comstock et al. , *op. cit.* , p. 177.

[10] *Ibid.* , pp. 149 – 150.

[11] P. F. Lazarsfeld and P. Kendall. *Radio Listening in America*. Englewood Cliffs, N. J. : Prentice-Hall, 1948.

[12] H. C. Link and H. A. Hopf. *People and Books,* New York: Rohm Industry Committee, Book Manufacturers' Institute, 1946.

[13] L. A. Handel. *Hollywood Looks at Its Audience*. Urbana: University of Illinois Press, 1950.

[14] M. E. Samuelson, R. F. Carter, and L. Ruggles. *Education, Available Time, and Mass Media Use*. Seattle: University of Washington, School of Communication, 1963.

# 第十章 社会控制与大众传播

美国媒体的所有权集中，面向一般受众的娱乐节目产量很高；这就产生了媒体控制和国家政策的问题。每个国家都允诺本国人民享有表达思想的自由，然而各国都管控自己的媒体，只是程度不同而已，正如它管控一切社会机构一样。

美国宪法第一修正案规定，"国会不得制定任何法律……剥夺人民言论自由或出版自由"，而第十四修正案则禁止各州"制定或施行剥夺合众国公民之特权或豁免权之法律"。苏联宪法第一百二十五条指出，"苏联公民由法律保证享有（A）言论自由；（B）新闻自由"。1945 年 7 月 13 日颁布的西班牙宪章的第十二条宣告，"全体西班牙人可以自由地表达自己的观点。"[1]

显然，不同的社会对自由所下的定义是各不相同的。美国关心的是
政治自由，即不受政府约束的自由。苏联关心的是不受经济控制和社会阶级压迫的自由，以及在思想体制范围之内的自由。苏联领导人说，美国的媒介不自由，他们想到的是：这些媒介是资本家占有的。美国领导人说，苏联的媒介不自由，他们考虑的是：这些媒介受文化部长的领导，受党政机构的监督。美国会说，它的媒介互相竞争，争夺受众、追

求利润，不受政府干预；苏联会说，它的媒介在人民代表的指导下为人民服务，不受资产阶级偏见的影响，因而是自由的。

简要地回顾大众媒介受政府控制的历史，也许能帮助我们认识今天的情况。印刷术在西欧兴起时，受到威权主义政府的控制。彼时，方兴未艾的革命趋势使威权主义政府忧心忡忡，它们自然担心，印刷品进一步增加会进一步唤醒人民。印刷术走出了少数行家的作坊，小册子和大单张流向社会，于是政府煞费苦心控制这个新媒介。它们颁发出版许可证，只有政府认定的政治上的"可靠"者才能获得许可证。17 世纪，这些政府建立了出版前的审查制度，稍后又加上出版后的审查制度；政治和宗教书刊未获批准不许出版。凡是政府认定为叛国或"煽动性诽谤"（程度稍轻的异见）的出版物，都要被罚款，当事人都要锒铛入狱。

这些控制手段并不是什么新念头，而是从威权主义思想的悠久传统中孳生出来的。柏拉图认为，只有在圣哲的指导下，国家才能安全。霍布斯①认为，维持秩序是君主的权力，不容个人反对。黑格尔说："国家的存在本身就是目的，被赋予了管治个体公民的最大权利，而个人最大的义务是成为国家的一员。"这种思路导致政府"照料国民"的政策，使之成为限制个人自由的借口：限制自由是为了国家的更大利益。

但是，尽管有这些管制，革命还是照样发生。新革命政府的政策以启蒙派哲学为基础；启蒙哲学认为，人享有天赋的人权，又相信，若给予公平机会，人就能理性地分辨是非。约翰·弥尔顿②和约翰·斯图尔特·密尔③阐述这些学说的言论我们至今仍在引用。弥尔顿说："让她（真理）去同谎言搏斗吧：谁见过真理在一场自由而公开的较量中败下阵来?"[2]密尔在《论自由》（On Liberty）中写道："即使全人类唯一人

---

① 托马斯·霍布斯（Thomas Hobbes, 1588—1679），英国政治哲学家、机械唯物主义者，认为哲学的对象是物体，排斥神学，拥护君主专制，著有《利维坦》、《论物体》等。

② 弥尔顿（John Milton, 1608—1674），英国诗人，对 18 世纪诗坛产生了深刻影响，创作大量诗歌和散文，代表作有长诗《失乐园》、《复乐园》，诗剧《力士参孙》，政论《论出版自由》等。

③ 密尔（John Stuart Mill, 1806—1873），英国哲学家、历史学家和经济学家，功利主义的主要代表。代表作有《逻辑体系》、《政治经济学原理》、《论自由》、《功利主义》等。

*153*　外意见一致，这唯一的一人持相反的意见，人类也没有理由不许那人讲话；同理，即使这人在万人之上，他也没有理由不许人类说话。"[3]美国的大众媒介正是在这种思想氛围中诞生的。

根据这些学说，一种私营的报业应运而生。相对而言，它不受政府控制，可以监督和批评政府，其理念是在"思想的自由市场"（free marketplace of ideas）上运营，让读者从中选择自认为正确和真实的东西。

到19世纪末和20世纪初，这种自由至上主义（libertarianism）已经在实践中有所修正。心理学认为，如果争论的一方有机会多说话，又说得巧妙，"理性的人"（rational man）是否真有区别真理与谬误的能力，那是值得怀疑的。既然媒介的所有权高度集中，那就产生了这样一个问题：真正自由的"思想市场"是否存在？无论是否受欢迎，一切思想都能得到表现吗？据信，电影和广播对道德和信仰具有强大的影响力，为了避免干扰，广播的频道又必须进行分配，所以，这类媒介就容易受官方的控制。于是，到了20世纪，人们就要求媒介肩负更大的责任，媒介要对自己的所作所为负责，而不能仅仅自由地表达观点与言论；即使在自由至上最为盛行的社会，政府也加强了控制的举措。

1917年以来，一些国家出现了一种新型的大众媒介体系，这一体制与西方19世纪的自由至上主义截然不同，也不完全等同于昔日的专制主义制度。起初，这一体制在苏联出现，它以黑格尔、马克思、列宁等人的思想为基础，其首要命题是，私有制与新闻自由难以兼容。一位苏联代表在联合国经济与社会理事会上说："只有控制报刊所必需的资源是公有财产时，人民才能享受有效的新闻自由。"新闻自由的目的是什么？一位苏联发言人说道："不是为了买卖新闻，而是为了教育广大劳动群众，让他们在党的指引下组织起来，去实现明确规定的目标。"这种思想自然产生一种与党和政府结为一体的大众媒介体系，这是有计划的、系统的新闻事业，它用完全一致的意见解释富于争议的事件，这样的解释使西方读者感到吃惊。

西欧和北美有经过改造的自由至上主义体制，东欧出现了公有化的

体制。此外，16 世纪和 17 世纪威权主义的孑遗依然存在，可见于许多
新兴的、不太稳定的国家。

　　事实上，媒介体制的差别很大，远远超过上述三种类型。特鲁 *154*
（F. Terrou）和索拉尔（L. Solal）说，当代所有的媒介体制都可以划分
为"从属于"政府或"不从属于"政府两大类。这样的划分无疑有道
理，但它未能描绘两大类别里更微妙而独特的差异。[4]

　　在这一点上，广播电视体制的差异尤其突出。在"频谱"的一端，
许多国家的广播电视实际上是政府的一部分，其内容受到严格的监督，
许多国家的广播电视被纳入政治机器，受到仔细的监控。"频谱"的另
一端有瑞典这样的国家，那里的电台、电视台是私营企业，由 11 人组
成的董事会指导，董事会的主席和 5 名成员由政府任命；还有美国这样
的国家，电台、电视台为私人所有，政府小心翼翼，避免干预其节目
内容。

　　位于两端之间的是许多不同的模式，例如：

　　　　英国广播公司（BBC）——非营利的法人团体，获皇家特许
　　状，董事会由英王任命，在节目安排上几乎享有完全的自由。
　　　　日本放送协会（NHK）——"社团法人"（公司），相当程度
　　上不受政府控制，但由一个政府机构调控。
　　　　德国广播业——由特许在各州成立的公司负责，既不是政府机
　　构，也不是私人企业，尽可能不受政府的控制。
　　　　法国广播业——长期由政府垄断、严密控制，在戴高乐时代尤
　　甚，1974 年，单一的机构分割为 7 个不同的组织，政治控制有所
　　放松；但是主要负责人仍然由总统任命。
　　　　意大利广播电视公司（RAI）——政府垄断，由官商合营的公
　　司监督；10 年前的法院裁决为私营广播业敞开了大门。此后发展
　　迅猛，现已毫无管制。

　　任何广播体制里都有政府控制。至少广播波段要由政府分配，要有
立法保护民众的利益；保护受众不受诽谤，不受淫秽材料之害，保护版 *155*
权不受侵犯，保护政府不受煽动性广播的攻击。除了没有波段分配问题

之外，无论在什么体制下，报纸都受到上述那些控制。换句话说，在一定程度上，一切体制都必然要对媒介进行调控和管制。

　　然而，除了这些基本的控制之外，不同体制对待传播的方式各不相同。前文业已提及，苏联式的体制几乎完全和党政运行融为一体，威权主义国家对媒介层层控制。在自由至上主义传统的国家里，政府很讨厌干预，但实际上还是在干预。英国即为一例。英国媒介之"自由"不逊于任何国家，英国的新闻报道世界知名，真实可信、不受政府控制。然而，英国广播业一直是公营企业；直到最近，靠广告支撑的私营电视台才获准与BBC并存。偶尔，皇家委员会也会要求新闻界报告自己的经营情况；委员会的睿智与公平决策堪称楷模，为所有媒介咨询会和调查会尊崇。在英国，新闻在发布前不会被审查，但根据《官方保密法》（Official Secrets Act），偶尔也有记者因损害国家安全而被罚款，甚至会锒铛入狱。

　　在美国，政府机构在控制媒介的问题上小心翼翼，仿佛是踩在鸡蛋上走路。最容易处理的问题是与"自由市场"理论相关的问题，这是建国之父们提出的学说。在如今的都市里，媒介在所有制和管理方面的竞争几乎下降到零，司法部的关注就转到了并购的数量问题上。司法部的关注也带来了一些变化，其手段主要是间接施压、扬言提起反托拉斯诉讼，但实际上打官司的情况并不多。在广播方面，联邦通讯委员会曾几次拒绝将广播许可证转让给同一城市的报纸的申请，其根据是，这样的转让限制了自由市场的公平原理。该委员会对跨行业的媒介所有权是不信赖的，正如前文所述，它对个人或公司拥有的广播电视台作了数量上的限制。

　　但真正麻烦的问题是，若要控制，究竟该用什么手段来控制内容呢？除了涉及诽谤、煽动和版权的法律之外，美国的报纸是不受控制的。至于电影，就全美范围而言，虽然有些州和城市设立了电影审查理事会（censorship boards），全国的审查制度却是没有的。要让法院裁决电影或书籍淫秽违法，那几乎是不可能的。广播的内容是最为敏感的领域。在这方面，联邦通讯委员会的行动十分缓慢——至少大多数批评者认为它太缓慢。委员会确定了一项"公平"原则：任何在广播上受到攻击的个人或组织有权在广播上进行答辩。这条原则受到普遍的尊重。一家电台拒绝让人答辩时〔例如在"红狮"案（*Red Lion* case）中[5]，一位新闻记者受到比利·詹姆斯·哈吉斯（Billie James Hargis）牧师攻击时，宾夕法尼亚州的一家电台不愿意给他在电台答辩的权利〕，法院会立即强制电台给此人答辩的权利。至于这条原则，唯一真正的问题在于：怎样才算得上是攻击，谁有权进行答辩。比如，美国总统发表广播讲话时，由于他既是政治人物又是官方人士，反对党或者同他意见相左的参议员是否有权在广播网上自由答辩呢？又比如，一家广播网攻击某个人，它能调动全部人力物力，那被攻击的人又如何调动资源以进行有效的答辩呢？

困难在于联邦通讯委员会分配波段和频率的方式。如果只有一个单位申请，委员会只需判断申请者在财力、技术和法律上是否合格（此处的"法律上"指的主要是公民身份）。但是，如果合格的申请者不止一家，委员会就必须考虑，它们能提供些什么样的公众服务。"公众服务"是用来甄别申请者资格的，主要是指：本地节目的数量、新闻节目的数量、对公共问题的报道。一旦批准，就发给为期三年的执照，期满之后再续办。

正是在这一点上，委员会同广播业主各执己见。广播业主在台站建设上投入了大量资金，但是他们财产的价值仰赖他们在分配中得到的频率。例如，在洛杉矶这样的城市里，建一座甚高频电台的投资仅为300万～700万美元，而这个频道的价值却可能高达7 500万美元。因此，在广播业主看来，频率是极有价值的财产权，不应该从他们手中夺走，正如不应该从他们的电台脚下把土地抽走一样。

到执照期满需要续办时，只要无人竞争，就不会引起困难；实际上，大多数的续办申请都是自动核准的。但近年来，到了更换执照的时候，要求重新分配现有频率的申请者增多了，其中有许多是社区团体，它们关心电台是否在为"公众的利益、方便和需要"服务，按照《联邦通讯法》，电台应该提供这样的服务。于是，委员会就遇到了烫手山芋。

157　大多数情况下，原来的分配是根据申请者的允诺作出的，申请者必须在节目中提供一定的公共服务。在续办执照时，尤其是在有人竞争的情况下，委员会难道不应该审查一下获准单位的记录，以确定它是否已经履行了诺言呢？这样一来，就要求委员会关心广播电台的节目内容，换言之，就要在这个限度之内"控制"节目的编排。

　　1948 年，联邦通讯委员会发布著名的蓝皮书《广播执照持有者对公众服务应负的职责》（*Public Service Responsibilities of Broadcast Licensees*）[6]，提出了在续办执照时可能会检查广播电台的表现；自此，委员会就在这个问题上陷入了严重的分歧。不用说，商业台极力反对委员会诸如此类的任何检查；理由是，检查代表政府对内容的控制，是违背宪法第一修正案的。联邦通讯委员会每年要受理 2 500 件续办执照的申请书，但 1970 年以前，它根据表现不佳而吊销的执照只有两张，而且是在法院催促之下才作出决断的。这一年，它撤销了波士顿的一家商业台的执照，将其频率移交给一家竞争的申请者。这一决定轰动一时，美国广播电台的老板们都被震得不知所措——那还是委婉的说法。

　　我们对这个问题点到即止，但详细探讨这个问题的文献倒是很多，且唾手可得。其重要意义很简单，那就是如何确保大众媒介提供负责任的公共服务。我们美国人谈的大多是媒介的"自由"。苏联理论家谈的是媒介的"责任"。但在我们的体制下，我们也想要大众媒介负责任：在报道世界大事、满足不同层次的趣味和兴趣、为不同意见提供一视同仁的机会等方面，他们也要履行自己的责任。按照传统，我们讨厌政府控制媒介的内容，目的是给新闻媒介自由，使之向人民报告政府的表现。于是，我们寄希望于媒介自愿采取"负责任"的做法。因此，我们鼓励专业培训、专业协会、跨媒介批评和媒介内部的自我批评，《哥伦比亚新闻学评论》（*Columbia Journalism Review*）和类似刊物上的批评就是代表。如今，大多数报纸都刊登影视批评，而且有越来越多的书籍和报刊文章对媒介的表现进行分析。大多数的情况下，我们还是指望报纸做负责任的报道、广播界提供负责任的节目。

1947 年，由罗伯特·梅纳德·哈钦斯①主持的新闻自由委员会（Commission on Freedom of the Press）提交的一份报告②（受到媒介不赞成的冷遇）指出，如果媒介拥有者和经营者不以负责任的态度行事，那就要予以矫正。[7]这个委员会建议组建一个理事会或董事会来检查和批评媒介的所作所为。但是，这些建议的背后显然是一种威胁的姿态，该报告希望政府过问媒介的表现。

即使哈钦斯领衔的委员会也很不愿意暗示政府和媒介的内容有任何关系，然而，如能断定，媒介在某些方面并没有采取负责任的行动，没有服务公众的利益，那该怎么办？如果有人怀疑，人民并没有被给予"真正符合"他们口味的东西，对立的观点没有得到媒介一视同仁的对待，人民并没有得到媒介对事件的充分报道，那又该怎么办？这是美国的大众媒介一直在努力解决的问题。当尼克松政府以副总统阿格纽对电视的攻击为基调采取一系列行动，试图诋毁和贬抑媒介在美国社会的作用时，政府控制的幽灵使得媒体人感到惊恐。

政府控制的事情并未发生，连最激烈批评媒介的人也不急于使之成为现实。但是，以责任和控制为中心的辩论显示了，一种以弥尔顿和密尔的思想为根基，以杰斐逊③和亚当斯④的政见为基础的社会体制，如何在大众传播的问题上感到困扰、左右为难。

信仰马克思主义和毛泽东主义的批评家会说，这种论点并没有击中要害，真正控制美国媒介的是对它们持有所有权的富人和大公司。而且，如果想要争辩说，这个社会、经济阶级的思想并没有支配美国的报纸社论且在一定程度上主导新闻报道（见前文引述的布里德的研究成

158

---

① 罗伯特·梅纳德·哈钦斯（Robert Maynard Hutchins，1899—1977），芝加哥大学校长、《不列颠百科全书》编委会主席，与阿德勒（Mortimer Adler，1902—2001）共同策划、编辑、出版《伟大的书》共 54 卷。

② 该报告题名为《一个自由而负责的新闻界》（A Free and Responsible Press），国内有译本（中国人民大学出版社，2004）。

③ 托马斯·杰斐逊（Thomas Jefferson，1743—1826），政治家，美国第三任总统，《独立宣言》的起草人。

④ 约翰·亚当斯（John Adams，1735—1826），美国第二任总统，曾参与起草《独立宣言》、对英国和谈，著有《政府断想》、《美利坚合众国政府宪法一辩》。

果），那还是难以成立的。然而，从另一个角度看，虽然 20 年来共和党受到全美 60%～80% 报纸社论的支持，但它却不断抱怨说，绝大多数新闻记者都反对该党的政策和候选人。

还有一种常被为广播业主宣扬的观点是，公众可以通过三种途径控制媒介，并得到他们想要的东西。这三招是：受众评级、发行数字以及由此而来的广告支持。照此逻辑推导，其意思是，受众规模是衡量公共服务的试金石。此逻辑似乎助长了这样的媒介体制：一切节目都力求获得尽可能多的受众，而不是满足不同的需要和口味；所有的报纸都用副刊和娱乐性来使发行量最大化，而不是严肃地报道公共事务。按照这种方针办事，广播网经常把收视率只落后一个点的节目取消，但这是为了广告商的利益，而不是为了公众的利益。报纸展开发行战，通常把特写作为武器，而不是用新闻或分析作武器；这也是为了夺取市场，取得广告收入，而不是用有识之见为公众服务。因此，批评家们就质问：最大限度满足受众的动机是经济利益还是公众利益？如果没有真正的选择余地，如果只有一家报纸或只有一种节目，靠发行量或收视率的细微差别来决定的公众"票选"，究竟是不是很重要呢？

由此可见，对美国大众媒介而言，经济控制远比政府控制更为有力。不过，就其整体而言，这个体制正在苦苦思索，力求廓清定义：什么是负责任的表现？如何去负责任？与此同时，业界认识到，一方面，自由的媒介必须经济上稳定；另一方面，其基本目标是维护"思想的自由市场"，因为这是整个媒介体制赖以成立的根基。

基本的原理是：任何社会对传播机构的控制都出自社会本身，代表着其信仰与价值观。苏联的体制是将传播机构纳入其政治系统中。威权主义体制对媒介的控制依靠政府的限制和监督，也通过政府拥有的所有权，对媒介进行"照管"。美国的社会制度对控制媒介的态度是，实行最低限度的政治控制和政府控制，容许大量的经济控制，经济控制是通过私有制达成的。关于传媒的公共控制问题，美国和其他国家如何解决？显然，这个问题的解决与大众媒介的未来发展是息息相关的。

# 第一节 媒介控制的实际问题

洛杉矶的一位女仆发现一个 7 岁的男孩往家人的食物里撒玻璃粉；孩子说，他是想看看这样做的效果，看看是否和电视上看到的效果一样。[8] 1971 年，电视播放了一个犯罪节目，讲到有人在客机上放炸弹，飞机降到一定高度时，空气压力自然会使之爆炸。节目播放后一个月，澳大利亚的康塔斯航空公司就接到炸弹威胁，有人要敲诈 50 多万美元。不久，同样的威胁也在美国登场了。

这就是大众媒介引起的道德后果，尤其是反社会行为的后果，最使父母和执法者忧心忡忡。诚然，自古以来，我们就一直为儿童和社会上的犯罪问题而担忧。大众媒介只不过为我们增添了新的烦恼。

关注这一问题的不仅是父母，还包括儿童问题专家、精神病医生以及社会、心理等许多方面的研究人员。主要的问题是：电视是否在传授不良的社会行为？广播电视上的暴力是否会导致实际生活里的暴力行为？以广播业的代表为一方，以专家和关注这一问题的普通人为另一方，两军对垒，展开了激烈的争论。

关于这个问题已经做了大量的研究工作。当然，对儿童的研究有一定的道德限制，儿童研究的伦理和动物实验的伦理不同，和惰性物质研究的原理也不一样。我们不能把其他研究的因果关系搬到儿童身上；比如，我们不能用实验的方法来查明攻击性、问题少年和犯罪的原因，不能用不同的育儿法来验证活跃而危险的犯罪原因，或验证多种原因的组合。儿童与电视的关系极其复杂；因此，要显示两者直接的因果关系就更加困难，比查明受热与金属膨胀、病毒与实验动物感染的直接关系不知困难多少。尽管如此，我们还是有大量的发现。

最重要的发现是，儿童从大众媒介尤其是电视上学到了大量的东西，看电视消耗了他们大量的时间。他们学到了事实、态度、人们的行为举止以及社会对他们的期待。他们以电视上的许多东西为范本，既直

160

接学，也间接学。实际上，他们从媒介上学到的东西数量惊人，而这些节目无意传授知识，仅仅是提供消遣。对许多儿童而言，娱乐性的媒介（特别是电视）提供了一种社会性地图。他们从中了解到的是：远方世界的样子，什么人和事值得观察，什么样的行为值得重视。由于儿童喜欢娱乐性媒介，所以这张社会地图就极其生动。媒介吸引他们，使他们激动，煽动他们的过激行为。[9]

许多实验研究表明，儿童能够从电视和电影上学到暴力行为，可能会在观看暴力场景后变得更加富有攻击性。[10]不错，两者的关系已经在实验室里得到证实，因为在实验室的受控条件下，其他的因素被排除了；对这些研究的怀疑当然有，那就是：这些发现是否就是现实生活里的实际情况。显然，在现实社会中，看电视与观者行为的关系不会像在实验室里那样简单而直接。反暴力的社会约束和社会规范十分强大，它们自然会抑制暴力倾向。所以，最后的研究结论是：表现暴力的电视节目对现实生活中的暴力起到"推波助澜"（contributory effect）的作用。研究人类攻击行为的专家伦纳德·伯科威茨（Leonard Berkowitz）得出这样的结论：观看电视上的暴力对实际的暴力的作用是，"提高了或然率"（heightens the probability）。[11]

我们已经揣着那种令人不安的结论度过了几十年。表示关切并且要求媒介减少暴力性娱乐节目的呼声此起彼伏时起时伏，就像心电图上的波动曲线。20世纪60年代末，美国卫生署试图通过研究工作提出更加明确的指导意见。根据国会的指示，它拨款100多万美元支持23项有关的研究，试图在研究所能解答的范围内一劳永逸地回答：电视暴力对儿童是否有害。

这些研究成果最终结集为五卷出版。[12]然而，关于如何解释电视暴力的舌战，在这些研究之前早已存在。在组建这些研究项目的监察委员会时，电视业竟被允许把七位学者从该委员会排除出去，理由是他们对电视上的暴力持否定态度。相反，电视网的两名在职员工、三名离任的员工、经常给电视网提供咨询的人却被任命为委员会的成员。委员会提出的报告充满了限定性的词句，难以提供明确的指导意见；报告尚未发布，报纸就抢先轻率地报道，说研究结论是电视暴力无害。然而，如果将委员会的报告的若干章节与那 23 项研究比照，结果应该是令人信服的，因此卫生署署长在向发起研究的参议院商务小组委员会报告时指出：

> 今天（1972 年 3 月 21 日），我从专业的角度作出答复：应该要广播业主注意。绝大多数人一致认为，科学顾问委员会的报告也一致认为，电视节目的暴力的确对我国社会的某些成员有不良影响……
>
> 我清楚地看到，电视暴力和反社会行为存在因果关系，足以证明有必要采取适当而刻不容缓的补救措施。社会现象的数据，比如电视与暴力（或攻击性）关系的数据，永远不会明确到使所有社会科学家万众一词，不可能就因果关系达成言简意赅的一致意见。然而，数据足以使人采取合理行动的一天总是有的。这一天业已到来。[13]

参议院商务小组委员会主席帕斯托参议员仔细思索了，卫生署署长 *162* 得出的电视暴力对"我国社会的某些成员"不良的结论，在解读这句话的意义时，他指出：即使每年只有一名儿童被引诱而产生"冷酷无情的残暴态度"，即使那名儿童只影响另一名儿童，20 年后，我们中间就可能有 1 048 575 个有暴力倾向的人。[14]

卫生署署长的报告发表以后，虽然出现了成千上万的其他研究，但类似的有组织、有资助的研究工作再也没有了。这些研究没有得出明确的答案；但大量的证据足以支持卫生署署长的研究报告，证明其令人不安的结果是令人信服的。

现在要问，我们对于这样一个问题又该怎么办？

我们希望，政府不干预媒介，也希望媒介以负责任的态度行事，而不是被迫那样去做。所以，我们恳求媒介产业自律，并建议父母让孩子远离暴力节目，或为孩子们提供其他经验，将其作为矫治媒介暴力的手段。

对可怜的家长，我们只能表示同情。我们的请求使他们业已沉重的养育子女的负担进一步增加。他们面对着吸毒、两性关系的逆反时尚、政治态度的叛逆行为，以及不信赖长辈心理的泛滥。家长认为，自己不应该由于社会树立的坏榜样而受到责难。日常的新闻中，来自中东、都市的新闻中充满暴力，甚至以高尚道德目标为宗旨的运动里也充满暴力。既然如此，你怎能期望父母使孩子相信，暴力不是可以接受的生活方式呢？然而，家庭还是必须尽其所能。在互敬互爱的家庭里，在两代人能够在一起交谈、游戏的家庭里，可以有一定的保障，防止媒介或其他源头对性格的不良影响的入侵。

163　　　但媒介尤其是商业电视，理应采取一些直接措施，以解决这种不良影响。它们愿不愿意这样做呢？大众媒介里有的是技艺高超、富有创造才能的人，难道他们不能制作一些吸引儿童而不是将其引向暴力的节目吗？难道不能把暴力描绘成实际生活中那种既丑恶又痛苦且悲哀的东西吗？为什么要把暴力描绘成射击场式的游戏呢？如果要儿童学习其他经验而不是暴力，我们就必须为他们塑造楷模，让他们钦佩并认同的楷模，以非暴力行事的楷模。《杀死一只知更鸟》（*To Kill a Mocking-bird*）这部经典电影里有一场扣人心弦的戏：尽管主人公阿蒂克斯证明自己是全城绝顶的射手，尽管一个"坏蛋"当面啐了他一口，尽管儿子杰姆在场目睹这一切，并希望老爸狠揍那家伙，他还是毅然退出那场厮杀。他赢得了儿子的尊敬，也赢得了观众的尊敬；这正是我们需要的那种取代暴力的戏剧场面。再多几个这样的而不是简单化的暴力解决问题的作品，情况就会不一样了。

　　同样，如果不愿意孩子模仿电影或电视上的暴力，我们就要避免把这些节目安排在儿童有可能接触到的环境或背景之中。我们就要避免将其指向儿童日后容易对号的目标，也不要使用那些儿童在冲动时很容易得到的工具。

　　这似乎就是我们有权要求媒体所做的事情。在 16 岁之前，儿童花在媒介上的时间超过在校学习的时间，超过睡眠以外的在任何活动上所花费的时间。如果媒体不规避暴力，我们还能容忍吗？目前的情况显然是：我们在容忍这样的局面。我们不愿意干预媒介的内容，不愿意监督媒介，不愿意规定它们的表现内容。这一切都是因为，我们不喜欢审查制度，我们担心，自己是否在削弱政治思想上的自由市场。

这就是现实生活中媒介控制问题的一个例子。这个问题值得继续关注。政府没有采取正面迎战的行动来加强控制。诚然，联邦通讯委员会采取过一些行动，比如在1979—1980年，它曾对星期六早间广播中的广告数量和内容做过仔细的审查，这表明它对广播内容的影响是十分关心的，尽管如此，它仍然拒不承担给媒介内容指引航向的角色。有时，电视网得意洋洋地宣称，在黄金时段节目中，暴力的情节有所减少。然而，那可能与观众趣味的趋势有关，和媒体主动控制内容并没有关系。那可能是在情景喜剧盛行季节的趋势，和主打警匪片的季节相比，这个季节的凶杀镜头自然要少一些。在未来的决策中，政府、公众和媒体都应各司其职；对媒介的自由体制而言，在这些问题上如何决策，显然具有重大的意义。

## 第二节　媒介的社会控制：其他方面

试图减少电视对儿童的有害影响，是媒介的社会控制中最引人注目的对抗。除此之外，社会控制还有其他的表现形式。例如，媒介影响着社会机构及其关系的运作方式。多年来，一批美国传播学家人数虽少，但声音很大，最著名者是赫伯特·席勒①。他们认为，美国的大众媒介一直是"文化帝国主义"的工具，阻碍并扭曲了新兴国家的发展。世界各国都有一些领袖认为，拥有相对而言无限自由的媒介体制必然会加剧国际紧张局势。自从联合国及其教科文组织诞生以来，一直有人以不同的词句宣扬这一观点。有人说，这不过是苏联人的鬼把戏，这一解释看似有理，其实不足以驳倒席勒等人的主张。至于防止报纸干扰"国际和

*164*

---

① 赫伯特·席勒（Herbert Schiller，1919—2000），美国传播学评判学派主将之一，代表作有《大众传播与美利坚帝国》、《思想的管理者》、《公司的文化：公司取代公众表达》、《传播与文化统治》、《信息与经济危机》等。

平关系"的观点,早在 19 世纪初欧洲的新闻法中就已露端倪。当然,自现代大众传播学发端以来,各种各样的批评家就认为,媒介败坏了人们的口味,几乎毁灭了所谓的高雅文化。

还有另外一些诸如此类的问题,有些权势人物公开表示或私下觉得,应该迫使媒介为自己的影响承担更大的责任。再举一例,自从 20 世纪 70 年代起,越来越多的美国人包括新闻记者担心,目前这种政治报道的风格可能会损害美国民主制度的运作方式。许多人觉得,这个麻烦问题始于"水门事件"(Watergate affair),自此,记者开始把注意力集中在政治人物的人格和个性上。不报道酗酒和绯闻的常规多半被抛弃了;酒色丑闻成为新闻。议员与女秘书的绯闻进入报纸头版,连续几天,直到他被迫辞职。关于约翰·肯尼迪(他也许是美国政坛最后一位伟大英雄)与许多女人有染的书籍和文章纷纷出现;一般地说,这些东西是根据自曝身份的当事人的"供述"写成的。纳尔逊·洛克菲勒(Nelson Rockefeller)死于心脏病发作,由于官方发言人首次发布的消息里有一些漏洞,于是,在《纽约时报》带头发动的攻势下,诸多媒介对这条消息穷追不舍,直到它们满意地认为已经弄清楚了事实真相(事情并无肮脏之处,只是不如首次发布时那么崇高)。捣毁偶像成为一时之尚。

*165*　　　1979 年夏末,总统竞选活动即将启动时,尼古拉·冯·霍夫曼(Nicholas Von Hoffman)、约瑟夫·克拉夫特(Joseph Kraft)和理查德·里夫斯(Richard Reeves)等几位评论家,虽然并未互通声气,却一致表示担心,报道政界人士瑕疵的做法太过分了,仿佛公众眼里的总统候选人都不够资格了。

随着这种新闻报道的崛起,选民的兴趣和参与度急剧下降。诚然,如果认为这些同期的现象有因果关系,那未免过于天真,许多其他因素显然也是存在的。尽管如此,公民对国家领袖人物的怀疑态度有增无减,他们对媒介就更加信赖了。

还应该指出,受到这种待遇的人不限于民选的政府官员。"水门事件"报道中的英雄罗伯特·伍德沃德(Robert Woodward)和斯科特·阿姆斯特朗(Scott Armstrong)出版了《兄弟帮》(*The Brethren*)一书，根据线人的流言揭露最高法院的"内幕"。其内容大部取材于对法院工作人员的访问，但受访者的身份没有披露；该书甫一问世，一些当事人就站出来指控，作者套取并且歪曲了他们的谈话。曾任《纽约时报》驻最高法院记者的安东尼·刘易斯（Anthony Lewis）声色俱厉地撰写了一篇专栏文章，呼吁制止这类新闻，谴责该书用卑鄙无聊的口吻描绘最高法院，认为那是心术不正；他为此而感到悲哀，因为最高法院是美国机体最重要的机构之一，虽有不足，却瑕不掩瑜，整体上是伟大的。然而，《六十分钟》（Sixty Minutes）却对这本书大做报道，赞赏有加，而这个专做调查性新闻（investigative journalism）的电视节目的收视率是很高的；很多报纸也连篇累牍地肯定这本书，《兄弟帮》自然就一路畅销、洛阳纸贵了。

舆论调查表明，民众对民主程序表示怀疑，对竞选公职的人不够信任。我们现在所做的只能是敦促记者、编辑和节目策划人对美国的制度表现出更大的信心。在可以接受的情况下，社会控制是否还包括比这更有力的措施呢？如今，更有力的社会控制肯定不在其内；政界人士虽然有这样的念头，但那是说不出口的。然而，可以肯定的是，在许多人的内心深处，有力的社会控制并不是不可想象的；大众传播社会控制的前程，任重而道远。

**思考题**

1. 在许多国家，印刷的新闻媒介比广播所受的社会控制少得多，为什么？

2. 举例回答弥尔顿的问题："……谁见过真理在一场自由而公开的较量中败下阵来？"

3. 从一般的社会观点来看，政府拥有、颁发执照的广播体制有什么优势？

4. 近年来，美国的广播业主质疑本章提及的"公平"原理的必要性。你有什么支持他们的观点吗？

*166*  **参考文献**

For background, see"Communication:Control and Public Policy,"in *International Encyclopedia of the Social Sciences*. Also, F. Siebert, T. Peterson, and W. Schramm, *Four Theories of the Press* (Urbana: University of Illinois Press, 1963) and W. L. Rivers and W. Schramm, *Responsibility in Mass Communication*, 2nd ed. (New York: Harper & Row, 1969).

On television and children, see H. Himmelweit, A. N. Oppenheim, and P. Vince, *Television and the Child* (London: Oxford, 1958); W. Schramm, J. Lyle, and E. B. Parker. *Television in the Lives of Our Children* (Stanford, Calif. : Stanford University Press, 1961); two Japanese studies that have been summed up in a volume by T. Furu, *Functions of Television for Children* (Tokyo: Sophia University, 1971); and G. Maletzke, *Jugend und Television* (Hamburg, Darmstadt: Schroedel, 1964). A major contribution to the research on children and television is G. Comstock et al. , *Television and Human Behavior* (New York: Columbia University Press, 1978). This sums up much of the relevant material in the five-volume report of the Surgeon General's Scientific Advisory Committee, *Television and Growing Up; The Impact of Televised Violence* (Washington, D. C. : U. S. Government Printing Office, 1972). For a useful bibliography with entries up to about 1972, see G. Comstock, *Television and Human Behavior: The Key Studies* (Santa Monica, Calif. : The Rand Corporation, 1975).

The literature on the freedom and responsibility of the media, especially recently on "cultural imperialism" in relation to developing countries, is very extensive. A balanced treatment of the problem is Anthony Smith, *The Geopolitics of Information: How Western Culture Dominates the World* (London: Faber and Faber, 1979). A much discussed approach to the problem is to be found in the report of the MacBride Commission, *Many Voices—One World* (Paris: UNESCO, 1980). Other treatments of the Third World relationship include Herbert Schiller, *Communication and Cultural Domination* (White Plains, N. Y. : International Arts and Sciences Press, 1976), and Jose J. Vilamil, (ed. ), *Transnational Capitalism and National Development* (Atlantic Highlands, N. J. : Humanities Press, 1980). More general treatments include W. L. Rivers and W. Schramm. *Responsibility in Mass Communication* (New York: Harper & Row, 1969); Jacques Ellul, *Propaganda: The Function of Man's Attitudes* (New York: Random House, 1973).

[1] F. Terrou and L. Solal. *Legislation for Press, Film, and Radio*. Paris: UNESCO, 1951. Also, F. Siebert, T. Peterson, and W. Schramm. *Four Theories of the Press*. Urbana: University of Illinois Press, 1963.

[2] J. Milton. *Areopagitica,* 1918 edition, p. 58.

[3] J. S. Mill. *On Liberty*, 1947 edition, p. 16.

[4] Terrou and Solal. *op. cit.*

[5] *Red Lion Broadcasting Co. v. FCC*, 381 F2d 908, D. C. , 1968; affirmed 395 U. S. 367, 1969.

[6] Federal Communications Commission. *Public Service Responsibilities of Broadcast Licensees. Washington*, D. C. : FCC, 1946.   *167*

[7] Commission on Freedom of the Press. *Toward a Free and Responsible Press*. Chicago: University of Chicago Press, 1947.

[8] See for summary G. Comstock et al. , especially ch. 5. *Television and Human Behavior*. New York: Columbia University Press, 1978. W. Schramm. *Motion Pictures and Real Life Violence: What the Research Says*. Stanford, Calif. : Institute for Communication Research, Stanford University, 1968, pp. 6ff. Quotations are from W. H. Haines, "Juvenile

Delinquency and Television. ” *Journal of Social Therapy*, 1955, 1, 69 – 78. And from R. S. Banay, “Testimony Before the Committee to Investigate Juvenile Delinquency. ” Committee on the Judiciary, U. S. Senate, 84th Congress, S. Res. , April 1955, 62. Washington, D. C. : U. S. Government Printing Office.

[9] For instance, Comstock, *op. cit*, especially ch. 8. G. A. Hale. L. K, Miller, and H. W. Stevenson. “Incidental Learning of Film Content: A Development Study. ” *Child Development*, 1968, p. 39, p. 1, pp. 69 –78. Also, E. E. Maccoby. “Role-Taking in Childhood and Its Consequences for Social Learning. ” *Child Development*, 1959, p. 30, pp. 239 – 252. C. A. Ruckmick and W. S. Dysinger. *The Emotional Responses of Children to the Motion Picture Situation*. New York: Macmillan, 1933. A. E. Siegel. “The Influence of Violence in the Mass Media on Children’s Expectations. ” *Child Development*, 1958, p. 29, pp. 35 –56. And R. C. Peterson and L. L. Thurstone. *Motion Pictures and the Social Attitudes of Children*. New York: Macmillan, 1933.

[10] For summary, see notes 8 and 9. Also, among others, A. Bandura and R. H. Walters, *Social Learning and Personality Development*. New York: Holt, Rinehart and Winston, 1963. Among many published experiments the reader may be especially interested in A. Bandura, D. Ross, and S. Ross, “Transmission of Aggression Through Imitations of Aggressive Models. ” *Journal of Abnormal and Social Psychology*, 1961, 63, 3, 578 – 582. Same authors. “Imitation of Film-Mediated Aggressive Models. ” *Journal of Abnormal and Social Psychology*, 1963, 66, 1, 3 – 11. D. P. Hartman. *The Influence of Symbolically Modeled Instrumental Aggressive and Pain Cues on the Disinhibition of Aggressive Behavior*. Doctoral Dissertation, Stanford University, May 1965. A. E. Siegel. “ Film-Mediated Fantasy Aggression and Strength of Aggressive Drive. ” *Child Development*, 1956, 27, 365 –

378. F. E. Emery and D. Martin. *Psychological Effects of the Western Film—A Study of Television Viewing*. Melbourne: Department of Audio-visual Aids, University of Melbourne, Australia, 1957. And K. Heinrich. *Filmerleben, filmwerkung, filmerzeihung—einfluss des film und die aggresivitat bei jugendlichen experimentelle untersuchungen und ihre lernpsychologischen konse-quenzen*. Han-nover, Darmstadt: H. Schroedel, 1961.

[11] Berkowitz's viewpoint is expressed in L. Berkowitz, *Aggression: A Social Psychological Analysis*. New York: McGraw-Hill, 1962. Among his many experiments and interpretative articles are the following two. L. Berkowitz. "Violence in the Mass Media."*Paris-Stan-ford Studies in Communication*. Stanford and Paris: Institute for Communication Research and Institut Fran çais de Presse, University of Paris, 1962, pp. 107—137. L. Berkowitz and E. Rawlings. "Effects of Film Violence on Inhibitions Against Subsequent Aggression."*Journal of Abnormal and Social Psychology*, 1963, 66, 405 – 412.

[12] Surgeon General's Scientific Advisory Committee. *Television and Growing Up: The Impact of Televised Violence*. Washington, D. C. : U. S. Government Printing Office, 1972.

[13] "Proceedings of the U. S. Senate Commerce Subcommittee, March 21, 1972. " Washington, D. C. : U. S. Government Printing Office, 1972.

[14] *Ibid.* Quoted in syndicated article by Norman Mark, *Honolulu Star-Bulletin*, April 1, 1972.

*168*

# 第十一章　传播效果的若干模型(一)

　　据说，有学生曾问阿尔伯特·爱因斯坦："什么发现对你发明相对论帮助最大？"爱因斯坦毫不犹豫地回答说："发现怎样思考这个问题。"

　　关于艾萨克·牛顿爵士和其他科学家，也有同样的故事。我们无法证明，他们是否真说过这样的话，但我们愿意相信确有其事。如果真的说过，他们的回答和爱因斯坦的回答应该是相同的，因为科学家就是这样工作的，科学就是这样进步的。

　　通常，科学家努力为其研究对象的过程和结构创建模型。因此，我们就有了宇宙的结构模型、原子的结构模型，有了遗传基因从一个生命载体传递到另一个生命载体的模型，有了经济制度的模型，而且，我们已开始构建传播过程的模型。什么是模型？简言之，模型就是我们思考一种过程或结构的有用的方法，是一种清楚的描绘；模型使我们可见其重要部分，而不会见树不见林。有些模型是数学模式，但不必有方程式，甚至不必有图解，重要的条件是模式提供洞见，使人窥见事物的内部关系，借以了解事物的运作过程及内部结构。试图理解传播及其效果时，我们越来越需要这样的指引，借以解释已有的知识，解释新知识与旧知识的关系。因此，我们首先看看一些已知的最有用的模式，借以启动关于传播效果的讨论。

我们探索更有用的方式来思考传播效果时，不妨先向自然科学家请教。他们构建模型，探索前进，以求理解；时间比我们长，经验比我们丰富。千百年间，思考宇宙的最佳途径似乎是：宇宙由土、气、火和水这四个基本要素构成。原子和分子的观念产生以前，这一直是有用的方法。科学家绘制了精细的原子量表，对原子如何结合为分子知之甚多。化学和物理学就建立在这样的模型上。随后，亚原子宇宙打开，人类可以想象亚原子世界的质子、电子和中子了。如今，我们可以超越这个模型，看到甚至更为微观的宇宙，其中充满名字稀奇古怪的粒子，比如介子、波色子、轻子、重子和强子。打开这个新模型的钥匙是"夸克"；这个词取自詹姆斯·乔伊斯[①]的小说《芬尼根守灵》（*Finnegan's Wake*）。书里有一句谁也看不懂的话："马斯特·马克的三个夸克（Three quarks for Muster Mark）。"夸克被认为是一切粒子中最小的基本粒子，谁也没见过它，甚至不能与其他粒子分离而存在，即使存在，其大小也只有一英寸的十亿分之一。如果发现，我们就能用全新的方式来设想宇宙的结构。

为什么科学家要做这样的探索呢？为什么物理学家们要制造一些庞大的机器去搜寻人从未见过的粒子呢？主要是为了认识宇宙，以求用更好的方式去思考他们要解决的问题。因为他们知道，更好的模型既具有理论意义，也具有实践意义。伊利诺伊北部恩里科·费米[②]实验室主任利昂·莱伯曼（Leon Leberman）博士说："我知道，一杯水里锁定的能量足够全国用，但我不知道如何释放这些能量；我还知道，如果不了解其中的能量，我们就无法将其释放出来。"

科学家都会告诉你，过程或结构的正确模型是不存在的，任何模型都不可能详尽无遗地描绘一切细节，都不可能面对新发现而维持老面

---

① 詹姆斯·乔伊斯（James Joyce，1882—1941），爱尔兰作家，20世纪最伟大的小说家之一，擅长意识流手法，著有《尤利西斯》、《芬尼根守灵》、《都柏林人》、《一个青年艺术家的肖像》等。

② 恩里科·费米（Enrico Fermi，1901—1954），意大利裔美国物理学家，发现原子核链式反应，1938年获诺贝尔物理学奖，1942年负责设计建造了世界上第一座原子核反应堆。

*171* 孔，都需要予以修整。在给定的时间、事实和观察中，只存在最佳或最有用的模型。涵盖物质基本结构或人类遗传基因领域一切研究成果的模型几乎是不存在的。相反，最精明的概括往往只局限于有限的部分，比如蛋白质的构造、太阳的能源或黑洞的性质。

自然科学旨在了解宇宙，构建宇宙模型，其成就大大领先于社会科学。社会科学研究方法的历史还不足 100 年；我们还在沿用亚里士多德2 300 年前的一些洞见，但他的洞见是分析的，而不是实验的。而且，我们没有理由认为，和自然科学的问题相比，社会学和心理学的问题更容易成为科学研究的对象，事实上，我们觉得情况恰恰相反，社会科学的问题是很难进行科学研究的。

何况，传播只是非常宏大而复杂的社会的一部分。传播是不可或缺的一部分，因为它几乎渗透到人类社会行为的各个方面。因此，传播与社会研究的关系好比是人类的遗传研究与物质宇宙的关系。我们知道，随着亚原子物理学和化学的发展，我们对物质的认识既拓宽又加深了。在过去几十年里，自然科学的发现犹如井喷，社会科学却不曾有这样的景观，也不曾有自然科学家那种通过共享与合作而产生的知识；由于原子物理学家、生物化学家、晶体学家和生物学家的知识共享与合作，产生了一个全新的知识富集区，构建了一个全新的模型，即分子生物学，导致了知识的戏剧性的飞跃，其代表就是 DNA、RNA 等概念，以及生命结构中的蛋白质合成。

因此，在传播效果的研究中，我们不能期望找到一个无所不包的模型；在传播研究中，宛若自然科学中那种普遍适用的模型是找不到的。我们也没有理由期望找到一种所谓正确的模型。随着知识的增长，一切研究对象都会变化。我们必须承认，在所谓传播学这个领域，我们尚处在很困难、很复杂的原始阶段，因此我们不得不研究多种模型而不是单一的总体模型，因为传播学研究有很多不同的路径。我们没有理由不去研究其中一些最有希望的模型，我们要撷取其中最有用的成分，以助于我们去思考传播学，使我们逼近其精要，寻求到我们追求的知识。在本章其余的篇幅里，我们无暇逐一审视一切模型，因为模型太

多，而只能抽取其中一些予以介绍，仅限于那些对研究者和学生最为有
用的模型。

# 第一节　被抛弃的模型——魔弹论（模型一）

如果在 20 世纪 20 年代问，何谓传播效果的模型，我们很可能会听
到这样的回答：在手腕高明的宣传家手里，大众媒介对人的作用就像枪
弹打在靶子上一样，颇像射击场里所见：瞄准射击，靶子应声倒下。就
我们现在所知，这一观点从来没有得到任何一流学者的支持，它曾经是
广为人知的信念，但如今已声誉扫地；这说明，在短短几十年里，传播
理论已有了长足的进步。

所谓魔弹论（Silver Bullet theory）只是记者的"发明"（"发明"
的贬义），而不是学者提出的理论。它源于公众的恐惧甚至歇斯底里，
滥觞于第一次世界大战中德国的宣传，后来的纳粹宣传又火上浇油，使
之被极度放大。1920 年，用作新宣传工具的无线电广播问世。一些人
吓坏了，少数危言耸听的作家也问，是否会出现这样的局面：希特勒和
戈培尔之流的高明宣传者是否能像设计那样搞宣传：用新式的"广播
枪"把精心制作的宣传"魔弹"射向无抵抗力的大众。那就像一个射击
场：只要不脱靶，子弹就是难以抗拒的。魔弹论就这样流传开来。

我们不能断定这种看法流传有多广。但其显然在公众中相当流行，
大约有 10 年时间，但很快就失去影响。到 20 世纪 20 年代末，许多书
籍的研究足以表明，所谓枪弹不可抗拒的看法是没有根据的；1964 年，
雷蒙德·鲍尔（Raymond Bauer）发表了为它敲响丧钟的论文《顽固的
受众》（*The Obstinate Audience*）。[1] 文章证明，几十年前的结论是正确
的：民众并非射击场里的靶子；被宣传弹射中时，他们并不倒下。他们
不接受枪弹；或起而抵抗，或另作解释，或将其用于自己的目的。受众
是"顽固的"，他们拒绝倒下。况且，传播的讯息也并不像枪弹。它们
没有打进受众的身体，而是被放在方便的地方，受众想用时才会利

*173* 用。受众不仅不是靶子，还是传播过程中平等的伙伴。虽然有些传播讯息能说服一些人，但传播过程中并没有自动生效、水到渠成的结果。"魔弹论"被送进墓园，取而代之的理论更注重传播过程中人的属性，对传播过程中的物质属性的关注就大大减少了。

## 第二节　有限传播论（模型二）

> 模型二　在哥伦比亚大学的应用社会学研究所，学者们从另一个角度去研究大众媒介，将其放进广阔的背景中去考察，对其他的力量和社会抵制力也予以考虑；他们认为，大众媒介带来变化的力量是有限的。

哥伦比亚大学的应用社会研究所是着重大众传播研究的最著名的机构，保罗·拉扎斯菲尔德主持该所的工作长达 25 年。该所提出的研究传播效果的两条思路产生了广泛的影响。一条思路姑且称为"有限传播论"（theory of Limited Effects），就是说，大众媒介的效果有其局限，制约的因素就是媒介性质及其在社会中的地位。另一条思路是：受众以什么目的来使用媒介，又从使用中得到了什么样的满足。

哥伦比亚大学研究小组的有限传播论来自三种经验。首先，他们（还有观点相同的其他许多学者）认为，对宣传的恐惧没有道理，并对其表示反感，不同意许多美国人认为的媒介威力无比的观点；他们将其称为"几乎走火入魔的信念"。拉扎斯菲尔德和默顿嘲笑这种庸俗的信仰，两人合作的文章《大众传播、流行口味与有组织的社会行为》（Mass Communication，Popular Taste，and Organized Social Action）至今仍然是关于大众媒介的杰作之一。文章开篇就嘲笑了一位美国老师的话："只有原子弹的威力堪与广播的威力一比高低。"[2] 文章引用了英国哲学家和批评家威廉·燕卜荪①的话来解释为什么美国人会接受这种看法。燕卜荪写道：

> 美国人比我们更热衷于相信机器，而现代宣传就是一种科学的机器，因此，在他们眼里，纯理性的人无力抗拒宣传是显而易见的。结果就产生了一种针对搞宣传的人的奇异而天真的少女心态："别让他靠近我，别让他引诱我，因为如果他那样做，我肯定会沦陷的。"[3]

拉扎斯菲尔德及其同事认为，如此崇拜媒介的威力实在没什么道理。作为社会学家，他们承认，决定个人思想和行为的还有其他因素：个人的影响、团体和阶级的属性以及社会组织。作为研究人员，他们在自己的研究数据中没有发现足够的证据，媒介并不能产生压倒性的影响。1940 年和 1944 年，他们研究了两次总统选举，研究结果见诸《人民的选择与选举》（*The People's Choice and Voting*），该书显示，受竞选影响而改变投票意向的选民只有 5％。[4] 选民从朋友、工会和工商机构获得的信息，在成长过程中从自己政党历史和政治传统中学到的东西，对他们产生了很大的影响，相比而言，这些因素在决定他们投票选择中的威力大大胜过媒介竞选宣传的威力。

哥伦比亚大学研究小组的社会学家怀疑"媒介魔力"，他们了解社会的强大影响，并亲身研究媒介的影响，他们的结论是：大众媒介的社会影响绝不是"魔力无穷"或"不可抗拒的"，而是非常有限的，这一观点见诸他们拥有众多读者的三种论著。第一种是前文业已引述的拉扎斯菲尔德与默顿合著的论文《大众传播、流行口味与有组织的社会行为》。第二种是克拉珀（J. Klapper）的专著《大众传播效果》（*The Effects of Mass Communication*），第三种是埃利胡·卡茨（E. Katz）和拉扎斯菲尔德合著的《人际影响》（*Personal Influence：The Part Played by People in the Flow of Mass Communications*）。[5]

*174*

---

① 威廉·燕卜荪（William Empson, 1906—1984），英国诗人、文学家、批评家，"新批评"主将，曾在北京大学、西南联大执教，著有《诗歌》、《晦涩的七种类型》等。

这些著作把大众媒介影响的局限性说得很清楚，但从来没有说媒介没有效果。因此我们要问：关于媒介的效果，拉扎斯菲尔德及其同事们的结论是什么呢？

在《大众传播、流行口味与有组织的社会行为》一文中，拉扎斯菲尔德和默顿列举了大众媒介三种强大的社会效应：

1. 大众媒介能赋予人地位。

大众媒介对个人、团体和政策做有利的报道使其地位提高，且使之合法化。凡是媒介挑中予以报道的人，都已"达到"很高的地位，说明他值得注意。作者用卡尔弗特牌威士忌酒的广告词"显贵人物"为例，说明声望的提高似乎是一个相互促进的循环过程："如果你是大腕，你就会引起公众的注意，如果你引起公众的注意，那你就是大腕。"[6]

2. 大众媒介在一定程度上能增强社会规范。

马林诺夫斯基①在特罗布里恩德群岛的岛民中观察发现，对偏离社会规范的行为，他们不用有组织的社会行动予以制裁，除非这些越轨的行为引起了公愤和谴责。事情闹大公开以后，"私下的态度"和"公共的美德"分别才得以消弭。媒介揭露偏离规范的行为，将其暴露在众目睽睽之下，就可以重申社会规范。"老板"特威德②不满托马斯·纳斯特（Thomas Nast）尖锐的政治讽刺画，他抨击纳斯特说："你们的报纸刊登什么文章，我一点也不在乎，我的选民不识字，但他们却禁不住要看你们这些该死的漫画！"

3. 大众媒介能用作社会麻醉剂。

哥伦比亚大学的社会学家感到，对一般的读者和听众而言，泛滥的信息洪流起到麻痹的作用，而不是激发潜能的作用。媒介占用

① 马林诺夫斯基（Bronislaw Malinowski，1884—1942），波兰裔英国人类学家，功能派创始人之一，代表作有：《原始社会的犯罪与习俗》、《科学的文化理论》、《西太平洋上的航海者》、《自由与文明》等。

② "老板"特威德（Boss Tweed）即威廉·特威德（William M. Tweed），一个腐败政治集团的"老板"，该集团1860—1871年活跃于纽约市；他们用各种肮脏手段打进市政府，把持重要部门，鲸吞大量财富。

了大量的时间，如果把这些时间用于社会行动，收获会更大。人们往往把对问题的了解与就解决问题而采取的行动混为一谈。诚然，媒介显然提高了人们的信息水平，但媒介给公众一知半解的知识，却使之较少参与解决问题的行动。关于这一点，拉扎斯菲尔德和默顿说，大众媒介可能成为"最令人尊敬、效果最好的社会麻醉剂，足以使上瘾者不知道自己的病症"[7]。

再者，他们对大众传播能提高公众的品位表示怀疑。人们曾经希望，广播之类的媒介能使之提高，实际上却使之降低。两位作者说，世世代代以来，人们一直争取有更多的闲暇；如今有了空闲，"他们却把时间花在收听哥伦比亚广播公司的广播节目上，而不是去哥伦比亚大学学习"。媒介拥有庞大的受众，社会上的权势集团借此而获得一种新的途径去控制公众，凭借广告、公共关系和赞助节目，他们对公众的思想和行为施加间接的社会控制。两人分析了这些效果后断言：媒介效果总的趋势不是带来变化，而是鼓励人维持现状。政治竞选造势往往会强化选民原有的投票意向；公共关系的作用往往是避免"摇翻这条船"，是防止变革，使危及现存权势集团的变革不会发生。公众从媒介上听到的意见往往是"互相抵消"的。拉扎斯菲尔德和默顿对媒介所作的最严厉的批评之一是这样的：

> 在一定程度上，传播媒介对受众的影响不仅在于它们说什么，更重要的是它们没有说的是什么。媒介不仅继续肯定现状，而且不会从根本上质疑现存的社会结构。[8]

拉扎斯菲尔德和默顿说，在某些条件下，媒介有可能产生重大的社会影响。他们提出的三个条件是：（1）一种观点独霸所有的媒介，宛若战争中万众一心拥护领袖那样的局面；（2）媒介齐心协力"疏导"一种变革，不是完成广泛而普遍的变革，而是完成一种微小而具体的变革；（3）用面对面的交流来弥补媒介宣传的不足。

卡茨和拉扎斯菲尔德举例说明了如何用个人关系和个人交往来增强媒介的效果。[9]例子有：地方竞选组织增强媒介的影响，用现场宣传和讨论小组来推广技术创新的手法等。他们这篇文章还谈到广为人知的两

*176*

级传播论，上文业已论及这一假说。

对哥伦比亚大学应用社会研究所的结论，克拉珀作了最完整的总结。他说：

1. 一般情况下，大众传播并不构成影响受众必要而充分的原因，而是通过一连串中介因素和影响来起作用。

2. 一般地说，这些中介因素使大众传播成为辅助的动因，而不是唯一的动因，它们的确能强化现有的条件。但无论现有的条件如何，无论大众传播的效果影响社会全局还是影响个别的人，媒介所起的作用多半是强化现存的情况，而不是导致变革。无论现存的问题是什么，无论是受众的投票意愿、少年倾向于或避免犯罪的意向、少年对生活及生活问题的取向，大众传播都只能起到强化的作用，而不是导致重大的变革。

3. 然而，大众媒介有时的确能起到改变现状的作用，此时必然有一个必备的条件，即以下两种条件之一：

（1）中介因素未起作用，媒介直接产生效果；

（2）通常起强化作用的中介因素发生功能转化，成为促进变革的因素。

4. 在有些情况下，大众传播似乎产生直接的效果，产生直接的心理—物理作用，甚至本身就具有这样的作用。

5. 无论大众传播是辅助动因或直接动因，大众传播的效果都受到很多因素的影响，包括媒介的因素、传播本身的因素，或传播情景的因素，例如媒介文本的结构、信息源和媒介的性质、公共舆论的氛围等。[10]

克拉珀提出以上总结时出言谨慎，以免被误读，他提醒人们注意，这些结论没有暗示大众传播无能。

177　　　必须记住，一般情况下的大众传播对传播效果似乎只起到辅助的作用，不过，它常常是一种主要的或必不可少的原因，甚至是一种充分的原因。事实上，传播的效果常常是需要中介的，换言之，它常常与其他的影响因素一道起作用。对以下事实，我们不能视而不见：大众传播的独特属性使之有别于其他的影响因素，正是由于大众传播的特性，它才可能产生独特的效果。[11]

在实验室之外，影响个人的因素很多，大众传播很难与这些因素分离开来。这就是克拉珀所谓的诸多中介因素（mediating factors）——接受者心理上的倾向，选择性的接触，选择性的感知，支持心理倾向的选择性保持，受众所属的团体及其规范，补充或抵消大众传播劝说力的个人影响和个人传播。另一个因素是自由企业制度中的商业性大众媒介的性质，用拉扎斯菲尔德和默顿的话说，这一性质决定大众传播的功能：加强和维护现有的社会和政治信念，而不是改变它们。[12]要把上述诸多因素分离开来是很困难的；复杂的行为总有复杂的根源。而且，对长期接受大众媒介的累积效应进行评估也是很困难的，例如，有些人长期观看暴力节目，并接受了影响，但没有模仿，在某种情况下，其暴力行为才爆发出来。由此可见，许多大众传播的效果是隐蔽的。只有在下列情况下才能看到：强化了现存的观点，在非广为人知的领域里起了作用，对非强烈固守的观念产生了影响。正如克拉珀及其同事所言，只有在偶然的情况下，才能看到蔚为奇观的效果。凡是经历过1938年万圣节的人都会记得哥伦比亚广播公司的奥森·威尔斯（Orson Welles）及其剧组播放的节目。他们想要搞的节目并不比假面具和南瓜雕刻的鬼脸更为可怕，却把人们吓得向山上逃亡。这是根据H. G. 威尔斯①的小说《星际战争》（*The War of the Worlds*）改编的广播剧，描写火星人对美国的入侵。那一场虚惊正好具备了一切必需的条件，所以才产生了吓人的媒介效果。那时，人们一直在收听欧洲战争即将来临的消息，紧张得喘不过气来，所以把广播剧误以为火星人入侵的新闻。有些人进行了核查，发现那是虚构。其他人没有核查，他们钻进汽车，立即逃走，尽量远离新泽西，那是广播剧想象火星人着陆的地方。[13]

---

①  H. G. 威尔斯（H. G. Welles，1866—1946），英国作家，著有科幻小说《时间机器》、《星际战争》、社会问题小说《基普斯》、《托诺—邦盖》以及历史巨著《世界史纲》等。

# 第三节　使用与满足论（模型三）

> 模型三　最近研究媒介效果极为盛行的方法之一是考察人们如何使用大众媒介，同时又检视媒介如何满足人的需要。

*178*　　　哥伦比亚大学的应用社会研究所刚成立，就对人们如何使用大众媒介表现出浓厚的兴趣，他们花费在大众媒介研究上的时间实在不少。例如，白天的广播连续剧每天都吸引了数以百万计的妇女。赫尔塔·赫佐格对 100 位听众作了长时间的采访，又对 2 500 位听众作了简短的采访，形成一篇具有历史意义的论文《白天连续剧听众采访实录》（What We Really Know about Daytime Serial Listeners），其结果令人吃惊。[14]这些广播剧深深打动了听众。相当一部分女性听众很喜欢，将其作为宣泄的手段，当作"洒泪的机会"。此外，她们还将其作为替代自己表现攻击性的机会。她们说，这些节目"使她们知道，别人也有烦恼，自己就感到好受一些"。她们与剧中人同病相怜，在其悲伤中得到一部分补偿。

　　　第二大类的听众把连续剧作为满足自己"白日梦"需要的机会。她们用肥皂剧来"淹没自己的烦恼"，有时用比较欢乐的情节来补偿自己生活中的失败。赫佐格说："一位听众的女儿私奔，丈夫晚上十有八九不回家，所以她最爱听的两个连续剧都描写欢乐的家庭、成功的妻子和母亲。"

　　　第三种获得满足的形式也许是最出人意料的，听众将连续剧作为她们待人处世的指导。她们对访问者说，之所以喜欢这些故事，那是因为它们"解释人生的道理"。一个典型的说法是："假如你听这些节目，而你自己的生活中又发生类似的事情，你就知道该怎么办。"

　　　有个道理很清楚，而且即使在该研究所创立的初期也是如此：大众媒介的效果如何，一定程度上取决于受众对媒介的使用。为逃避现实而使用媒介是一种效果；为解释生活道理而使用媒介是另一种效果。为消磨时间是一种效果；为了感情宣泄或思想共鸣又是一种效果。自这些草创期的研究以来，传播学家都发现，弄清受众怎样使用和为何使用媒介至关重要，否则，研究电视对儿童的影响或政治性报道对读者的影响，几乎是不可能的。① *179*

第二个给人留下深刻印象的类似研究由伯纳德·贝雷尔森主持，项目名为"无报纸可看意味着什么"（What Missing the Newspaper Means）。[15]有一次，纽约报界长期罢工，人们无报可读。贝雷尔森采访了一些读者，试图发现无报可读时，其行为举止有何不同，他们最留恋的是失去了什么，是什么需要得不到满足。贝雷尔森的一些发现和赫佐格的调查结果一样令人惊奇。我们大多数人认为，报纸的主要用途是传达远方的消息；可是，在贝雷尔森的受访者中，只有很少的人说这是他们留恋的用途。最多人尤其老年人谈到的是讣告，因为没有讣告，他们就无从知道是否有友人去世。他们最留恋的满足并不是与任何特定的新闻有关的报纸功能。他们说，无报可读使人觉得"与世界脱离"，这是一种奇异的感觉，仿佛"跟不上时髦"；好像拉上了窗帘，外面的东西什么也看不见，虽然他们平常并没有看外面的习惯。看报成了习惯，是每天的功课，或早餐时看，或者在乘火车上班时看。如果没有报纸，人们就必须找到一种新的办法来消磨这段时间。在这一点上，他们觉得若有所失，因为这使他们和习惯的生活脱节了。

这只是两个例子，自20世纪40年代以来，类似的研究层出不穷，近来的研究也日益增多。显然，对不同的人如何利用不同媒介里的不同材料以及他们如何从中得到满足进行全面的研究，是一项非常繁重的工

---

① 2 300年前，亚里士多德就预见到了劝说模式的一些要素，而且预见到这样的研究方法。在《诗学》里，他描绘了希腊悲剧的影响、观众得到的报偿，观众借机涤荡卑贱的思想；他们把演员当作自己的替身，去体验紧张的情绪、惩罚和暴力。亚里士多德把这一体验过程称为"净化"。近来，费希巴赫（S. Feshbach）做了一系列的心理实验，以发现电视暴力场面对儿童的影响，看看儿童是否能摆脱暴力倾向，研究电视是否给他们的暴力倾向火上浇油。——原注

作。不仅范围太大，而且困难不小。要受访者了解自己，克服对自己的抑制，并搜寻必要的词句来说明自己利用媒介的情况，那是极为困难的。这正好可以用来解释，为什么这方面的研究仍然处于探索阶段：初探领域、尝试多种不同的假设，而不是提出一种整合的理论。在1974年的论文集里，布卢姆勒（J. G. Blumler）和卡茨列举了五种社会情况，这些情况促成了人们对媒介的需要和使用，但他们没有提出一览无余的结论，也没有提出一种理论。这五种情况是：

1. 社会局势造成紧张和冲突，通过媒介的使用，局势得以缓和。
2. 社会局势造成问题意识，问题需要关注，解决问题的信息可以到媒介中去搜寻。
3. 社会局势造成现实生活中机会的匮乏，难以满足需要，使人转向大众媒介，以谋求辅助性、补充性或替代性的服务。
4. 社会局势使一些价值上升，如果使用相宜的媒介材料，那将有助于确认和增强这些价值。
5. 社会局势提供了一个广为人知的期待领域，需要媒介材料去满足人们的期待，而媒介必须监控，方能维持社会团体成员宝贵的身份。[16]

以上清单离形成理论相距甚远，但它指明了形成理论可能遵循的方向。

重要的是，这是一个活跃的研究领域，试图理解大众媒介效果的学者对这个领域很感兴趣，觉得可能会从中产生重要的理论概括。令人鼓舞的是，这个效果研究的路径纳入了一个新的要素，并使之成为考虑传播效果的必要前提。这个理念是：传播关系中的接受者是活跃而主动的人。越来越多研究传播效果的学者接受了这一观点，1961年，美国第一本研究电视与儿童的书作了这样的表述：

在一定意义上，"效果"一词引起误解，因为它暗示，电视对儿童"起某种作用"……这一表述远离真相。在两者的关系中，儿童是最活跃的。儿童使用电视，而不是电视使用儿童。[17]

# 第四节　采用—扩散论（模型四）

> 模型四　用传播手段来支持发展、推动和革新的工作与日俱增，促使学者们努力将使用媒介的过程进行系统化的整理。

　　前文业已指出，拉扎斯菲尔德和默顿那篇有历史意义的论文提出了三个社会条件；他们预见，在这三个社会条件下，大众传播可能会产生"重大的社会效应"；其中之一是，"用面对面交流的方式来弥补媒介宣传的不足"。

　　自 20 世纪 40 年代起，对这种预见进行实地验证的主要工作，主要是对美国和加拿大的中心地带进行的农业革新的调查研究，以及在亚洲、非洲和拉丁美洲进行的验证研究，这些地区的社会经济发展计划对这些验证研究提供了帮助；社会经济发展计划涵盖了农业、计划生育、卫生等方面的发展计划。

　　实际上，随着研究活动的开展，拉扎斯菲尔德—默顿公式也有所发展。不仅是用人际传播来补充媒介传播，而且用媒介来辅助人际传播，还有人把这两个传播渠道作为平等伙伴结合起来，以促进变革。很少有人单独依靠媒介传播或人际传播来从事发展计划。唯一显著的例外，是在印度用"教学卫星—6"（Satellite Instructional TV Experiment）进行直播实验的那一年，除了其中一个小规模的子项以外，全部工作都由卫星广播来承担；这种单一渠道的工作有两个原因，一是它本身仅仅是初步尝试卫星的作用，二是因时间紧迫而未能制订一个周详的计划。一般来说，凡是有电台、电视或电影的地方，这些媒介都用上了；不同时采用现场研究和媒介延伸服务研究以寻求变革的国家，少之又少。

　　现用三个例子说明这种社会变革模式是如何形成的。其摇篮大概是美国的农业推广服务工作。在这里，县一级的农学院和示范农场负责与农民接触，向他们展示新技术和新材料。电台和电视相继用来激发农民的兴趣，让他们在家乡就能听到专家的讲解，亲眼目睹精致的示范和实例。第二个例子是在加拿大兴起的"乡村发展广播座谈"，后来又在印度浦那（Poona）的150个村子作了尝试，还在拉丁美洲和非洲的十多个国家做了试验。座谈的模式以村民为小组，每组12至20个农民，他们每周听两次广播，广播介绍的是这个地区的农民可能感兴趣的新作物或新耕作法，小组讨论在广播中听到的革新，决定是否采用。第三个例子是新近出现的模式，地方的决策和行动小组负有特殊的责任。例如在中国和坦桑尼亚这些国家，是由公社或村里的村民小组来决定种什么作物，采用什么新发明；广播扮演辅助的角色，而不是相反。在这三种情况尤其第三种情况下，媒介和人际活动维持了微妙的平衡，但总体趋势是把指导和计划的责任从中央转到地方，因此日益明显的趋势是，变革掌握在本地人的手中，而媒介只是对他们起鼓励的作用。

1955年，美国的乡村社会学家委员会提出了一个广为人知的"采用过程"的五阶段模型，其基础是根据艾奥瓦州的一个研究成果，艾奥瓦州立学院的瑞安（Ryan）、格罗斯（Gross）等人建议广泛采用杂交玉米。[18]采用过程的五个阶段是这样设想的：

 1. 觉察阶段：个人耳闻新的观念或实践，但对其具体信息知之甚少；

 2. 感兴趣阶段：个人对这种革新产生兴趣并寻求更多的信息；

 3. 估价阶段：个人考虑新观念与自己的需要和资源有何关系，在此基础上决定是否一试；

 4. 试验阶段：个人小规模试验新观念，以判断它是否适合自己的情况；

 5. 采用阶段：个人大规模采用新观念，并有意继续坚持。[19]

据信，第一阶段提供信息的主要任务是由大众媒介承担的；就是说，农民很可能首先从《全国农业与农家时刻》（National Farm and Home Hour）的广播节目中听到某项革新，或是从报刊上读到这一革新。但稍后他更加倚重的是人际传播，而不是大众媒介，比如，他将从农技推广专家那里获得更多的信息、建议，并从邻居和朋友那里得到鼓励。

20 世纪 50 年代和 60 年代的研究累积了大量的经验证据，由此发现，以上那种一刀切似的五阶段设想有许多例外。实际上，五阶段展开的顺序并非总是与上述次序吻合；整个过程也并非总是以"采用"新观念结束，相反，结果常常是拒绝采用新观念，而且，即使已经采用了新观念，个人也可能继续寻求另外的鼓励或相反的信息，导致他改变决定。埃弗雷特·罗杰斯对这些例外进行了研究，提出了一个"四阶段模型"：　　*183*

1. 获悉：个人了解到这项创新的存在，对其运行有一些了解。

2. 说服：形成对这种创新赞成或不赞成的态度。

3. 决策：经过进一步思考、讨论和寻求有关信息，作出是否采用新观念的决定。

4. 确定：寻求强化自己决定的信息。然而，如果得到的信息和劝告与原来的信息矛盾，他就可能改变原来的决定。[20]

后来，其他研究人员又对罗杰斯这个"四阶段模型"作了修订，以描绘这样的实际情况：基本的决策和首创是由当地小组作出，而不是由核心计划者作出的。修正后的计划过程大致是这样一个模式：

1. 需求评估：当地决策者详细考察，就各种需要排出先后顺序，衡量是否有足够资源。

2. 了解信息：在第一阶段同时或以后，寻求有助于满足优先需要的信息，以便在已有资源范围内作出安排。

3. 开始考虑：通过讨论，听取建议，研究他人经验，进行小试，然后决定哪些新思想颇有希望，因而是可以大规模试验的。

4. 进行试验：大规模使用一种或多种新观念，看其是否适用于当地的情况。

在一定意义上，所有这些模式都是理想的类型。一旦用于实践，都会遇到许多例外。不过，市场营销的经验在一定程度上验证了这些模式。长期以来，销售商劝告人们改变购买习惯，形成了一种名为 AIDA

的推销模式，即获悉商品（awareness）、产生兴趣（interest）、形成欲望（desire）、采取行动（action）四个阶段。[21]

从采用—扩散模式的经验中，至少可以得出两个有希望站住脚的结论。（1）一般地说，大众媒介的影响在采用过程的早期比较大，在后期的影响比较小。（2）扩散的过程通常可用一个"S"形曲线来表示，无论处在何种发展阶段的国家都呈现出这一扩散走势。例如，新电子媒介的使用、新农业技术的推广按照时间展开的过程，就可以图解如下（见图11—1）：

*184*

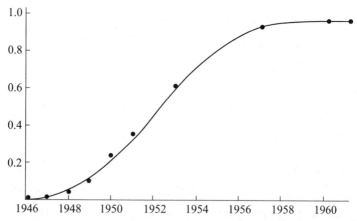

**图11—1 1946年至1960年美国家庭电视机拥有量百分比的"S"形曲线图**

如图所示，美国人使用电视机的走势呈"S"形：开头相当慢，但当有将近一半的家庭拥有时，开始快速增长，接近于饱和点时又逐渐慢下来了（电视这种媒介的饱和点大约是95％）。我们对这个示意图作这样的解读以证明社会范例和个人影响的累积性效应。比如罗杰斯就说："假如第一个采用新发明的人和社会上的两个人讨论这项发明，而这两个人又各自把用新发明的思想传达给另外的两个人，由此产生的二项式扩张就迅速扩散了。"[22] 思想的传播并非总是要靠人际传播的方式来完成，房顶上日益增多的天线，越来越多的家庭晚上看电视，媒介越来越关注电视的发展，所有这一切现象都会促成社会变革中的"S"形增长曲线。

**思考题**

本章的思考题一并放进第十二章的思考题中。

**参考文献**

On the theory of limited effects: P. F. Lazarsfeld, B. Berelson, and H. Gaudet, *The People's Choice* (New York: Duell, Sloan and Pearce, 1944); B. Berelson, P. F. Lazarsfeld, and W. N. McPhee, *Voting* (Chicago: University of Chicago Press, 1954); J. Klapper, *The Effects of Mass Communication* (New York: Free Press, 1960); E. Katz and P. F. Lazarsfeld, *Personal Influence: The Part Played by People in the Flow of Mass Communications* (New York: Free Press, 1955).

185

On uses and gratifications, the best summary is J. G. Blumler and E. Katz, (eds.), *The Uses of Mass Communication: Current Perspectives on Gratification Research* (Beverly Hills, Calif.: Sage, 1972).

Probably the best summary book on the Adoption-Diffusion model is E. M. Rogers and F. F. Shoemaker, *Communication of Innovations: A Cross-Cultural Approach* (New York: Free Press, 1971).

The most useful general references for Chapters 11 and 12 are: I. Pool et al., (eds.), *Handbook of Communication* (Skokie, Ill.: Rand McNally, 1973); and G. Lindzey et al., (eds.), *Handbook of Social Psychology* (Reading, Mass.: Addison-Wesley. 1969).

[1] R. Bauer. "The Obstinate Audience." *American Psychologist*, 1964, 19, 319 - 328.

[2] This paper by P. F. Lazarsfeld and R. K. Merton was originally published in L. Bryson, (ed.), *The Communication of Ideas*. New York: Harper & Row, 1948. It is now available in W. Schramm and D. F. Roberts, *The Process and Effects of Mass Communication*,

rev. ed. Urbana: University of Illinois Press, 1971, pp. 554 – 578.

[3] *Ibid.*, pp. 555 – 556.

[4] P. F. Lazarsfeld, B. Berelson. and H. Gaudet. *The People's Choice*. New York: Duell, Sloan, and Pearce, 1944. B. Berelson, P. Lazarsfeld, and W. N. McPhee. *Voting*. Chicago: University of Chicago Press. 1955.

[5] J. Klapper. *The Effects of Mass Communication*. New York: Free Press, 1960. E. Katz and P. Lazarsfeld. *Personal Influence: The Part Played by People in the Flow of Mass Communications*. New York: Free Press, 1956.

[6] P. F. Lazarsfeld and R. K. Merton. "Mass Communication, Popular Taste, and Organized Social Action," *op. cit.*, p. 567.

[7] *Ibid.*

[8] *Ibid.*, p. 566.

[9] Katz and Lazarsfeld, *op. cit.*

[10] Klapper, *op. cit.*, p. 8.

[11] *Ibid.*, p. 8.

[12] *Ibid.*, p. 10.

[13] H. Cantril. *The Invasion from Mars*. Princeton, N. J. : Princeton University Press, 1940.

[14] In P. F. Lazarsfeld and F. Stanton. *Radio Research*, 1942—43. New York: Duell, Sloan and Pearce, 1943, pp. 27 ff.

[15] In P. F. Lazarsfeld and F. Stanton. *Communications Research*, 1948—49. New York: Harper & Row, 1949, pp. 111 – 129.

[16] J. G. Blumler and E. Katz, (ed. ). *The Uses of Mass Communication: Current Perspectives on Gratification Research*. Beverley Hills, Calif. : Sage, 1972, p. 5.

[17] W. Schramm, J. Lyle, and E. B. Parker. *Television in the Lives of Our Children*. Stanford, Calif. : Stanford University Press, 1961,

p. 27.

[18] E. M. Rogers and F. F. Shoemaker. *Communication of Innovations: A Cross-Cultural Approach*. New York: Free Press, 1971, p. 100.

[19] *Ibid*. , pp. 100 – 101.

[20] *Ibid*. , p. 103.

[21] A. Zaltman. *Marketing Contributions for the Behavioral Sciences*. New York: Harcourt Brace Jovanovich, 1964.

[22] Rogers and Shoemaker, *op. cit*. , pp. 178 – 179.

# 第十二章　传播效果的若干模型(二)

## 第一节　说服论模型（模型五）

> 模型五　自亚里士多德的时代至今，对传播过程的研究常常是从它的说服力的角度进行的。

### 亚里士多德的说服论模型

2 300 年前，亚里士多德在其《修辞学》中写道，"讲演效果要用它对人的影响来判断。"[1]可见，在很早以前，他的洞见就比魔弹论更接近事实，因为他看到，有说服力的讲演并没有什么魔力，只不过是仔细的谋划和高超的技巧的结果。有趣的是，早在2 000多年前，他就强调传播者的信誉、对听众情感的诉求和了解听众的必要；这些问题都是卡尔·霍夫兰①及

---

① 卡尔·霍夫兰（Carl I. Hovland, 1916—1961），美国心理学家，研究社会交往、说服、态度和信念的改变等，著有《大众传播实验》、《传播与说服》、《说服讲演人出场的顺序安排》、《个性与可说服性》、《态度的组织和改变》等。

耶鲁大学小组在 20 世纪 50 年代的研究课题。2 300 年前，亚里士多德 　*188* 就在《修辞学》中探讨了今天风靡的使用与满足理论（本章稍后将介绍）。壮哉斯人！

在《修辞学》中，他将修辞界定为"发现特定情况下说服手段的能力"[2]。如果他活在今天，我们可以设想他会研究大众媒介；他那个时代没有这样的媒介，所以他研究当时最强有力的传播渠道——修辞和讲演。

他说，说服手段有两种，一是讲演本身，二是讲演之外提供的证据。没有一个现代的演说家会对此持异议。如今的律师试图说服陪审团他们正在审理的案子是谋杀案时，他必须证明：被害人的尸体与被告有联系。他必须用证人，用指纹、武器作为证据，或者用其他现代法学认可的一些工具。但亚里士多德最感兴趣的是，他相信可以靠传播达成说服的目的，这就是劝说者的修辞，这一观点听起来非常富有现代气息。他说，说服手段有三种要素："劝说者的品格……培养听众态度（的机会），论述本身所携的（证据）。"

他说，讲演必须使听众相信，讲演者"值得信赖"，"因为一般地说，我们更相信诚实的人；在一般问题上，这种人很快就得到我们的信任。当问题超出我们所知的范围时，在意见分歧的情况下，我们就绝对信任他们。"他坚持认为，讲演者的品格"是一切说服的手段中最有力的手段"。然而他又说，我们不能完全依靠讲演者给人留下的印象；讲演本身必须培养听众对演说者的信任。[3]

可见，成功说服的首要条件是让听众相信传播者。第二个条件是，"讲演要使听众动感情，听众一动感情，说服就达成了；因为我们在哀、乐、爱、憎时作出的决定是大不一样的。"第三个条件是，"说服靠论述本身达成；若能以逻辑的或其他适合的手段证明，讲演者所论是真理，不论是本质上的还是表面上的真理，论述的说服力就实现了。"

他总结说："凡此种种均为说服的工具，悉数掌握这些工具的基本要求是，讲演者看上去值得信赖，能逻辑地说理，能根据品德分析人的性格，且能分析听众的情绪及其性质和特征，并能用种种方式方法动之　*189*

以情。"

亚里士多德详细地分析了说服的诸种因素和条件，或许，以上撷取的一鳞半爪足以说明，他古老的研究方法同样具有强烈的现代气息；2 000多年后，他的论述依然是至理名言；千百年来，在传播的许多基本原理上，智者哲人的思想竟然是相通的。

### 卡特赖特的说服论模型

从亚里士多德至20世纪40年代，已过去了2 300余年。其间发生的事情并不能说明历代的人比亚里士多德聪明，也不能说明他们比亚里士多德更善于分析问题，而是说明，由于大众媒介的发展，公众的注意更多地转向了传播；于是，科学的方法就被用于研究传播的过程和效果，大量的经验证据就应运而生，学者们就有了构建理论、进行概括的经验基础。比如，卡特赖特的说服论模型就来自他对战争公债推销运动的研究。[4]

1941年至1945年，美国上下大力动员美国人购买战争公债，筹资支援战争。成千上万的美国人、大多数的大众媒介都投身于这一运动。库尔特·勒温的学生、密歇根大学的心理学家多温·卡特赖特①是志愿参与这一活动的学者。他反思了这次参与推销战争公债的经验：为何有人买公债，有人却不买？同样的方法和劝说，为何有时成功，有时却不成功？但他不只反思，还做了大量开放式的访谈，采访那些被劝购的对象。他想问，为何有些劝购人成功，另一些劝购人却不成功？以此为基础，他记录了成功的条件：在推销人获得预期的效果前，购买者在思想上有什么活动。下面就是他推出的效果模型：

1. 若要影响讯息接受者，发送者的"讯息"（信息、事实等）就必须抵达接受者的感官。

1a. 对方接受或拒绝的根据是总体刺激情景留下的印象。

---

① 多温·卡特赖特（Dorwin Cartwright，1915—2008），美国心理学家，师从库尔特·勒温，执教于密歇根大学，提出说服模型，开辟群体动力（group dynamics）研究，著有《群体动力：理论与实践》。

1b. 对方接受刺激情景的分类范畴，总是带有自我保护的色彩，其认知结构中不想发生的变化将被拒绝。

2."讯息"抵达对方的感官以后必须被接受，并成为他认知结构的一部分。　*190*

2a."讯息"一旦收到，既可能被接受，又有可能被拒绝，至于接受与否，那要看它属于哪一种更大的分类范畴。

2b. 对方接受"讯息"的分类范畴，总是带有自我保护的色彩，其认知结构中不想发生的变化将被拒绝。

2c. 当"讯息"与对方现有的认知结构不一致时，会出现三种可能性：（1）被拒绝，（2）被扭曲以符合接受者的认知结构，（3）使接受者的认知结构发生变化。

3. 若要接受者在听取大量的劝说后采取某一行动，就必须让他看到，这个行动就是达到他既定目标的途径。

3a. 若要使他接受这一行动，并将其作为达到他既定目标的途径，这一行动的关联性就必须"适合"接受者的认知结构。

3b. 对方看到这一途径可能达到的目标越多，他就越可能采用这一途径。

3c. 如果对方觉得，这一行动不能达到他所希望的目标或会导致他不希望的结果，他就不会采取这一行动。

3d. 即使对方觉得这个行动可以达到他心中的目标，但如果他发现，有其他更容易、更方便或他更愿意采取的行动也能达到同样的目标，他就不会采取这一行动。

4. 若要说服对方行动，就必须有一个适当的认知和动机结构，以控制他在特定时间内的行为。

4a. 达到目标（在可接受的动机结构中）的行动途径规定得越具体，动机结构控制行动的可能性就越大。

4b. 行动途径的时间定位越具体，动机结构控制行为的可能性也越大。

4c. 动机结构可以用来控制人的行为，办法是将其置入不得不决定是否行动的境地，这一步是动机结构的一部分。[5]

现将该模型里的要素分析如下：

（1）引起注意。

讯息应该引起别人的注意，如果不引人注意，什么事情也不会发生。我们有时会忘记，我们在现代生活中的注意力是多么不集中。沿街驱车时，我们很少去看两旁的房屋、草地、树木、行人、宠物狗，甚至难得去看路上的汽车。我们看到对面一辆车开过来，行驶在路的另一侧，隔得还比较远，断定无需特别注意。我们在后视镜里看到一辆车即将赶上来，但它行驶自己的车道上，于是把注意力转到别的事物上。在一个街口，木兰花含苞待放，我们忍不住仔细一瞥；火红的木兰花要开了吧？我们用眼角余光瞥见附近草坪上有一个浅色的物体在移动，急忙仔细分辨，断定那不是向街上跑来的小孩，也不是一只追逐汽车的小狗。我们打开车上的收音机，第一声不那么悦耳，我们急忙调换电台。我们的注意力就这样迅速变换，不易集中。显然，对登门推销战争公债、敦促我们履行爱国义务的人，我们可能会给予更多的注意。然而，对任何劝说性传播而言，注意力仍然是令人望而生畏的障碍。

（2）对讯息适合与否的评估。

这个讯息是否很适合我们的知识和信念？如果不是很适合，能否对它进行重新解释并使之适合呢？其重要性是否足以使我们修正我们的信念和价值观，并将其纳入我们的体系呢？或者说我们应当予以拒绝呢？如果说大多数拒绝的决定发生在是否能引起注意的阶段，那么，第二种大量拒绝的情况就发生在这个讯息评估阶段，这是毫无疑问的。

（3）对机会大小的评估。

这一讯息对我们有用吗？如果接受劝说我们能得到什么呢？有没有什么更好的投资呢？除了金钱的投资，是否还有其他的投入比如精力和时间的投入呢？这是买公债、买新汽车或做别人劝说的事情的恰当时机吗？做这件事而不做其他事的报偿是什么呢？

（4）是否行动的决定。

一旦在第三阶段得到劝说者有利的回答，行动与否的主要条件就

191

是，该讯息应该使我们希望采取的行动轻松而愉快。上门的推销员可能给有希望购买的人送上一支笔和供签名的卡片。但邮购广告语可能说：不必立即付款；我们随后会寄来账单——最不令人愉快的行动就被推迟了。推销战争公债的运动可能会提供各种额外的奖励：一张可以贴在窗上的卡片、一张证书、地方电台公布你的姓名。我们大家都读到过这样的广告语："优惠价只限本周！"

这是一个简明而实用的模型，在实践上和理论上都有意义。你可能想将它和采用—扩散模型作一点比较：两者有很多相似之处。有趣的是，这两个模型和亚里士多德的模型迥然有别，亚里士多德的注意力多半集中在传播者身上，看其如何说服人。相反，卡特赖特和采用—扩散模型的构建者的注意力集中在接受者的身上，他们对接受者身上的变化感兴趣。虽然他们的模型也暗示了说服者需要注意的许多地方，但他们感兴趣的是如何说服接受者，以使之采取行动。

### 霍夫兰的说服论模型

卡尔·霍夫兰及其耶鲁大学的同事思考和研究传播效果时，首先明确了传播过程中重要的变数，然后用仔细的试验去检测该变数与其他变数的关系[6]，自此，其研究路径就成了学界喜欢的方法。耶鲁小组所做的试验有：某一类传播者提供某一类讯息产生什么效果，某一类讯息对某一类受传者产生什么效果等。其研究所得的初步结论兼具理论和实践意义，以下所列就是耶鲁小组的一些初步结论。

（1）谁能成为最好的传播者？

最可能改变传播效果的方法之一，是改变传播者在受众心目中的形象。他有威望吗？可爱吗？和"你"一样吗？在耶鲁大学研究小组之前，欧文·罗奇（Irving Lorge）就曾经做过两场试验，用同一讯息，一次对受试者说，他们听的是尼古拉·列宁（Nicolai Lenin）的话，另一次对受试者说，他们听的是托马斯·杰斐逊的话，借以对比产生的效果。若对美国人说，这些话是杰斐逊说的，效果就好得多，由此推论，对俄国人就会有相反的结果。[7]霍夫兰和韦斯（W. Weiss）用关于原子弹的同一篇文章做试验，对一组受试者说，作者是著名的美国原子科学家，对另一组受试者说，这是苏联《真理报》（*Pravda*）的文章。结果发现，说它是美国人写的时，同意文章观点的人多，说它选自《真理报》时，同意的人少，前一场试验中的同意者为后一场试验中同意者的4倍。[8]赫伯特·凯尔曼（H. C. Kelman）与霍夫兰用同一篇关于青少年犯罪问题的演说做试验，用三种不同的假设研究三种不同的效果，把讲演者分别说成是法官、演播室里的普通听众、有历史污点又不懂法律的人。结果，听众对这三个人的评价分别是正面的、中性的和负面的；听众态度变化的比例因讲演者身份的不同而不同。[9]类似的试验曾经做过几十次，总的结果是一样的：在该领域德高望重的讲演人说服听众的效果总是比较好，威望低的讲演人的说服效果总是比较差。

　　然而，随着这方面工作的进展，我们有可能分辨威望的构成要素了：突出的两个要素是专业知识和不谋私利。如果传播者是听众心目中的该领域的专家，或者听众认为他们不会从其倡导的变革中谋取私利，其传播效果就比较好；如果传播者不是听众心目中的专家，或立场不客观，其传播效果就比较差。如果传播者被认为既可信又可靠，兼具两种品德，其传播效果就最好。如果听众认为传播者与事情有牵连，因而对他疑虑重重，怀疑他要操纵听众，试验者不妨巧为安排，让听众以为是无意间听到讲演人的话，这就有利于驱散疑云，增强说服效果。

　　本书稍早探讨的"契约关系"在耶鲁小组等学者的研究中得到了证实。所谓交往的契约关系是在交往过程中形成的，是交往人认为自己在传播关系中扮演的角色。比如，教师和学生、推销员和潜在的顾客就形成传播过程中的契约关系。如果介绍传播者时，说他可能会靠"推销"某一理念而获利，其传播效果就是负面的；如果介绍传播者时，说他是该论题的权威，那就会产生正面的效果。在第一种情况下，听众会采取防范的态度；在第二种情况下，他们就准备去聆听和学习。

　　有时，一个人得到互相矛盾的讯息，一个来自权威，另一个来自同伴。比如，一位医生在学生集会上讲话说，吸烟有害健康；事后有位学生的朋友对医生的说法不屑一顾，并敬这位学生一支烟。结果会怎么样呢？一般地说，实验室的试验结果站在专家一边，而实地调查的结果则刚好相反，站在敬烟的同伴一边。这又一次证明，能否用实验条件来预测自然的效果是很值得怀疑的。受控条件常常是人为设想的；相反，现实生活中同辈影响的压力是很难在实验室里复制的。

不过，无论是实验室里的交流还是实地交流，如果受众喜欢传播者，他们就很可能被说服。如果受传者觉得，传播者是与自己相似的人，即罗杰斯所谓的具有亲同性（homophily），受众就更容易被说服。在其他条件相同的情况下，如果受传者觉得传播者与自己相似，他受影响的可能性就更大一些。这就是肯尼斯·伯克所谓的认同战略（the strategy of identification），传播者借此说服受众，他和受众是"一样的人"。[10]但此情此景下还有一个变数：所论问题是否需要专门知识。如果这个"相似者"并不比受众懂得多，那么他就不会有说服力。正如麦圭尔（W. J. McGuire）所言，"我理解，格劳乔·马克斯①的意思是：如果一个俱乐部不想让他这样的人参加，他就不会挤进去成为一员；如果讲演人并不比自己高明，一般人是不想听他讲演的。"[11]

喜欢的情绪和相似的背景是互相作用的。这是一条双行道：真正相似的感觉会使人彼此喜欢，喜欢的情绪又会增进彼此相似的感觉。讯息发送者越受人喜欢，其讯息的效果就越好。然而，津巴多（P. G. Zimbardo）发现，这一点也受条件的影响。[12]例如，假设一个人不喜欢讲演者，却由于这样那样的原因而去听，这样的参与就会使他发生一点微妙的变化，因为他需要摆脱内心不和谐的感觉，即矛盾的感觉，他就会暗暗说服自己，这讲演值得听。

（2）什么要素构成最有效的讯息？

众所周知，在阅读和听讲时，我们对讯息的喜爱各有不同，对一些讯息很喜欢，对另一些则一般；然而，奇怪的是，这方面的研究成果很少能证明，良好的传播效果要归因于一般人认为的"好的修辞"。

无论是出于什么原因，实验并未证明，演讲者的一般技巧是说服效

*194*

---

① 格劳乔·马克斯（Groucho Marx, 1890—1977），美国喜剧演员，马克斯兄弟班子中四兄弟之一。

果的强大因素。例如，勒温发现，就引起团体决策的效果而言，演说者是否训练有素几乎没有差别。[13]西斯尔斯韦特（Thistlethwaite）、德哈恩（deHaan）和卡梅尼茨基（Kamenetzky）发现，精心组织的讯息影响的是理解，而不是使人改变主意。[14]一般地说，研究结果证明，幽默影响听众对演说者的好感，影响其传播经验；至于使听众改变态度，并没有多少证据。重复一个论点（最好是用略有变化的方式来重复）有助于学习和改变，但其说服的效果似乎很快就成了强弩之末。

"活力型"风格的效果并不如人们的预期。迪特里希（J. E. Dietrich）发现，伶牙俐齿的谈话风格并不能使听众的态度显著改变。[15]霍夫兰、卢姆斯丁（A. A. Lumsdaine）和谢菲尔德（F. D. Sheffield）发现，电台评论和戏剧表现这两种渠道对态度改变的效果并无显著的差异。[16]麦圭尔的报告说，强劲的"硬性推销"只能产生很小的影响。[17]影响传播效果的关键因素之一似乎是，在受传者的感觉中，传播者说话的调子有多高。比如，低调的表达可能被解释为专业知识水平不高，使原本可以解释为客观的优势也被一笔勾销。另一方面，高调的风格既可能被解释为"宣传"，也可能被解释为充满活力和技艺高超。高调的风格既可能引起更多的注意，从而引起更大的变化，也可能由于听众的反感而失去一部分吸引力，从而产生比较小的变化；两种不同的效果取决于受传者对"高调"的解释。

什么是最有效的情感诉求？这方面的研究难以提供扎实的指导。例子有梅尼菲（S. C. Menefee）和格兰伯格（A. G. Granneberg）1940年的研究。[18]但这类研究和大量的经验传说都证明，情感诉求比逻辑诉求更可能导致态度的改变。然而实际上，完全把两种诉求分开是很罕见的。我们看到，亚里士多德主张情感诉求与逻辑诉求双管齐下。出庭的律师尽可能逻辑地进行论辩，但是他们对情感诉求是不厌恶的。

但是，在情感诉求的一个方面，曾有人做过很有意思的研究，这有可能揭示隐性的改变过程。20世纪50年代初，贾尼斯（I. L. Janis）和费希巴赫研究了利用恐惧心理来劝人刷牙的效果。他们用几个层次的诉求进行宣传，最可怕的是展示牙龈病可怕的照片；结果发现，最强烈的恐惧诉求往往被人拒绝，而最低限度的恐惧诉求反而使人的态度大变。[19]

有人重复了贾尼斯等人的实验，却没有取得和他们完全相同的结果。稍后对恐惧诉求的研究非但没有使情感诉求与传播效果的关系更加简明，反而使之复杂化。朱谦（G. C. Chu）的实验表明，面对恐惧诉求时，受试者做他遭到恐吓的事情的效果如何，要看这件事情的难易程度。如果解决办法是简单明了的，讯息就由此而简单明了，那么，诉求越强烈，就越容易生效。相反，如果解决办法困难而复杂，结果就令人生疑，而且讯息越强烈，越可能被拒绝。[20]麦圭尔重温这些材料后说，实验者恐惧诉求的程度和受试者焦虑的程度大概在互相作用，试验结果揭示的两者关系并非在一切情况下都是完全一致的。[21]

显然，诸如此类的问题具有重大的实际意义。每当我们想就吸烟这样的健康问题、污染的政策问题或者计划生育的人口问题等进行决策，并试图影响人们的态度和行为时，我们就必须断定，什么样的诉求有吸引力，应该用多高的调子。然而，在诸如此类的许多问题上，传播理论还不能提供简单和实用的指导。最好的办法是尽可能深入地研究传播的情景和传播的对象，再决定如何最有效地去促进传播过程。而且还得试验，提前尝试！

（3）结论应当是明明白白的呢，还是让接受者去作出结论呢？

在这里，我们又遇到实验室结果和实地结果的强烈反差。实验室试验的典型结果是，结论讲得越是明白时，受试者的改变就越大，预期的东西就学得越多。另一方面，一些心理治疗学家，尤其是弗洛伊德的追随者坚持临床经验的选择：应当让患者自己去得出结论。

（4）应当怎样处理对立的论点？

一般地说，在以下几种情况下，说出并驳斥对立的论点的效果更好：其一，听众起初就持反对的态度；其二，听众的文化水平很高，习惯于听取正反两面的观点；其三，无论如何，听众都愿意听对方的意见。在这三种情况下，讲演者最好都亲自介绍对方的论点，而不是置之不理。

主要的论点应放在开头还是结尾？第一个演讲者和第一位作者是否比

第二位处在更有利的地位？结果并不完全一致。例如，伦德（F. H. Lund）1925 年根据研究所得，主张"劝说效果优先律"（law of primacy in persuasion）。[22] 克伦威尔（H. Cromwell）1950 年发现的却是"后入效果有利律"（advantage in recency）。[23] 霍夫兰和曼德尔（W. Mandell）1952 年的研究发现却是另一回事：先入和后入都占不到便宜。[24] 然而，进一步研究后发现，先优与后优的关系实际上比预料的更复杂，涉及其他的变数，必须要考虑这些变数，才能够解决先优与后优的问题。也许，最一般的表述可以是这样的：首先发言有利于引起注意力；最后发言容易被记住。但这样的表述还不完全。如果发言者的论点可能受欢迎，就有理由让他先说，以引起听众的注意，营造良好的氛围，让后续的那些可能不大容易被接受的论点也有发表的机会。如果会上发出的信息矛盾或甚至可能引起混乱，首先提出的论点就有机会占上风，并决定最终被接受的信息。如果一人发出的信息能够唤起听众的需要，其他的信息能表明满足需要的办法，那么，最好的安排显然就是首先去唤起听众的需要。

（5）团体的因素有什么影响？

每一种传播关系中都存在团体的影子，这就是参加者所属团体或希望加入的团体，他们赞同并维护这个团体的规范。在策划任何说服性诉求时，这样的团队身份和忠诚都必须予以考虑。无论我们研究的是什么样的团体，家庭、工作团队、社会阶级、专业团队、政治团体还是其他的团体，如果了解研究对象珍视什么样的团体规范、维护什么样的团体规范，反对改变什么样的团体规范，这将大大促进我们的研究。

凯利（H. H. Kelley）和沃尔卡特（E. Volkart）的研究表明，一般情况下，这些规范的影响并不是很大；除非人们在加工导致态度变化的信息时心中想到自己的团体身份，否则，团体的规范并不会产生很大的影响。[25] 比如，如果让受传者想到，劝说者的论点和他的团体身份（如天主教会、共和党或扶轮社俱乐部）有关系，他就可能要用自己团体的信仰来检验劝说者的论点。如果他没有看到对方的论点与自己团体身份的关系，他就不会到自己的团体规范中去寻求防卫或支持。由此可见，不对任何团体忠诚或团体身份发动正面的攻击，总是比较好的劝说策略。

　　要使一个人的价值观念和行为发生重要的转变，通常就要从改变其珍视的团体身份着手。比如，在传教运动中使人"改宗"后，任何周密计划的"提振"活动的优先步骤之一，就是把皈依者放进一组信徒中去，在他们内心信念不和谐时给予鼓励，以强化他们新的价值观。

　　于是，后台的团体关系就成了积极的前台团体关系。阿希（S. E. Asch）、谢里夫（M. Sherif）等人曾经进行过一系列的实验，来计量社会压力对个人的影响。阿希把一位受试者放进一个三人小组，其任务是判断三条线哪一条最长。受试者不知道，他所有的伙伴都是受雇的"托儿"。他们绕着一个圆圈走，三位受雇者先讲，他们一致断定，线条 B 最长。一望而知，这不是事实。轮到这位可怜的受试者说话时，他开始怀疑自己的判断。顺应规范的压力非常之大，在参与实验的诸多受试者中，有 30% 的人跟着三位受雇者说，线条 B 是最长的，虽然明眼人一望而知，这个回答显然是错误的。然而，当一位受雇者作出正确的回答时，受试者就受到鼓励去作出正确的判断，不太可能屈从于周围的先例。[26]这种影响在试验中一再地得到证实。例如，谢里夫也做过类似的试验，但刺激不同；这是自体运动效应（autokinetic effect）试验，在黑暗的房间里进行，一个光点似乎在移动，参加者判断光点的移动方向和距离。[27]

　　（6）团体的决策可用来影响个人决定吗？

　　勒温率先研究团体决策对个人态度和行为的影响。他研究发现，第二次世界大战期间，最好的肉被送给前线的军队，主妇们聚集在一起讨论如何烹饪那些质量差的肉后，实际消费这种肉的可能性就比较大，相比而言，如果她们只读到或听到这样做的需要，消费这种肉的可能性就比较小。如果在小组里作了公开承诺，她们实际吃这种肉的可能性就尤其大。[28]这种方法曾经在不同的情况下得到过验证，"乡村发展广播座谈"等农村变革计划曾经被用于印度等发展中国家，颇有成效，而且，结果使采用新方法的速率日益增长。

　　什么因素在团体决策过程中起着潜在的作用？一定程度上，团体决策必须经过一个程序：议论可能的变革，了解变革是什么。更加重要的是，当你决定去进行变革时，你的变革必须有希望得到社会的支持和赞同。公开承诺进行变革后，如果我们言行不一，如果我们的观点与行为不一致，我们就会感到不安，而且会丧失在公众中的信誉。

　　更不用说，在适宜的情况下，还有许多其他因素在产生影响。这样的例子俯拾即是，试想福音派教徒在一起唱圣诗的情景，他们手挽手，随着圣诗的节拍摆动身体，当然会受到感染；又试想抗议团体示威挺进的情景，抗议者必然会互相影响；再设想"会心小组疗法"①里小组成员互相"触摸身体"的影响。以上例子都是暗示手段，在其他条件相同的情况下，这些手段都使团体成员更易于接受符合团体规范的暗示。这样的暗示手段范围很宽，从背景音乐到催眠术都是暗示的手段。

　　（7）扮演角色有助于说服吗？

　　有些研究者要参与者当众扮演角色，十分有趣。比如，受试者或自愿或因报酬而参与实验。他们按照要求即席发表讲话，或完成一篇文章，去支持自己并不同意的观点。他们临时拼凑一些赞同对方立场的理由，仅此一点也足以影响他们的态度，不知不觉间，他们向对方的立场靠近了。对这种变化可以有两种解释。一种是他们的行为引起自己内心不和谐的状态；为了摆脱这种内心的矛盾，他们需要内心的感觉与外在的表现一致，其结果是断定：对方的观点毕竟有一些道理，自己态度的变化也是有道理的。另一种解释是，由于即兴的角色，他们对另一方的观点有了更多的了解；如此，他们学到对方的一些论点，并将其储存在自己的记忆库中。不过，真正引起他们态度变化的是即兴的角色扮演。即兴讲话、作文对自己态度的影响比较大，单纯朗读或默念

① 会心小组疗法（Encounter Group Therapy）兴起于20世纪60年代，从加利福尼亚州迅速传播到美国和加拿大的许多地方。俗称"身体感觉训练"（Bod Biz），其他称名有：超个人心理学（Transpersonal Psychology）、多重心理治疗（Multiple Psychotherapy）和社交能动疗法（Social Dynamics）。

同一材料的影响比较小。此后，即使指导者称赞其表现或给予高分，使他们感到高兴，他们的态度也不会再改变了。态度变化机制的关键要素是他们的创造性活动，因为扮演对方的角色时，他们必然要设身处地同情对方的观点。[29]你可能注意到这些实验和多年来举行的为写出宣扬好人好事的文章的学童颁奖的征文比赛有相似之处，这不是偶然的巧合。

（8）个人的决定会随着时间而改变吗？

对，会变的，因为我们健忘。人总是容易忘记他们储存的思想来自哪里。这就是"睡眠者效应"（sleeper's effect）实验里所包含的意义。第一场实验安排了两个人，一个被看作可靠，一个被看作不可靠，旨在比较两者传播的效果。不出所料，受试者倾向于"可靠者"提出的思想。但几个星期以后重新检测时，却发现他们的态度有所变化，原来赞同"可靠者"的立场不再那么坚定；相反，他们比较支持"不可靠者"的立场，结果，几周前的态度几乎在记忆中抹掉了。当实验继续进行下去，加上一些适当的实验条件时，实验者断定，受试者已经完全忘记这些不同的主张出自何方。然而，当主持人提醒受试者，"可靠者"的思想是什么，"不可靠者"的思想是什么时，受试者的态度又回归到第一次实验里的判断。这一发现的含义以及前文提及的若干发现的含义是，讯息来源极其重要，受传者对传播者的感觉如何极其重要。事实上，讯息发送者成了讯息的一部分，当他（由于遗忘或不知名）从传播情景中消逝时，那讯息就不完全是原来的讯息了。[30]

（9）劝说者能不能先给受众打预防针，使之对"敌对论点"具有免疫力呢？

论者为何列举对手的论点，然后逐一批驳？那是为了使听众准备抵御对手的劝说。在《社会心理学手册》（*Handbook of Social Psychology*）中，麦圭尔对这个路子的一系列实验作了评述。总体上看，这些实验的隐性原则是：如果受众终归会听到反方的观点，那就可以让他们先听一听驳斥的论述，使之有精神准备，如此，他们就更可能抗拒反方的劝说。长期以来，讲实际的政界人士对此就有所察觉。比如，20世

*200*

纪 50 年代，毛主席决定向经过挑选的人提供一份 4 页的报纸①，刊发译成中文的美联社、合众国际社、路透社和法新社等西方通讯社的消息。后来他解释了为什么要这样做。[31] 就我们所知，他并没有读过西方研究这个问题的任何材料，但他使用了我们谈的"免疫"这个词。他说，既然我们打防疫针预防危险的疾病，为什么不能打防疫针抵制危险的思想呢?

## 第二节  一致论模型（模型六）

> 模型六  人人都渴望维持内在信念和态度的和谐一致，至于传播的效果，那就要看讯息在多大程度上对这种和谐一致构成了威胁。

这种路径（一致论模型）的传播效果探讨，可溯源于库尔特·勒温的认知心理学学派。海德尔（F. Heider）率先在文章中提出"趋向认知平衡的张力"（strain toward cognitive balance）或"内在一致"（inner consistency）的观点。[32] 随后，纽科姆（T. M. Newcomb）提出 A — B — X 模型，费斯廷格（L. Festinger）提出"认知不和谐论"（cognitive dissonance），而卡特赖特则从数学上发展了这一理论。费斯廷格和卡特赖特都是勒温在艾奥瓦大学的学生。不过，还有两位对这一理论做出很大贡献的人，一是受教于耶鲁大学的实验心理学家查尔斯·奥斯古德（Charles Osgood），二是耶鲁大学霍夫兰研究小组的威廉·麦圭尔。霍夫兰在 1961 年写的最后一本书就是论述这个问题的。

201　　我们可以从纽科姆的 A — B — X 模型开始，这是大多数传播学者耳熟能详的模型，他们至少对其示意图相当熟悉。纽科姆用其显示他所谓的认知关系中的"趋向认知均衡的张力"[33]。

　　如果 A 和 B 两人彼此有好感，而且对一个物体、观念或人（图中

---

① 即《参考消息》。

的 X）也有好感，那么他们的关系是对称的，可图示为图 12—1：

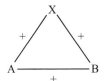

**图 12—1　对称关系图示一**

　　如果 A 和 B 两人彼此没有好感，如果 A 喜欢 X，B 对其没有好感，两人的关系也是对称的，可图示为图 12—2：

**图 12—2　对称关系图示二**

　　然而，如果 A 和 B 的关系好，但对 X 的意见不相同，或者两人关系不好，但对 X 的意见相同，那么他们的关系便不对称；由于促使他们实现平衡、对称的张力，他们就要改变对待彼此的态度，或者改变对 X 的态度，可图示为图 12—3：

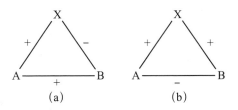

**图 12—3　不对称关系图示**

　　纽科姆这几种形式的 A—B—X 模型，始终都是各种"内在一致"理论的基本精神。卡特赖特和哈拉利（F. Harary）把这个模型扩大，以容纳各种各样的相互关系。[34]费斯廷格提出"认知不和谐论"，用其解释这样的现象：即使在作出选择以后，人们为何继续寻求支持自己决定的信息。[35]例如，订购一辆豪华汽车以后，他们还要继续看这款汽车的广告，还要继续寻找肯定这款汽车的意见；至于已经决定不买、价格略低的汽车的广告，他们是避而远之的。费斯廷格说，之所以这样做，那是想要减轻内心的不和谐状态，因为订购昂贵汽车的决定和不买比较便宜的汽车的决定使他们内心有不和谐的感觉。他说，不和谐的感觉正是导致做出或减少这类行为的驱力。

"驱力"这一概念说明了诞生于认知理论的一致论模型和诞生于行为主义的刺激—反应论（stimulus-response theory）的密切关系。霍夫兰生平最后那本书论述了一致论的一个版本，奥斯古德等人提出了在他和苏奇、坦南鲍姆合著的书中另一种类型的一致论[36]，奥斯古德将其称为"和谐"（congruity）说。[37]奥斯古德"和谐"的基础是：受传者试图平衡两种态度，一是他对讯息传播者的态度，二是他对讯息本身的态度。比如，我们敬佩某个人，却不赞同他/她的政治观点，由于内心的不和谐，我们就会感到不舒服，于是，我们一般会尝试将这两种态度"和谐"起来。我们可能会拒绝他传播的讯息，因为我们觉得，他说的话不准确。我们也可能重新考虑我们的立场：一是认为，他的政策主张并非一无是处；二是认为，他并非我们想象的那样可敬。奥斯古德用他提出的语意差分尺度（semantic differential scales）证明，趋向和谐一致的变化取决于几个因素：既要看受传者对讯息的态度和讯息传播者的态度，这有赖于这两种态度的强弱和极端程度；还要看这两种态度之间的差距。最常见的结果是倾向妥协：两种态度互相接近，但较弱的态度移动的距离较大。

麦圭尔提出的一致论被认为是解决内心冲突的理论。[38]换句话说，为适应新的传播情景，受传者要作一些调整，以解决强加于他的互相冲突的要求，他要解决的问题是：新讯息与他现有知识和看法的关系，与他感觉到的自己利益的关系，与他的人际关系和义务又有何关系。有时，这些力量互相冲突，所以受传者要努力使之维持令人满意的关系。一旦比较满意地解决了这样的冲突，改变现存的局面就比较容易，但接受新的信息是不太容易的，因为新的信息又迫使人去作进一步的调整。

在一致论的范围内，若要受传者改变态度，可以用什么样的传播手段呢？根本的要求是，不要让受传者觉得对方的讯息似乎有威胁，或与己无关，导致他不加考虑就予以拒绝。只有做到了这一点，才有可能去向受传者介绍一种他了解不多或抱有强烈成见的观点；如此，他就会觉得没有多少理由去捍卫自己的看法。另一种情况是，即使在受传者固执己见、强烈捍卫自己信念和观点的领域，你也可以介绍无需多少改变的观点。还有一个办法是，你介绍的观点极具戏剧性和挑战性，根本就难以拒绝；不过，这种情况并不多见。在后面这两种情况下，你可以期望受传者会调整现有的认知，以适应新的观点。

　　毋庸赘言，一致论是探讨受传者改变态度的另一种路径；在这一模型里，受传者被看作传播过程中非常活跃的一方，这和魔弹论对受众的看法就大相径庭了。

# 第三节　信息论模型（模型七）

> 模型七　香农及其控制论兴起以后，一些学者倾向于从信息角度去研究传播过程，关注在一定条件下能够传输的信息量。

　　本章在传播效果模型的博物馆里巡游，现在介绍一种全然不同的传播（通讯）理论，借以结束这一巡礼。这一理论生成于电气工程和数学理论，而不是诞生在社会科学中。这就需要我们再谈谈信息的性质。

　　信息当然是传播的内容。另一方面，我们又必须记住：虽然一切传播活动都传递信息，但并非一切信息都需要通过传播去获取。我们可以从经验和范例中学习。例如，我们很快就认识到，跑得太快时会气喘，微笑比皱眉更容易得到友好的回应。在童年时，本书作者之一就模仿贝贝·鲁思[1]挥舞棒球棍，虽然他从未学会怎样打好棒球；今天的日本男

---

① 贝贝·鲁思（Babe Ruth，1895—1948），20世纪30年代美国家喻户晓的棒球运动员，接着提到的东京巨人队球员是台湾人王贞治。

孩子正在模仿东京巨人队的王贞治挥舞棒球棍，王贞治甚至打破了贝贝·鲁思得分的记录。此外，我们还可以从范例、经验或其他传播激发的次生活动中获取信息。

如果尝试列举一切获取信息的方式，我们就发现一个模糊的中间地带，清晰的两极分别是传播的源头和非传播的源头。我们可以举出一些常见的场景来予以说明。

204　假若你和一位朋友在公园里跑步。这位朋友说："注意面前的树根。"你低头一看，一根树根伸出地面，横在路上，于是绕过去，没有摔跤。毫无疑问，这显然是一个传播的例子。其中有信息传播和加工，且由此产生了行动。

但让我们设想这件事的另一个版本。你的朋友没有说话，你绊在树根上，尴尬地摔倒在地，倒在满是松树枝的潮湿的地上。这显然不是传播产生的结果，却可能是缺乏信息或交流的结果，如果说你学到了什么，那就是学到了经验——在树林里跑的时候，要看前面的路。

还可以设想另一幕：假如你的朋友并没有提醒，但你看见前面的路，发现了树根，于是绕过它，没有摔跤。在此，你获得了信息，但这一信息并不是别人向你传递的。实际上，你的行为是第三章里所说的第三类的传播行为：你注意到符号，处理符号，从中得到信息，并据此采取行动。这里没有发生 A 类传播行为，所谓 A 类传播行为是：某人或某物向你提供符号，你从中吸取信息。

现在看 A 类传播行为里的"某人或某物"。机器可以给我们传播信息，这个观点不难接受。以汽车上的计速器为例，在限速 25 英里的路上驱车时速达到 40 英里时，你最好减速。这个小机械是用来发出信息符号的；注意到这样的符号，我们就可以加工符号，采取行动。同理，两台机器互相通讯，也不难想象。汽车上的恒温计可以监测出水箱里的水温；到一定温度时，它把水温的信息传递给风扇，风扇就从外面输入更多的空气。我们要电脑算一个统计材料，电脑就闪亮一下，指示存储器提供数据，进行一连串的演算，加减乘除、平方开方，速度之快，超过我们不知凡几；最后，电脑指令打印机为我们打出答案。

　　让我们设想另一个场景。你早上起床发现，天色灰蒙蒙的，没有云彩，你判断要下雨，所以最好带把伞。有信息吗？当然有；但有传播过程吗？应当没有，因为这里不存在有意向的 A 类传播行为。这一幕和公园慢跑那一幕类似。你看到树根，根据经验判断最好绕开。基于经验，你看阴沉的天空，认为可能下雨，决定带把伞。但我们听到有人进行相反的解读。有人说，如果你可以把机械符号解释为信息传播，难道就不能把自然符号解释为信息传播吗？我们的回答还是"不能"。这是因为两者的差别在于有无意向。造计速器的意向是要它传输符号。相反，除非我们把自然人格化，否则，我们很难设想它有意识地向我们传播信息。

　　再举一个模糊区域的例子：从观察和经验中所获得的次生的或偶然的学习。比如，你看见一栋房屋，它刚刚粉刷一新，草坪也刚刚修剪过，整整齐齐。你吸收了这一信息。但这些迹象是否还传达了其他的信息呢？迹象是否表明这家人很关心小区的整洁呢？粉刷房子的目的之一可能正是为了传达这样的信息。从房屋和草坪的外观，我们当然有理由作出这样的推断。此外，我们并不怀疑传播过程中的某些信息是无意的；比如，说话彬彬有礼，但无意间却皱眉头，两者的矛盾就是无意间传播的信息。当我们试图划界，说明什么是有意的信息传播和无意的信息流露时，偶然和次生的信息传播又是一个模糊的领域，使我们感到棘手。

# 第四节　一种信息论模型

　　信息论（information theory）领域里浮现出一个信息模型（information model）。工程师、物理学家和数学家用电脑工作，研究电子通讯，其思想就建基于信息论。他们提出的模型非常有趣、发人深省，既吸引信息科学家，也吸引社会学家。起初，我们多半是在香农的文章里接触到这个新的模型，香农的文章 1948 年发表在《贝尔实验室杂志》

（*Bell Telephone Laboratory Journal*）上。文章旋即成书出版，在全球发行。[39]不过，这个模型的根源可以追溯到 20 世纪 20 年代贝尔实验室的研究成果，那是统计力学、电子通讯滥觞的时期；还可追溯到诺伯特·维纳在控制论（cybernetics）方面的开拓性研究。[40]

　　这一新模型给传播学者留下了极为深刻的印象，原因有二：首先，虽然起源于通讯工程和技术，但它为传播研究提供了一些可作比拟的借鉴，可以指明社会科学里的许多传播概念；其次，它提供了一种新的数学理论，该理论既可以用于研究电子通讯，也可以用于研究人类传播。

　　和许多模型一样，传播学者首先是通过一个图解了解信息论模型的，图 12—4 出自香农的文章，后来被许多人效仿：

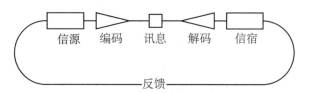

信源　编码　讯息　解码　信宿

反馈

**图 12—4　香农的信息论图解**

206　　采用这个模型的传播学者必须注意一个事实：它多半是在类比意义上用来研究人类传播的。实际上，信息论是信号传输（signal transmission）理论。使用者考虑的与其说是传输的效果，不如说是信号通过系统时能准确到什么程度。连模型的样子本身都像亚历山大·格雷厄姆·贝尔起初试验他发明电话的情景，他手握圆锥形的话筒，对着另一端手握圆锥形听筒的人讲话。声音从发话端到接收端大致相同时，他的电话系统就"成功"了。有一个我们今天更熟悉的例子，评判高保真音箱（hi-fi）的标准是，它播放的录音带和磁盘能在多大程度上保质而不失真。在信息论中，"通讯"一词的定义是，电路终端的信息应当和发送端的信息处在一样的状态。电报、电话或广播通讯可能就是这样的状况。然而，两个人交流时，彼此传送完全相同意思的情况几乎是难以想象的。人的脑子和个性都大不相同，而且时常在变化。人在不断学习。相反，我们用的电话是完全相同的，它们并不学习。

　　可见，信息论很大程度上是模拟人的交流，而不是描绘人的交流。

然而，这并不意味着它意义不大，实际上，它是促进当代传播研究的最重要理论之一。"反馈"一词立刻就被社会科学采用了。"编码"和"解码"的概念简明扼要，使用方便，用来描绘复杂的认知过程中制作和解释符号的机制。用确定性和不确定性来看信息的新方法、"信道容量"等工程学词语既新鲜又令人兴奋，对研究人类传播的意义重大。许多学者长期习惯用社会科学的术语来审视传播学；通讯理论的新概念、新词语使他们如沐春风，感到兴奋。

信息论者认为，"信息"一词的意思是：用来消除讯息系统中的不确定性的东西。我们接触的下一个信息论关键词是熵（entropy）。熵是现代数理物理学中著名的词汇，意思是物质系统中的不确定性和非组织性。爱丁顿说："我认为，在各项自然法则中，熵不断稳定增加的法则占有至高无上的地位。"他接着说，如果能拍一部宇宙演化史的电影，科学家判断这部电影是在顺着放还是倒着放的唯一办法，就是计量熵是在增加还是在减少，因为时间流里的物质世界总是"混杂性"（shuffledness）越来越高，组织性越来越低。

熵是香农的关键词，因为这是他用以衡量信息的尺度。信息必须消除一个系统中的不确定性和随机性。系统的各种状态具有同等的可能性时，也就是说，当这些状态发生的或然率相等时，熵就达到最大值。如果抛掷硬币猜测正反，所需的信息量比较少；蒙上眼睛去猜出 26 个英文字母中的一个字母，所需的信息量就比较大。猜硬币只需要一个事实，提一个问题，作一个回答：只需知道下次是正面朝上还是反面朝上。然而，若要猜测是哪一个字母，那就需要五倍的信息，所提的问题就必须是猜硬币提问的五倍。

熵（或者确切地说是相对熵）是广为人知的"冗余"一词的反义词。一种语言或一个系统越冗余，就越容易预测，在给定的时间里承载的信息就越少。冗余度的选择是传播必须面对的最重大决策之一：重复应该多频繁？解释应该详尽到什么程度？没有冗余的语言或代码必然是混沌一团；学之令人却步，错误接踵而至。按照香农的计算，如果英语的相对熵值只有 30%，即可预测性只有 70%，那么，用英语去设计和

207

完成填字游戏就没有丝毫乐趣了。另一方面，如果相对熵值高达 70%，即可预测性只有 30%，那就容易设计和完成三维的填字游戏了。你可以看到，语言学家对信息论多么兴趣盎然；实际上，他们用信息量去测量文字的可读性。此外，信息论还被用来测量网络里的信息交换，测量观念在人群里的传播，测量讯息或信道里的信息量（抽象意义的信息量，而不是具体的信息量）。

在此讲授信息论的数理殊为不当。如欲有所了解，你会发现，本章末尾的参考书比较平易。你会看到，信息论的数理是二进制，像电脑，用比特计量。如果你愿意尝试预测硬币哪面朝上，那只需要一个比特的信息；但如果你想要预测敲击 42 个字键里的哪一个字键，而你的敲击又完全是随机的，那就需要 5.4 个比特的信息（也就是说，你就需要提 5.4 个精心设计的问题）。如前所述，这种数学方法在一些情况下被证明是有用的。信息论对人类传播理论的重大影响是，给旧观念提供新鲜的视域，指引我们沿着新的路子去思考问题。

一个例子是信道容量，它是传播者遇到的最普通的问题之一。一切渠道，无论是生物的，电子的，还是机械的，运载量都有限度。视觉神经传送给大脑的信息量少于眼睛得到的信息量，因此你必须选择看什么。另一方面，信息比大脑认知系统能处理的要多，因此，了解什么通过大脑，为什么能通过大脑，这对我们至关重要。在给定的时间内，人们用眼睛吸收的词语多于用耳朵吸收的词语；因此，如果有 30 分钟听新闻节目或看报纸，在其他条件相同的情况下，读报所得的信息就多于听广播得到的信息。在信息论的启发下，有人做了一些实验，用以证明读者和听众从两种媒介吸收信息的能力是不一样的。香农发表的著名定理证明，如果信息流量限定在渠道容量的最大限度之内，那么，在最低限度噪音（即互相竞争和干扰的信号）的情况下，通过的信息量就可以达到最大值。但如果你试图传送超过渠道实际容量的信息，那么，噪音量和错误就会迅速增加。这一定理已经被广播员证实。他们测试了在设定时段的新闻节目里，播送多少条新闻的效果最好。结果是：在一段播音节目里，听众能记得比较清楚并很少出错的新闻大约是 20 条；如果缩短每条新闻以增加条数，听众能记住的条数不会增加；如果播出的新闻超过 40 条，实际传达的信息反而减少，因为听众会记错更多的内容。[41] 由此可见，在这种情况和类似的情况下，香农这一电气工程的公式既激发了新的思想，又成了旧用途中实用的工具。

## 第五节　传播效果诸模型小结

让我们对本章和上一章介绍的七种传播模型和路径做一点简单的温习和小结。　*209*

信息论模型显然与其他诸模型大不相同，因为它首先关注的是信号的发送。对研究人类传播的学者而言，其意义与其说是有助于了解信号的效果，不如说是它模拟了人类传播过程，并为计量信号本身提供了数学模型。魔弹论模型已信誉扫地，也不同于其他六种模型，因为它只关注一种具体的效果，即宣传对人的效果。此外，魔弹论还有一个不同于其他模型的预设：被动的受传者像射击场里的靶子，大众媒介向他开火，他就应声倒地。

魔弹论之后，我们考察了一系列模型，它们都认为，受传者是能动的，效果是传送者和受传者都起作用的结果。和魔弹论一样，有限传播论主要关心大众传播的效果，但其结论几乎与魔弹论南辕北辙。有限传播论认为，媒介绝不是不可抗拒的，而是只有比较有限的效果，因为在运行过程中，它们不得不穿越迷宫一样的模型和影响因子。"使用与满足论"认为，传播效果的重要决定因素之一是受传者的特征——他如何使用传播信息以及他由此得到什么满足。和刚才提到的两种社会学取向的模型一样，采用—扩散论倾向于观察受传者，看他用讯息做什么，研究他采用讯息的社会情景。采用—扩散论的结论是，大众媒介对采用过程的直接影响不大，远不如个人影响和劝说的效果。

在七种模型中，霍夫兰的说服论模型考察传播过程的视野可能是最宽广的。他从分解传播过程入手，研究传播者、传播渠道和受传者的各种变数；他用实验手段观察每一种变异和其他变异的关系，以便查证一种变化如何影响另一种变化。可见，他试图了解全貌，但他了解的是其中的要素，而不是总体的轮廓。一致论模型由心理学家提出，他们集中研究受传者处理流入信息的倾向：维护他珍视的认知概念和关系。

210　　　如前所示，这些模型（魔弹论模型除外）可以说是大同而小异。在时间流逝的过程中，它们表现出一个稳步变化的趋势：起初考虑的是传播者如何影响受传者，现在逐渐转化为考虑受传者在传播过程中主动做什么。魔弹论模型之后，没有任何一种模型假设受传者是被动的。最新的模型都倾向于认为，传播过程的双方都是积极主动的，都在试图影响对方。

　　近年日益增长的兴趣是所谓互动论模型（transaction model），但这一理论尚未定型。这一研究路径略像本书第三章讲述的传播过程。它设想传播过程中两个相对平等的参与者，各自加工对方发送的一套符号，根据自己的欲望从交流中获取自己需要的信息，同时又对接收到的符号进行解释。如此，传播过程看起来类似于商业、外交或法律的关系，双方都在行动，都根据自己的欲望既取又予。交流的规则心领神会，但并非总是一语道破，例子有师生关系、亲子关系和买卖双方的关系。如果交流如愿进行，各方均有所获；各方的需要都会比以前得到更大的满足。参与者分享信息之后，他们的立场会更加接近，在所论的问题上更接近于达成共识。未必能达成一致意见，但至少更了解对方的所思所想、所感所悟，更熟悉双方研讨的问题。同时也更接近于了解，在眼前情况下，各自能放心而舒适地做些什么。

　　互动论模型颇有希望，但尚待实验求证和理论定型。


**思考题**

　　1. 本章七种传播效果模型对传播的功能各有何预设？比如，信息论模型就预设，传播的主要角色是传输信号。其他模型有何预设？

　　2. 请回忆拉斯韦尔命名的传播的三种社会功能：守望环境、协调社会以适应环境以及使社会遗产代代相传的社会化。你认为，在这七种模型中，他觉得哪一种和他的观点最相宜？

3. 哪一种模型主要和个人的传播相关？哪一种模型主要和社会传播相关？

4. 霍夫兰研究传播主要靠实验，拉扎斯菲尔德研究传播主要靠抽 *211* 样。如果你不知道两人研究路径的差异，只看他们的模型你就能预计他们的差别吗？如果能，你有何证据？

5. 据说，这七种模型都只看某一方面。有没有什么办法将其中的几种模型结合起来，去构建一个接近完全的传播模型呢？或者你是否需要另起炉灶？如果需要的话，从何处着手比较合适？

6. 假定你尝试构建"互动论"模型，你试图回答什么问题呢？你能想到什么研究计划帮助你填充这一模型吗？

## 参考文献

Chief readings on the Persuasion model, in addition to articles listed below, are these books from the Yale group: C. I. Hovland, A. A. Lumsdaine, and F. D. Sheffield, *Experiments on Mass Communication* (Princeton, N. J. : Princeton University Press, 1949); C. I. Hovland, I. L. Janis, and H. H. Kelley, *Communication and Persuasion* (New Haven, Conn. : Yale University Press, 1953); C. Hovland, (ed.), *The Order of Presentation in Persuasion* (New Haven, Conn. : Yale University Press, 1957); C. Hovland and I. L. Janis, *Personality and Persuasibility* (New Haven, Conn. : Yale University Press, 1959); and C. Hovland and C. Rosenberg, *Attitude Organization and Change* (New Haven, Conn. : Yale University Press, 1960).

On Consistency theory, see F. Heider, "Attitudes and Cognitive Organizations" (*Journal of Psychology*, 1946, 21, 107 - 112); T. M. Newcomb, "An Approach to the Study of Communicative Acts" (*Psychological review*, 1953, 60, 393 - 404); C. E. Osgood, G. J. Suci, and P. H. Tannenbaum, *The Measurement of Meaning* (Urbana: University of Illinois Press, 1957); L. Festinger, *A Theory*

*of Cognitive Dissonance* (New York:Harper & Row, 1957);and the review by
W. McGuire in G. Lindzey and E. Aronson, (eds.), *Handbook of Social Psychology* (Reading, Mass. :Addison-Wesley, 1968).

For general reading on the Information theory model:C. E. Shannon and
W. Weaver, *The Mathematical Theory of Communication* (Urbana:University of Illinois Press, 1949);C. Cherry, *On Human Communication* (Cambridge, Mass. :MIT Press, 1957); and an article applying the theory to some communication problems, W. Schramm, "Information Theory and Mass Communication" (*Journalism Quarterly*, 1955, 32, 131 – 146).

[1] *The Rhetoric of Aristotle*. Translated by Lane Cooper. Englewood Cliffs, N. J. :Prentice-Hall, 1932, Section XX.

[2] *Ibid.*, p. 7

[3] *Ibid.*, pp. 8 – 9.

[4] D. Cartwright. "Some Principles of Mass Persuasion: Selected Findings of Research on the Sale of U. S. War Bonds. " *Human Relations*, 1949, 2, 253.

[5] *Ibid.*

[6] See the first References paragraph for a list of C. Hovland's books on his Yale studies.

[7] I. Lorge. "Prestige, Suggestion and Attitudes. " *Journal of Social Psychology*, 1936, 7, 386 – 402.

[8] C. I. Hovland and W. Weiss. "The Influence of Source Credibility on Communication Effectiveness. " *Public Opinion Quarterly*, 15, 635 – 650.

[9] H. C. Kelman and C. I. Hovland. "'Reinstatement' of the Communicator in Delayed Measurements of Opinion Change. " *Journal of Abnormal and Social Psychology*, 1953, 19, 327 – 335.

[10] K. Burke. *A Grammar of Motives*. Englewood Cliffs, N. J. :

Prentice-Hall, 1945. K. Burke. A *Rhetoric of Motives*. Englewood Cliffs, N. J. : Prentice-Hall, 1950.

[11] W. J. McGuire. "Persuasion, Resistance, and Attitude Change. " In I. Pool et al. (ed. ), *Handbook of Communication*. Skokie, Ill. : Rand McNally, 1973.

[12] P. G. Zimbardo. "The Effect of Effort and Improvisation on Self-Persuasion Produced by Role-Playing. " *Journal of Experimental Social Psychology*, 1965, 1, 103 - 120.

[13] K. Lewin. "Group Decision and Social Change. "In E. E. Maccoby, T. M. Newcomb, and E. L. Hartley (eds. ), *Readings in Social Psychology*. New York: Holt, Rinehart and Winston, 1958, pp. 197—211.

[14] D. L. Thistlethwaite, H. deHaan, and J. Kamenetzky. "The Effects of 'Directive'vs. 'Non-Directive'Communication Procedures on Attitudes. " *Journal of Abnormal and Social Psychology*, 1955, 51, 107 - 113.

[15] J. E. Dietrich. "The Relative Effectiveness of Two Modes of Radio Delivery in Influencing Attitudes. " *Speech Monographs*, 1946, 13, 58 - 65.

[16] C. Hovland, A. A. Lumsdaine, and F. D. Sheffield. *Experiments on Mass Communication*. Princeton, N. J. : Princeton University Press, 1949.

[17] W. J. McGuire. In G. Lindzey and E. Aronson, (eds. ), *Handbook of Social Psychology*. Reading, Mass. : Addison-Wesley, 1968.

[18] S. C. Menefee and A. G. Granneberg. "Propaganda and Opinions on Foreign Policy. " *Journal of Social Psychology*, 1940, 11, 393 -404.

[19] I. L. Janis and S. Feshbach. "Effects of Fear-Arousing Communication. " *Journal of Abnormal and Social Psychology*, 1953, 48, 78 -92.

[20] G. C. Chu. "Fear Arousal, Efficacy, and Imminency. " *Journal of Personality and Social Psychology*, 1966, 5, 517 - 521.

[21] McGuire. *Handbook of Communication, op. cit.*

[22] F. H. Lund. "The Psychology of Belief: IV. The Law of Primacy in Persuasion. "*Journal of Abnormal and Social Psychology,* 1925, 20, 183 – 191.

[23] H. Cromwell. "The Relative Effects of Audience Attitude in the First Versus the Second Argumentative Speech of a Series. "*Speech Monographs*, 1950, 17, 105 – 122.

[24] C. I. Hovland, and W. Mandell. "Is There a'Law of Primacy in Persuasion'?"In C. I. Hovland, (ed. ), *The order of Presentation in Persuasion.* New Haven, Conn. : Yale University Press, 1957, pp. 13 – 22.

[25] H. H. Kelley and E. Volkart. "The Resistance to Change of Group-Anchored Attitudes. "*American Sociological Review*, 1952, 17, 453 – 465.

[26] S. E. Asch. "Studies of Independence and Conformity: A Minority of One Against a Unanimous Majority. "*Psychological Monographs*, 1956, 70, 9.

[27] See McGuire's excellent summary in *Handbook of Social Psychology*, vol. III, pp. 235 – 236.

[28] Lewin, *op. cit.*

[29] McGuire. *Handbook of Social Psychology, op. cit.* , p. 219.

[30] Kelman and Hovland, *op. cit.*

[31] See *Peking Review*, November 4, 1977, 45, for an account of Mao's statement.

[32] F. Heider. "Attitudes and Cognitive Organizations. "*Journal of Psychology*, 1946, 21, 107 – 112.

[33] T. M. Newcomb. "An Approach to the Study of Communicative Acts. "*Psychological Review*, 1953, 60, 393 – 404.

[34] D. Cartwright and F. Harary. "Structural Balance: A Generalization of Heider's Theory. "*Psychological Review*, 1956, 63, 277 – 293.

213

[35] L. Festinger. *A Theory of Cognitive Dissonance*. New York: Harper & Row, 1957.

[36] C. Hovland and C. Rosenberg. *Attitude Organization and Change*. New Haven, Conn. : Yale University Press, 1960.

[37] C. E. Osgood, G. J. Suci, and P. H. Tannenbaum. *The Measurement of Meaning*. Urbana: University of Illinois Press, 1957.

[38] See McGuire's reviews in Lindzey and Aronson, *op. cit.*, and in Pool, et al., *op. cit.*, pp. 216 – 252.

[39] C. E. Shannon and W. Weaver. The *Mathematical Theory of Communication*. Urbana: University of Illinois Press, 1949.

[40] N. Wiener. *Cybernetics. or Control and Communication in the Animal and the Machine*. Cambridge, Mass. : MIT Press, 1961.

[41] W. Schramm. "Information Theory and Mass Communication." In B. Berelson and M. Janowitz, (eds.), *Reader in Public Opinion and Communication*. New York: Free Press, 1966, pp. 723 – 735.

# 第十三章　大众媒介悄无声息的影响

## 第一节　个人使用媒介所花的时间

　　大众媒介这个词，1878 年《牛津大词典》（*Oxford English Dictionary*）出版第一卷时没有收录，但在 1928 年出版最后一卷时收录了。那一年，美国成年人用于传媒的时间，几乎已经占到睡眠以外时间的四分之一；此后，这个数字还在不断增加。我们个人把如此之多的可支配时间用于传媒，正说明大众媒介的巨大影响力，尽管其影响难以觉察。这是值得仔细观察的。

　　1979 年秋，98％的美国家庭拥有电视机，每家每天平均开电视机的时间是 7 小时。这就是说，每年电视机开着的时间长达 2 500 小时以上，相当于 100 多个 24 小时的日日夜夜，睡觉和不睡觉的时间都包括在内。一个人在这样的情况下生活 10 年，等于是有整整三年是在看电视。当然，开电视的时候，任何家庭成员都不可能一直在看电视。成年
人每天看电视的时间可能平均 3 小时；儿童平均多看 1 个小时。即使是这两个数字，如果乘上 365 天，那也是很可观的。

每年 9 月至次年 4 月，每晚 8 点至 9 点，大约有 1 亿美国人在看电视（在夏天这个数字大约要低 15%）。每天大约有 75% 的美国成年人读报，每人读报的时间平均约 30 分钟。换句话说，美国人加起来每天读报花费了大约 7 000 万个小时。将近 99% 的美国家庭拥有收音机，90% 的美国汽车装有收音机。听收音机的时数不清楚，但估计每天用在这上面的时间有 1.5 亿小时。加上花在杂志、书籍和电影上的时间，美国人每天用在大众媒介上的时间之多，是很明显的。

换一种方式来观察我们用在大众媒介上的时间，那就是儿童在成长过程中花费的时间。到高中三年级时，每人看电视的平均时间至少已经有 15 000 个小时，比他们上学的时间、游戏的时间或睡眠之外的其他活动所花的时间都要多。在成长过程中，儿童成千上万次看到电视上的谋杀、刀伤、枪击和其他暴力行为。在同样的年头里，每个美国成年人平均看了 30 万个商业广告节目，除了工作和睡眠之外，花在电视上的时间比其他任何活动都要多。

说到这里，你可能会问：现在是不是只有在美国，大众媒介才占去人生这么多的时间呢？和美国的情况一样，日本几乎家家都有电视机和收音机，订一份或更多的报纸。如果有可比的数字，我们可能会发现更高的数字。情况的确如此。最近的研究表明，日本儿童看电视的时间比美国的儿童还要多，只是日本男性看电视的时间比美国成人略少。在欧洲国家里，各年龄段的人看电视的时间都少于美国。在第三世界国家里，因为电视机不普及，文化程度较低，成年人用于媒介的时间平均比美国人少。

电视使人使用媒介的时间戏剧性地增长了，不过，我们应当用更长远的历史观来看媒介使用问题。500 年以前，印刷术刚刚在西欧兴起，每人每天用于大众媒介的时间平均只有几分钟。到 19 世纪初，情况才有所变化。廉价的"便士报"出现，免费教育扩大，识字的人增多，教科书开始普及。然而，当时每人每天用于大众媒介的时间仍然只有几分钟。识字的普及、财富的增长促进了阅读；到 19 世纪末，第一种受欢迎的大众娱乐的媒介即电影问世；1920 年，无线电广播把群众性娱乐

*217*

从剧场扩大到客厅。虽然没有精确的统计，但我们估计在 20 世纪 20 年代，美国成人平均每天花在媒介上的时间有 3～4 小时。然后，20 世纪 30 年代末，电视问世；起初，电视带有试验的性质，人们也只是尝试着使用电视；第二次世界大战后，电视的发展就势不可当了。

表 13—1 反映了科芬（B. Coffin）1955 年的研究成果。他在印第安纳州对 2 500 户刚拥有电视机的家庭做了抽样调查，本表格显示了电视这个新媒介出现后，人们使用媒介的时间分配的变化：

表 13—1 　　　　　　　　　　　个人使用媒介所花的时间

| | 每天花费的时间（分钟） | | |
| --- | --- | --- | --- |
| | 电视出现之前 | 买电视机以后 | 差额 |
| 报纸 | 17 | 10 | −7 |
| 杂志 | 39 | 32 | −7 |
| 广播 | 122 | 53 | −70 |
| 电视 | 12※ | 173 | +161 |
| | —— | —— | —— |
| 总计 | 190 | 267 | +77 |

"※"表示不在家看电视的时间。

资料来源：E. Rubenstein, et al., *Television and Social Behavior*, *Technical Report of the Surgeon General's Advisory Committee*. Washington, D. C.: U. S. Department of Health, Education, and Welfare, 1973, vol. IV, p. 411。

在这个统计表中，重要的数字是那 77 分钟的差额。看电视的时间增加以后，用于大众媒介的累计时间就增加了 77 分钟。在电视出现之前的年代里，典型的变化是：一种新媒介问世之初，分配给各种媒介的时间有所调整，但总体时间不变。然而，电视则截然不同，它在人生用于媒介的时间切块上增加了一个多小时。诚然，和以前的新媒介一样，它从其他媒介夺走了一定的时间：从报刊夺走一点时间，从广播夺走很多时间，还可以认为，电视夺走了一点看电影的时间——这是新媒介典型的效应，旧媒介的调整为新媒介挪出一点时间。然而，电视不同于过去的新媒介，除了从其他媒介夺走一定的时间外，它至少还要从其他的活动夺走 77 分钟。换言之，电视使我们用于各种媒介的时间总共增加了 40%。

在以上这段文字中，我们花费了比较多的篇幅来研究用于看电视的时间，尚未说到电视夺占这么多时间以后，对我们其他活动的影响。分析这方面的数据以后，孔斯托克写道：

> 看电视被看作仅次于吃饭之类的重要活动，占去了美国人所有闲暇时间的整三分之一，占据了闲暇活动的40％。即使各种社交活动，包括家里家外的聊天，都难以撼动电视在闲暇时间里的统治地位；社交活动只占闲暇时间的四分之一。阅读、学习和使用其他大众媒介的时间只占15％。外出玩耍比如远足、狩猎、看歌剧等只占闲暇时间的5％。电视成了个人自由生活的重要组成部分。[1]

*218*

但看电视是以什么为代价的呢？看电视取代了什么活动的时间呢？

密歇根大学的两位研究人员鲁滨逊（J. P. Robinson）和康弗斯（P. E. Converse）将1965年到1966年城市成年人24小时时间使用情况的抽样调查表与30年前没有电视时支配时间的相应数字进行比较，整理成文发表。他们发现，20世纪60年代的人在以下几个方面所花的时间大为减少：睡眠、饮食、阅读、去电影院、听收音机、参加体育活动和比赛、闲谈、开车兜风、跳舞和去教堂。[2]

20世纪60年代，匈牙利社会学家亚历山大·萨莱（Alexander Szalai）为联合国教科文组织做了一次更为广泛的研究。[3]他搜集了4个西欧国家、6个东欧国家、1个拉美国家和美国的数据，了解人们每天的时间使用表。全部抽样逾25 000份，除了美国、德国，大多数国家还处在电视开发的初期，其中一个国家拥有电视机的家庭只占25％，另一国拥有电视机的家庭只占35％。据此，在同一文化中，可以对有无电视机的人每天的时间支配情况进行比较。鲁滨逊重新分析了美国卫生署研究报告的数据，结果发现，电视机拥有者在以下各项活动中使用的时间减少了：

> 睡眠时间每天平均减少13分钟
>
> 外出社交时间每天平均减少12分钟
>
> 听收音机时间每天平均减少8分钟
>
> 读报时间每天平均减少6分钟

家务时间每天平均减少 7 分钟

旅行时间每天平均减少 5 分钟

读书时间每天平均减少 6 分钟

闲谈时间每天平均减少 5 分钟

即便是在电视发展的早期阶段，人们用于其他媒介的时间也大为减少了；他们在家里待的时间更多；睡的时间少了；聊天时间少了，大概是为了不影响看电视。社交生活模式变了：外出少了，同朋友和邻居聊天少了，在客厅里看电视、听收音机的时间多了。人们怀疑，这种社交生活的变化是否与美国小城镇的外观变化有关系；显著的变化是，门廊不见了，坐在门廊上与邻居见面聊天的景观不见了，与客厅里的电子媒介竞争的邻居见面聊天的机会不复存在了。

在过去五六年里，美属萨摩亚有了两个播送美国娱乐节目的电视频道和一个主要播送公众电视节目的频道。在这种传统的社会里，有时比在工业化的社会里更容易看出电视的社会影响。萨摩亚的节目收视率属于世界上最高者之列。结果，家家户户晚上待在家里，看电视成了习惯，不再去参加村里的活动。他们看电视里的跳舞多，自己跳舞少；听歌比较多，自己唱歌少；不再"讲故事"，而是"听故事"。在有了更多的电视经验以后，他们可能会作一些调整，以更加重视萨摩亚人的传统活动。但在作出调整之前，新媒介的影响是很容易看出的。[4]

电视到来以后，我们睡觉以外的时间三分之一被大众媒介占用了。电视不仅改变了我们对闲暇的利用，而且改变了我们对媒介的使用。当闲暇时间不够时，一个为媒介找到更多时间的办法就是，听广播或看电视的时候，你同时做点别的事。比如，我们一边开车，一边听收音机解闷；一边学习，一边把广播音乐作为背景，烘托气氛。我们一边吃晚饭一边看电视新闻。我们在飞机、火车上看书，如此等等。莱维（M. R. Levy）曾抽样访问过很多人，问他们看电视新闻时是否还做别的事。如果是，那又做什么。[5] 只有 24% 的人回答说，他们在看新闻时什么也不做。现列表以百分比说明，在看电视新闻时，他们至少偶尔做一些别的事：

| | |
|---|---|
| 吃晚饭 | 41.2% |
| 看书读报等 | 25.8% |
| 交谈 | 23.3% |
| 吃零食、喝饮料 | 22.5% |
| 在厨房干活 | 19.6% |
| 缝纫 | 17.1% |
| 看孩子 | 15.0% |
| 做家务 | 14.2% |
| 准备就寝 | 9.6% |

无需说明，做这些事大多不需要人们把视线或听力或者二者都从电 *220*
视上转移开。把收音机作为次要的媒介的情况，我们业已熟悉，但把电
视作为次要媒介用，还是会使人吃惊；尤其是一边看电视一边看书，更
令人吃惊，因为看电视、看书都要用眼睛，但两者居然可以同时进行。

由此可见，我们把睡眠以外的时间大量用于大众媒介，这是悄无声
息的效果，但又是强有力的效果。于是，客厅就成为娱乐中心，我们不
想到其他地方去寻求娱乐了。我们的社交、旅行和闲聊被占用了，睡眠
时间减少了。一系列所谓媒介假日应运而生，有了星期日超级杯橄榄球
赛，还有一些次要的节目不断重现，每周必看，成为节日：比如周末足
球赛，最受欢迎的节目主持人的新闻节目，最受欢迎的娱乐节目，晨报
的周末版。因为诸如此类的媒介假日很受欢迎，5小时用于媒介已经不
够。于是，次级的垒球比赛、本地交响乐队的古典音乐演奏会、暑期文
化讲习班、马戏表演就被扼杀了。不知不觉间，大众媒介就重新安排了
我们的生活。除非我们自问自省，否则我们就难以觉察其强大影响。假
如除了报纸和书之外，其他传媒忽然消失了，我们从震惊中回过味来，
发现电视真的不复存在了，并由此而重新获得4个多小时的闲暇时间，
那么我们又如何打发这样的闲暇呢？

# 第二节　我们的知识从何而来？

我们把那么多时间用于大众媒介，它们逐分逐秒地对我们产生影响。为了提醒你自己注意这些悄无声息的影响，你只要看一看下面的测验：

**你是从哪里知道这些人的？**

阿亚图拉鲁波拉·霍梅尼①

邓小平

安瓦尔·萨达特②

教皇约翰·保罗二世③

库尔特·瓦尔德海姆④

比约恩·博格⑤

桑贾伊·甘地⑥

再进一步考考你自己：

**你是从哪里知道这些事件的？**

中国"四人帮"的倒台

苏联入侵阿富汗

津巴布韦选举新政府

德黑兰扣押美国人质

最近的一次超级杯橄榄球赛

再做更多的测验：

221

---

① 阿亚图拉鲁波拉·霍梅尼（Ayatollah Rubollah Khomeini, 1902—1989），伊朗伊斯兰什叶派领袖、伊朗伊斯兰共和国最高领袖。

② 安瓦尔·萨达特（Anwar Sadat, 1918—1981），埃及总统，和平解决埃及和以色列争端，获诺贝尔和平奖，阅兵时被刺。

③ 约翰·保罗二世（John Paul Ⅱ, 1920—2005），波兰籍教皇。

④ 库尔特·瓦尔德海姆（Kurt Waldheim, 1918—2007），奥地利政治家，曾任联合国秘书长。

⑤ 比约恩·博格（Bjorn Borg, 1956—　），瑞典网球运动员，曾排名世界第一。

⑥ 桑贾伊·甘地（Sanjay Gandhi, 1946—1980），印度政治家英迪拉·甘地的兄弟。

**你从哪里得到关于这些人和经验的印象的？**

若你登上月球，月球会是什么样子

从太空看地球，地球会是什么样子

伊朗的政治示威是什么样的

协和式飞机是什么样子

美国总统的办公室是什么样子

无疑，你对这些人物、情景和事件的了解，大部分来自媒介。有些来自电视，有些来自印刷媒介，有些得自其他媒介。无疑，你曾经和其他人谈到过其中一些事情甚至所有这些事情。你可能看到过协和式飞机，或者目睹过教皇约翰·保罗二世访问美国时的风采，或者曾经到场去看博格打网球赛。但很可能，你这些知识的主要来源是大众媒介。

然而，情况并非自古如此。1 000 年以前，地球上的居民一般只知道自己的村子或城市，此外几乎就一无所知。一次就近的登山、一次对远方山谷的眺望，都算是历险，相当于今天的飞机旅行、看晚间电视新闻时的"远游"。彼时，一位行者来到你的村子，谈到 100 英里之外的地方和事情，那是影响重大的事件，比今天新闻周刊的影响更重要。一位游吟诗人周游乡间，吟唱国王和武士的故事，讲述他们在山外的英勇战功。那时，他们吟唱的歌谣就不仅相当于今天的流行音乐，而且还是新闻了。

500 年以前，欧洲水手开始远洋航行，手工印制的书籍问世；若要知道远方的景观或人的样子，唯一的办法就是听别人的描述，或者观赏艺术家的绘画。350 年后，人们才能照相；400 年后，才看到电影；450 年后，才首次看到"实时"转播的画面——事件的发生历历在目。

请记住，人类在地球上至少生活了 10 万年之久。只是到了人类"一天"历史的最后几分钟，上述事件才逐一发生。只是在 10 万年生活中的最近若干年里，我们才把大众媒介当作了解远方的耳目。自此，我们的世界才如此辽阔，距离才如此缩短。几年前在越南发生的事情，或今天在德黑兰发生的事情，或明天亚洲、非洲将要发生的事情，对我们来说都近在咫尺，就像几百年前村民对临村发生的事情的感觉一样。

因此，前文所提的几个知识源头问题绝不是傻瓜问题。这说明，我

222

们的生活方式和我们与环境的关系都发生了根本的变化。有人说，看到阿波罗宇宙飞船传回地球的电视画面——地球这颗"蓝色行星"的图像可能是当代人最伟大的经历。越南战争一些引人注目的电视镜头让国内人民知道，战争究竟是怎么一回事。一名越南军官枪杀一个解除了武装的俘虏，一名美国兵用打火机纵火烧毁一间茅草屋；历史学家猜想，这些画面可能是迫使美军退出印度支那的最重要的因素。此外，毫无疑问，由于媒介的报道和评论，我们对世界的看法从根本上改变了：我们意识到，地球资源是有限的，必须共享；在地球上，一群人的命运和其他所有群体共有相同的命运，因此所有重大问题都必须共同解决。

我们从媒介得到什么知识？从他人和自己的经验中又得到什么知识？显然，离事件或人越远，我们就越是依靠媒介。我们看见本市市长并与他谈话的可能性比较大，见本区国会议员并与之交谈的可能性略小；见本区国会议员并与之交流的可能性比较大，见美国总统的可能性比较小；见美国总统的可能性比较大，见外国领导人的可能性略小。我们也可能常常目睹本地火灾或邻里的事故；但我们仍然有很多次会打开电视看有关的情景，或者读报纸上的详细报道。

若干年来，学者们一直在研究人们是从哪里获得关于选举的信息的。表13—2显示了1952年至1976年美国大选的情况，调查是1976年以后做的。

*223*　　**表13—2　　美国公众得到地方、州、全国大选信息的媒介来源分析对照表（％）**

|  | 各类选举 | 地方选举 | | | | 州选举 | | | | 全国大选 | | | |
|---|---|---|---|---|---|---|---|---|---|---|---|---|---|
|  | 1952 | 1964 | 1968 | 1972 | 1976 | 1964 | 1968 | 1972 | 1976 | 1964 | 1968 | 1972 | 1976 |
| 报纸 | 22 | 42 | 40 | 41 | 44 | 41 | 37 | 35 | 35 | 36 | 24 | 26 | 20 |
| 电视 | 31 | 27 | 26 | 43 | 34 | 43 | 42 | 49 | 53 | 64 | 65 | 66 | 75 |
| 广播 | 27 | 10 | 6 | 7 | 7 | 10 | 6 | 7 | 5 | 9 | 4 | 6 | 4 |
| 他人 | — | 18 | 23 | 23 | 12 | 8 | 9 | 9 | 6 | 4 | 4 | 5 | 3 |
| 杂志 | 5 | 1 | 1 | 2 | 1 | 1 | 1 | 1 | 1 | 6 | 5 | 5 | 5 |
| 其他 | — | 7 | 4 | 5 | 4 | 4 | 4 | 3 | 3 | 3 | 2 | 2 | 1 |
| 总计 | | 105 | 100 | 109 | 104 | 107 | 99 | 108 | 163 | 122 | 104 | 110 | 106 |

资料来源：C. J. Sterling and T. R. Haight, *The Mass Media*：*Aspen Institute Guide to Communication Industry Trends*. New York：Praeger, 1978, p. 277。

注：某些栏中数字相加后超过100是因受访者的回答中有两种来源。

每一位受访者都要回答，关于刚结束的选举，他主要的信息源是什么。如此看来，结果是显而易见的：若以地方选举而论，"他人"是重要的信息（和可能建议）的源头，而报纸则是地方选举时获取信息的主要媒体。在州一级的选举中，电视比报纸略为重要。至于全国大选，电视则比报纸重要得多。换句话说，选举越近在身边，越多的人是靠报纸和朋友及邻居获取信息，选举离得越远，选民就越依靠电视。

*224*

从上表中还可以看出随时间推移出现的一种趋势：各州选举和全国选举对报纸的依靠在缓慢地下降，对电视的使用则在上升。其他人的研究也支持这样的趋势。在 1961 年进行的一次全美抽样调查中，电视首次被认为是"最可信的新闻媒介"。自此，认为报纸是"最可信"的百分比大体保持不变，而认为电视是最可信的百分比，从 39％上升到 51％。[6]与此相似，在 1965 年至 1975 年间，人均看电视的时间每周增加了约 5 小时，而读报的时间则减少了 1 小时。每个年龄段的情况都是如此。20 多岁、30 多岁、40 多岁和 50 多岁的年龄段当中都出现了这样的变化，较大的变化是在老龄组。[7]

就公共事务和重要新闻的信息源而言，为什么人们依靠报纸而不是电视呢？鲁滨逊和康弗斯认为，电视刚推广时，几乎完全被当作娱乐和虚构文艺的来源。[8]然而，随着电视的成熟，它作为新闻源头的作用也成熟了；其新闻报道扩大，新闻图像也日益增多。电视对越战、登月、大选和全国性事件的报道如约翰·肯尼迪总统遇刺的报道出现了，严肃而专业的新闻节目比如《六十分钟》等出现了，这一切都向受众证明，电视已不仅仅是娱乐媒介。鲁滨逊和康弗斯指出，到了 20 世纪 70 年代，电视对报纸的影响才得以彰显，对读报或读书的影响才一望而知了。

然而，尽管有这样的趋势，我们却不能假设，电视已经抢夺了新闻的功能；不能认为，在对远方事件或图像丰富事件的报道中，电视都独占鳌头。显然，电视是直播事件的最好窗口：报纸绝不可能再现月球景色给人的冲击。但除了罕见的例外，电视新闻只是标题性质的，如欲了解更多的事实、获取更多的解释，我们很可能还得靠印刷媒介。同理，如前所述，电视在报道科学研究中的政治因素方面是优势媒介，但假如我们想更多地了解科学本身，一般还得转向印刷媒介。电视的独特优势在于它报道的生动，以及人们对它已有的信赖。

　　还有一个问题：我们对环境的认识，哪些来自他人，哪些来自媒介呢？布拉德利·格林伯格对这一点作了最好的回答；我们引述过他的话，还复制了他的图表。[9]只有很少人和最大多数人感兴趣的消息才是口耳相传的。因此，如果附近有人患麻疹，我们很可能是从邻居那里听到的，而不是从报纸上获悉的，当然也不是从电视上看到的。另一方面，像肯尼迪总统遇刺这种举国关心的惊天大事，也可能是在几小时之内的奔走相告中获悉的。凡是1963年已经在使用媒介的各年龄段的人对此都记忆犹新，都记得肯尼迪总统遇刺时我们是怎样听说这一消息的。调查的结果也表明，我们有一半人最先是从一位情绪激动的人那里听说的，而他才是直接从广播电视获悉这一消息的。总统遇刺，创痛剧深，我们禁不住要告诉别人。与此相似，麻疹病是邻里小事，本地人才感兴趣，用不着找记者报道。在这两个极端之间的大量新闻，我们通常是从各种新闻媒介得到的。换句话说，我们把提供消息的大部分责任托付给大众媒介，并且要求它们为我们提供全世界的信息。这是人类历史上非凡的成就。我们回顾几百年的历史时，这一进展就一目了然了，但这一成就也有其危险。它要求在我们和世界新闻之间设置一位把关人，而世界各地发生的事情是我们无法直接感知的。这位把关人是否尽职尽责？我们观望遥远事件的新闻窗口是否明亮？这是我们和媒介都关心的问题。

## 第三节　媒介的社会化作用

　　所有电视节目都有教育功能，唯一的差别是它在教什么。

　　谁最先说这句话或许不太清楚，但这个观点本身几乎无人怀疑。电视在教室里的有效性是早已公认的，越是看到电视的课堂教学效果，我们就越尊重其教育功能；无论是有意还是无意，也无论课堂内外，我们都尊重其教育功能。对电视教育功能的判断，或多或少也适用于其他媒介。即使习而不察，我们也在向传媒学习。这是一种偶然成就的、无心插柳的、经常意料之外的学习，它使我们学到技能、价值和信念，促成了我们的社会化。再也找不到更好的例子说明社会化过程了。

社会化是成长并进入社会的过程。我们必须学习社会规范，学习我们对社会的期待以及社会对我们的期待；学习什么是可行的、什么又是被禁止的；了解什么人和什么事是重要的，什么样的行为会受到奖赏。

社会化贯穿人生，但重要的是头 20 年。正像罗伯茨（D. F. Roberts）所言，在此期间，全然依赖成人的婴儿成长为自立的成人。[10]婴儿是一块信息空白的场地，等待信息填充；不久，信息就填满了。存储的信息成为作出决定和评判其他信息的基础。儿童学会新颖的、更有效的方法去处理信息，学会如何选择朋友并与其交往；发展新的体能，以便做他想做的事情。在不断的摸索中，他从尝试和错误中学习，学会社会价值和标准。如此，几乎像魔术一样，儿童成长为不再依靠父母的成人，开始考虑求偶恋爱、嫁娶成家、生儿育女，承担为人父母的责任。

媒介在社会化过程中的重要作用久已被公认。当然，媒介并不是唯一起作用的因素。父母是儿童社会化的重要因素，在儿童的婴幼期或许是最重要的因素。以后的因素有兄弟姊妹和朋友，到学龄后还有学校；如果在教会的环境中成长，教会也是社会化的因素；初期的就业与事业中成长的经验、体育之类的竞技活动、与异性的社交经验等等。几乎所有青年的经验都是这种社会化的产物。

还有电视。人们普遍认为，在各种媒介中，电视是在社会化过程中影响最大的媒介。不过，电视不像父母和老师，并非在刻意使我们社会化。固然，儿童看电视的主要动机都是为了消遣，但我们不能低估在消遣中无意学到的很多东西。马歇尔·麦克卢汉曾对一位研究者说："你研究学校里的电视教育是浪费时间；真正的教育在学校外面，是在电视网和电视机中。"在一定意义上，儿童把电视用作娱乐的源泉，其传授功能因此而更加有力。它不会摆出教师爷的样子。它不会指定作业或检查作业，也不举行考试，因此它不会引起抗拒。儿童看电视不是想用

226

功。他们期待的是快乐，而不是被训诫。因此，人生的重要解释从显像管传出来，日复一日，时复一时；在看电视的过程中，儿童不知不觉间学会了很多人生的道理。

比如，他们在电视上看到：

227

青年男女如何熟练而成功地与异性交往。

他们穿着什么服装。

谁是社会里的重要人物。

什么使他们重要。

他们如何获得重要地位，成功以后又怎样行事。

社会上什么工作值得向往。

有钱人怎样生活。

社会对少数族群怎么看。

少数族群离开自己的城市或地区时，社会如何对待他们。比如说，的士司机、招待员或职业介绍所对他们的态度如何。

有暴力倾向的人在社会中的地位如何。

罪犯能否逍遥法外。

警察和侦探怎样行事。

在我们的社会里，什么品格令人尊敬，什么品格又令人鄙视。

我们重申，电视或其他媒介上的信息，并不是来自系统的教育。青年人得到的只不过是电视飘落在受众身上的散落物而已，壮观的电视节目在观众面前巡游，每天三四小时。前文所列的那些问题，电视并不会专门为儿童提供答案。他们看到各种生活情景：什么可行，什么不可行；各色人等的言行举止、穿着打扮，重要人士和成功人士与不重要和不成功的人有何不同。换句话说，儿童观看的是生活，他们往往越来越相信电视上看到的生活画面。

传播学者杰克·莱尔和海迪·霍夫曼在洛杉矶展开调查，受访者是几百名儿童；结果发现，在受访的小学生中，有四分之三的人相信，"如果你在电视新闻中看到过"，那就一定是真的。[11]

孔斯托克在谈到这一发现时说：

进入中学以后，学生常常质疑电视报道的可信度。然而，看电视新闻时，学生不仅在接触报道的事件，不仅在间接了解被放大了的政治，而且还间接产生了对电视的信任。学校处理公共事件时，常强调公认的符号：总统办公室、国会的角色、最高法院的职能，以及立法机构两院制和一院制的优劣等抽象问题。然而，和其他新闻媒介一样，电视也强调异见和分歧：抗议，动乱，罢工，锒铛入狱、含泪忏悔的贪污犯议员，名誉扫地、被迫下台步入直升机的总统……电视并不重复儿童在其他地方学到的东西，电视描绘的是一个冲突、欺诈的世界，常常使儿童感到不安，这个世界和他们朦胧中形成的信念不一致。其必然后果是助长玩世不恭、怀疑一切的态度，使之相信并非一切都是正确、正义的。[12]

228

许多人猜测，到了今天，电视和（可能还有居第二位的）其他媒介在儿童的社会化中特别重要，因为家庭的影响不如上一代。家长对孩子较为放任。家人与亲属尤其与老人来往较少，关系不如以前亲密。人们不再像以前那样忠于一个政党，他们的忠诚关系和投票意向频频改变。经常去教堂的家庭似乎减少了。因此，传递给年轻人的稳定性少了。于是，正如孔斯托克所言，媒介"（在社会化方面）正起着更大的作用，通过传给父母的信息和印象，媒介间接地影响儿童，加上自己的接触，儿童又直接受媒介影响"[13]。

我们并不想造成这样的印象：大众媒介对社会化的贡献一定是不可取的。恰恰相反，其影响未必是坏的。以电视为例，它把儿童带出自己的生活范围和邻里的圈子，让他们看到另外的天地、别人的生活和其他的地方；让他们看到不同的模式，听到不熟悉的观点，从而开阔思路、挑战思想，这未必是坏事。让他们看到可以模仿的行为模式也未必不好。

问题不在于青年人是否有这样的经验——我们知道他们是有的；问题也不在于，他们是否应该有这样的经验。真正的问题是：让他们看到的是世界以及生活于其中的人民的哪一种景象？让他们仿效的是什么样的榜样？鼓励他们期待的是什么样的工作与生活条件？我们没有理由担心电视让他们看到了一个暴力的世界，因为我们知道世界本身就充满着暴力。我们应当关注的是他们是否会看到或经常看到暴力受到奖赏，犯罪者逍遥法外。我们应当担心的是妇女是否总是被电视描绘为配角；例如，1971 年的一个研究报告显示，在广告节目里的 299 个核心人物中，70％的权威是男性，只有 14％的权威是妇女。[14]我们应当关心的是，媒介是否公正地表现了黑人、墨西哥人和其他少数民族；我们应该关心的是，1972 年以后这方面的情况是否有所改进；因为那一年的研究表明，在星期六早晨播送的儿童节目中，60％的节目里完全没有黑人。[15]

一方面，儿童在媒介上花费的时间有助于他们增长见闻、拓宽视野；他们看到了通过其他方法可能永远看不到的遥远的地域和人民，这固然令人满意。另一方面，我们担心，电视让他们看的是何种世界，何种行为，何种标准；这些信息主要不是从新闻中获取的，而是在那些娱乐节目中得到的，他们从娱乐节目中获取各种经验；凭借电视等媒介，他们间接体验、看到的世界与在家里或学校里认识的世界截然不同。我们所知不多，尚难以判断这些媒介经验产生了什么效果；但我们的确知道，青少年看电视、读书、听广播时，他们就在经历社会化的过程，媒介日复一日的影响对他们成年后的生活一定会产生影响。

我们把这些叫作潜移默化，因为媒介的影响不请自来，并非立即就能觉察，也不会一望而知；尽管如此，媒介的强大影响毋庸置疑。我们每天睡觉以外的时间，有四分之一至三分之一用于媒介，也就是说，四分之一至三分之一的生命花在媒介上；我们放弃了换一种方式生活的机会，须知，我们放弃的这部分生命是无法失而复得的。我们不认识媒介把关人，甚至绝不会与之谋面，可是我们却拱手让他们决定，我们应该看到听到远方世界的什么信息。诚然，我们可能永远无法说出，什么时间、什么节目产生了什么特别的效果，但媒介的长期效果伴随我们终生，挥之不去。

**思考题**

1. 你认为，电视能最有效传播的信息是什么？如果你能用电视来传播这类信息，你想要电视报道什么事、什么人？

2. 你大概有一边看电视、听广播，一边做其他事的经验。在这样的情况下，有些节目内容你就注意不到了，忽略的内容占多大比例？哪些内容容易被漏掉？

3. 如果你看过其他国家的电视节目，你对其印象如何？和国内的电视比较，其节目品质是优是劣？娱乐性是高是低？信息功能是强是弱？具体表现在哪些方面？

4. 美国卫生署科学顾问委员会难以决断，他们委托进行的研究是否真能证明表现暴力的电视节目促发了生活中的暴力行为？你认为要看到什么样的证据才能断定真有这样的因果关系？

## 参考文献

For general reading: see the five volumes of the Surgeon General's study reports, E. Rubenstein et al., (eds.), *Television and Social Behavior* (Washington, D. C.: U. S. Department of Health, Education, and Welfare, 1973) especially J. Lyle, (ed.), *Day-to-Day Life Patterns of Children*. Also G. Comstock et al., *Television and Human Behavior* (New York: Columbia University Press, 1978); and G. Comstock, *Television in America* (Beverly Hills, Calif.: Sage, 1980). Also the biennial reports of the Roper Organization on *Changing Attitudes Toward Television and Other Mass Media* (New York: Television Information Office, the most recent volume being, 1979). The most complete compilation of tabular data on the media is C. J. Sterling and T. R. Haight, *The Mass Media: Aspen Institute Guide to Communication Industry Trends* (New York: Praeger, 1978).

[1] G. Comstock et al. *Television and Human Behavior*. New York: Columbia University Press, 1978, pp. 32 – 33.

[2] J. P. Robinson and P. E. Converse. "The Impact of Television on Mass Media Use." In A. Szalai, (ed.), *The Use of Time: Daily Activi-*

*230*

*ties of Urban and Suburban Populations in Twelve Countries*. The Hague:Mouton, 1972, pp. 197 – 212.

[3] Also summarized in J. P. Robinson, "TV's Impact on Everyday Life."In E. Rubenstein, et al. , (eds. ) *Television and Social Behavior, Technical Report of the Surgeon General's Scientific Advisory Committee*. Washington, D. C. : U. S. Department of Health, Education, and Welfare, 1973, vol. IV, pp. 410 – 431.

[4] W. Schramm, L. Nelson, and M. Betham. *Bold Adventure: The Story of ETV in American Samoa*. Stanford, Calif. : Stanford University Press, 1980.

[5] M. R. Levy. "The Audience Experience with Television News. " *Journalism Monographs,* 1978, 55.

[6] The Roper Organization. *Changing Attitudes Toward Television and Other Mass Media,* 1959—1978. New York:Roper, 1979.

[7] Robinson and Converse, *op. cit.* , p. 429.

[8] *Ibid.* , p. 424.

[9] B. S. Greenberg and E. B. Parker. *The Kennedy Assassination and the American Public:Social Communication in Crisis*. Stanford, Calif. : Stanford University Press, 1965, p. 17.

[10] D. F. Roberts. In Rubenstein et al. , *op. cit.* , "Children's Responses to TV Violence,"vol. II, p. 178.

[11] J. Lyle and H. Hoffman. "Explorations in Patterns of Television Viewing by Pre-School Age Children. " In Rubenstein et al. , *op. cit.* , vol. IV, pp. 129ff.

[12] Comstock et al. , *op. cit.* , p. 121.

[13] *Ibid.* , p. 125.

[14] *Ibid.*

[15] B. S. Greenberg. "Children's Reactions to TV Blacks. " *Journalism Quarterly,* 1972, 49, 5 – 14.

# 第十四章　大众媒介比较明显的效果

## 第一节　舆论

《电视与人类行为》（*Television and Human Behavior*）一书断言：
"电视使美国政治剧变。"看来，政界人士和学者都会同意这一判断。[1]
然而，电视并不是第一个影响政治进程的媒介。使民主选举成形、造就
公共舆论并使之成为政治力量的，并非电视；这一结果是靠 300 年前的
首批大众媒介实现的，那时的媒介有新闻和舆论单张及报纸。同理，电
视引起的变革滥觞于电影和广播。因此，电视引起的政治变革，在创造
新的做法上，远不如它造成的差异的程度大。一个政党的全国委员会的
首脑说的一句话，正是这样的意思。他在思考电视的影响时说，政治
"如今成了一种全新的球赛"。

有些观察家评论说，电视出现后的政治实际上已具有"球赛"的特
征。政党候选人提名大会和娱乐演出无异，政党的宣传手法和电视网的
报道大同小异；所有的宣传报道都把候选人当作体育明星，都费尽心机
使之像大牌艺人。尽管有论者认为，电视并不能赢得选举，然而，尼克

松一次 20 分钟的讲话还是获得了小胜。在 1952 年那次著名的讲话中，在对他收受私人赠款的指控进行辩护时，他手指妻子"朴素的"大衣，出示了房产按揭，还让他的名叫切克斯的狗亮相，以显示他的清廉，于是，他成功维护了自己杰出人物的形象，过了那一关，获得全国政界要人的地位。如果没有那次讲话，尼克松很可能当不上副总统或总统。因此，与其说电视改变了比赛规则，不如说电视改变了得分的方法。

或许，谈谈媒介人物、媒介事件和媒介议程设置，媒介效果就比较清楚了。

## 第二节　媒介人物

早在电视出现很久之前，媒介就证明自己具有非同凡响的本领，能够塑造令人倾心的人物。

在狄更斯①时代，他的小说就在报刊上每周连载，并且由横渡大西洋的轮船从英国运抵美国。人们常常雇小艇到纽约港的入口去迎接进港的远洋轮船，以便早些知道最近一期的故事情节发展，了解自己喜爱的人物命运如何。他们叫喊着问站在轮船甲板上的人："小内尔死了吗？"

无声电影到来后，它们造就了从《酋长》（The Sheik）男主角鲁道夫·瓦伦丁诺（Rudolph Valentino）到《美国甜心》（America's Sweetheart）的女主角玛丽·碧克馥（Mary Pickford）再到玛丽莲·梦露（Marilyn Monroe）这一大串性感明星，成就了许多受欢迎的人物形象比如查理·卓别林（Charlie Chaplin）扮演的流浪汉，还有一大批道格拉斯·范朋克（Douglas Fairbanks）这样的游侠和约翰·韦恩（John Wayne）这样的西部牛仔，甚至还创造了牧羊犬莱茜（Lassie）之类的一批动物明星。

电台上的灿烂群星无与伦比：有杰克·本尼（Jack Benny），弗雷

---

①　狄更斯（Charles Dickens，1812—1870），英国小说家，批判现实主义的杰出代表，主要作品有《双城记》、《远大前程》、《雾都孤儿》、《大卫·科波菲尔》、《匹克威克外传》等。

德·艾伦（Fred Allen），鲍勃·霍普（Bob Hope），乔治·伯恩斯（George Burns）和格雷西·艾伦（Gracie Allen）等等，甚至体育广播员格雷厄姆·麦克纳米（Graham McNamee）和星期六中午歌剧节目中米尔顿·克罗斯（Milton Cross）都是全美大名鼎鼎的人物。在 20 多年的时间里，人们每周都跟着广播剧《一家子》（*One Man's Family*）开怀大笑、涕泗横流。

电视出现以后，它接过了广播和电影中的许多人物，创造了它自己的新人物。其中一件事就是把广播和电影里演员的魔力，转移到新闻记者和政界人士的身上。电台在这方面开风气之先。在大萧条的年代里，富兰克林·罗斯福（Franklin D. Roosevelt）在电台上发表"炉边谈话"（Fireside Chats），成为美国广播中最令人熟悉的声音。在第二次世界大战中，温斯顿·丘吉尔（Winston Churchill）的声音团结了英国，正像罗斯福把美国团结起来那样。有些杰出的美国记者因报道即将来临的欧洲大战而名噪一时，其声望仅次于罗斯福和丘吉尔。这些记者有爱德华·默罗（Edward R. Murrow）和威廉·夏伊勒（William Shirer）。事实上，正是由于这种对广播新闻的信任，奥森·威尔斯的万圣节的玩笑才使听众确信外星人入侵，并由此而引起恐慌。奥森·威尔斯把 H. G. 威尔斯的小说《星际战争》戏剧化，以广播新闻的形式描述火星人入侵新泽西州。[2]电台造就的另一个人物是库格林神父①，他每周发表的广播讲话把政治与宗教结合起来，吸引了创纪录的听众，吓坏了一些社会分析家，使其担心这一新媒介被蛊惑之徒利用，造成严重的后果（希特勒对他们的疑问作出了最好的解答）。艾奥瓦州影响最大的一家电台的晚间新闻广播员，虽无政治经验，但凭借其动人的风格，竞选时只差几千票就可以当选艾奥瓦州州长；随后他竞选国会议员，一次次成功连任。

政党开始寻找音质好的候选人，又寻找电视里上镜的人物。约翰·肯尼迪 1960 年竞选总统时，就得力于电视，电视展现了他的青春活力，

233

---

① 库格林神父（Father Coughlin, 1891—1979），美国天主教"电台司铎"，20 世纪 30 年代最早利用广播做弥撒，拥有大批听众，后攻击新教、罗斯福新政、共产主义、华尔街、犹太人，失去听众青睐，被迫停播，所办杂志《社会正义》也被迫停刊。

令人赞赏。当然，他的成功当选并非仅仅归功于电视，但第一次的电视辩论显然是一个转折点，而且证明不了解他的人仍然可以信任他：虽然年纪不大、经验不足，但他仍然可以与副总统尼克松对阵。他还发现，可以利用电视有效地化解对他最有杀伤力的攻击，那就是他的天主教信仰，人们担心选出美国历史上的第一位信天主教的总统。于是，他在电视上重播他与一批新教牧师的对话来消除选民的疑虑。如上所言，电视只是他选举获胜的一个因素，但如果没有电视，他的机会将会少得多。

有很长一段时间，媒介专家成了全国和州候选人的助选人，起初，多半的助选人是报人，后来，广播界人士亦参与助选。艾森豪威尔总统的新闻代表詹姆斯·哈格蒂（James Hagerty）无疑为帮助他连任立下了汗马功劳。哈格蒂以坦率的言辞和高超的手腕处理了关于总统心脏病的新闻。1960 年以后，候选人无不竭尽全力上电视，让选民看见自己的形象，听见自己的声音，必要时还请教专家。1960 年尼克松与肯尼迪第一次电视辩论时那种憔悴的样子，再也不能出现了；福特（Gerald Ford）1967 年在总统竞选中下飞机时险些摔倒的事故，再也不能发生了。不能表现出自信和权威形象的演讲再也不能播放出去了。[3]

正如无数的评论家所言，民意调查、电脑和电视已成为全国竞选中必不可少的媒介。民意调查人员弄清选民关心的问题，电脑一夜之间为候选人及其顾问整理出民意调查结果，电视让候选人有机会就关键问题发表讲话，甚至能使候选人抢在选民意识到这些问题之前出镜。"包装候选人"听起来不顺耳，但已经没有不雅的"阴招"之义，无非就是帮助候选人以最有利的方式来展现自己的形象，表述自己的观点。诚然，在大多数宣传战中，媒介的报道并不会改变许多选民的投票意向，但的确能改变一些人投票的决定，而这些就可能正是关键的选票。"包装"能强化已有的政治忠诚。"包装"能帮助新的候选人、不太知名的政治人物，媒介可以帮助他们打造在公众面前的形象。

选民期待什么样的形象呢？政治学家和老牌舆论专家唐·尼莫（Don Nimmo）说，选民期盼"政治英雄"。[4]他们期望的是成熟、诚实、真挚、有力、活跃、精力充沛、有领导能力的候选人。他们寻找值得赞赏的候选人，其观点和计划能使人分享的候选人。吉米·卡特在总统竞选中与杰拉尔德·福特对阵时，其策略是针对"水门事件"，而不是针对福特，这是推销自己的绝招。他向全国选民表现清新、诚实的形象，一再强调："我别无他求，唯望再次看到，我们这个国家纯洁、诚实、体面、求真、公正，有信心、有理想、富于同情心、有爱心，这就是我们的美国人民。"

曾经为若干候选人当过顾问的吉纳·威科夫（Gene Wyckoff）说：

> 电视观众的脑海里似乎都有一条画廊，墙上挂满了各种画像，有英雄、恋人、恶棍、丑角、父执、喜剧演员以及电视剧里的各色各样的人物。有意无意之间，他们都用脑海里的形象去衡量候选人的形象。[5]

前面谈的大都是候选人如何成为媒介人物。其实，媒介也在打造自己的人物，树立其政治上可信的形象。比如，多年的民意调查结果显示，沃尔特·克朗凯特①是美国最受信任的人物之一。这就提出了一个问题，媒介是如何塑造如此值得钦佩和信任的形象的？与之相比，即使那些在工商、宗教、科学、政界里位高名重的人，也难以得到这样的赞誉和信任。罗珀民意调查（Roper polls）表明，政府在"受钦佩的组织"中地位比较低，而电视界则稳居高位。[6]由此看来，美国英雄座次的重新排列，一定程度上是媒体的报道促成的。

显然，媒体的报道缩短了政治忠诚的时间。终身的共和党人或终身的民主党人未必还有，没有人始终不渝地支持某个政界人士；判断候选人时，看他的今天，而不是看他的过去；看他当前的政治观点，而不看他的党籍。这就为变革之风打开了大门，为政界人士的新闻报道和形象塑造打开了机会之门。毋庸赘言，符合选民和媒介要求的新人物也就看到机会了。

235

---

① 沃尔特·克朗凯特（Walter Cronkite，1916—2009），美国记者、哥伦比亚广播公司电视新闻节目主持人，称霸美国电视界数十年。

# 第三节  媒介事件

　　丹尼尔·布尔斯廷①用历史学家的眼光来审视当代生活，几年前他就察觉到，当下历史初露端倪的潮流之一是大量的"假性事件"（pseudo-events）。这是人为制造的事件，主要用于媒介报道。换句话说，脑子机灵的人不再追随新闻的潮流走，而是在学习如何推动新闻走了。[7]

　　当然，"假性事件"的手法早就有了，比电视的历史长。报纸还是唯一的主要新闻媒介时，管理新闻的工作由"新闻代理人"进行。他们擅长为马戏表演、职业拳击赛等事件张罗，发布特别引人注意的新闻。比如，马戏团到镇上以后，典型的做法是在报上刊登一条六英寸的广告，或者发一条三个段落的新闻。手腕高明的新闻代理人会凭空编造一些"假性事件"以吸引看客。如编造一个"会说话的马"的故事，吹嘘有一种新奇的动物、一头野象或是空中飞人的争吵，吹嘘驯狮员曾参加"美国小姐"的比赛，诸如此类的"事件"多如牛毛，能够使记者写出非同寻常的"故事"，以期吸引看热闹的观众。

　　大多数记者招待会都是"假性事件"，意在使新书作者、竞选候选人或其他委托人引人注目。广播出现后，媒介代理人安排广播采访。当然，广播有天然的优势，因为听众能听到候选人的广播讲话，在一定程度上参与广播的事件或"假性事件"。与第二天才读报相比，听到候选人提名大会正在举行投票更加令人兴奋。所以，许多政治事件都尽量造势，以求最大限度的兴奋和悬念。希特勒喜欢在群众大会上发表广播讲话，凡是听过他讲演的人都感觉亲临现场，他们激动不已，难以忘怀。凡是在选举之夜听到最早选情广播的听众，都会被总统选举的激动与悬念氛围感染。广播媒介使你能"实时"体验竞选，而不是等到第二天才

---

　　①  丹尼尔·布尔斯廷（Daniel J. Boorstin，1914—2004），美国历史学家、博物学家，曾任美国国会图书馆馆长，著有《美国人》（3卷）、《神秘的法学》、《发现者》、《创造者》、《探索者》等。

去补课。电台使你身临其境，广播界也体会到这个作用，于是就制作了重现历史重大事件的连续节目《你就在现场》（*You Are There*）。

电视也打开了一扇大门，而且是更富有戏剧性的大门。在选举日之夜，电视让观众看见热门的消息蜂拥而至，他们看选票的累计、电脑的预测、民意调查人的解说。在电视屏幕上，观众可以目睹著名新闻主持人和政治人物的风采，和广播报纸相比，那就不仅仅是听其声音、读其新闻了。

1960 年以后，政党和政治候选人的竞选经费中，用于购买电视时段和报纸版面的经费大幅增加，大部分经费用于电视广告。长达一小时的讲演和火炬游行对当地选民有效，但这种事件在电视上报道的效果不佳。因此，宣传的模式就必须改变。60 秒钟或 30 秒钟的广告，只要精心制作，由专家安排让候选人回答选民的问题，或由名人出面支持候选人，政治推销就会像商品推销一样效果显著了。纽约州州长纳尔逊·洛克菲勒（Nelson Rockefeller）竞选最后一任州长时，就很倚重这样的电视广告。

然而，媒介经理们还是喜欢用新闻报道来宣传，认为其效果胜于广告时间。这就调动了候选人及其顾问的智谋，使其千方百计来制造"假性事件"，吸引新闻界。当然，这对现任总统有利。以在职总统的身份，他只需宣布举行记者招待会，三大广播网和华府的记者团就会蜂拥而至。他可以在白宫玫瑰园接待一位客人，颁发一枚奖章或一件证书，在办公桌前会见一位外国使节，在白宫草坪登机，去教堂做礼拜，去参加葬礼、婚礼或宴会。所有这些活动都肯定会有新闻报道，而且可能有电视镜头。1972 年的尼克松总统和 1980 年的卡特总统的举措都表明，在职总统无需离开白宫，就可以利用新闻媒介来达到宣传效果。

当然，其他的政治人物一般要花费很大的力气才能争取到新闻报道的机会。奇怪的是，电视成为重要媒体以后，电视时代之前的"假性事件"并没有过时。竞选旅行，握握手的闪电式访问，轻轻抚摸和亲吻婴儿，走访工厂和农庄，与一些团体、劳动者甚至街上的行人短暂交谈，过去这些竞选手段是选民目睹候选人的唯一机会。不过，现在用这些策略时，常常是精心策划、瞄准媒介报道的。候选人在商业中心与四五十

*237*

人握手，可能只有 100 来人看到；然而，如果上电视，露面几秒钟，就会有两万人看见他。候选人向当地的纪念碑献花圈，或访问一位当地的英雄，就会在报纸上或电视新闻中露面。凡是有经验的媒介顾问都有办法和理由造势，总能吸引新闻摄影师到场摄像。换句话说，新一代的媒介事件由过去个人的活动演变而来，过去竞选人要靠自己造势，现在则由媒介代劳了。

的确，大多数媒介事件旨在让选民看到候选人，了解其人格，听他讲或读到一两句他精心准备的话。在造势的场合，详细讨论选举的重大事件是不可能的。这样的媒介事件无疑有助于选民挑选候选人，但未必能帮助选民决定是否支持候选人。毫无疑问，和半个多世纪前相比，能够切身体验全国选举，了解候选人相貌、举止和声音的选民显然是大大增加了。至于这是否有助于更深的了解和更好的选择，则尚待证明。

媒介把小事和"假性事件"放大，在这方面，它始终走在前面，这是由其性质决定的。电视基本上是一种娱乐媒介。电视新闻不得不与戏剧、喜剧、综艺节目竞争。因此，新闻节目主持人感到，提供一点乐趣，尽可能多一点令人兴奋的东西是值得的。因此，最令人激动的、最戏剧性的或最有趣的画面就被选用了。

库尔特·朗格和格拉迪斯·朗格（G. E. Lang & K. Lang）夫妇的研究给人启示，是一个很好的例子。他们对 1951 年道格拉斯·麦克阿瑟（Douglas MacArthur）将军从朝鲜返美时在芝加哥受到的欢迎做了研究。他们分派一批观察员去观察电视对游行的报道，同时又派出一些人去现场观察，游行路线上每隔一段路就派一个人。现场的面对面观察员们感到相当失望。他们等候了很久，车队却快速驶过；至于这位著名将军的风采，甚至难得说是惊鸿一瞥。观众还没来得及欢呼几声，游行就结束了。说不上激动，也没有很深的印象。但电视的画面却截然不同。摄影机架在紧跟将军的汽车上。它们时而对着欢呼的群众，时而转向微笑着的将军，然后又转向另一些欢呼的群众。换句话说，通过欢呼群众的镜头，电视给人一个凯旋式游行的印象。但欢迎群众的体会却是另一回事：厌烦。而室内的电视观众则为之激动。可见，正如朗格夫妇所言，电视观众得到的印象是经过媒体人选择的印象，和电视本身的效果关系不大，和摄影机和摄影师的选择却关系密切。[8]

# 第四节 媒介的议程设置

前文业已指出，若要锁定大众媒介对公共舆论的特定效果，那有困难。而传播学者都试图查证电视对政治态度和投票有何具体的影响，所以这使大多数研究者感到泄气。一方面，电视使政治剧变，其效应一目了然。另一方面，哥伦比亚大学应用社会学研究所对两次总统选举进行研究以后却断言，没有证据显示，除了少数例外，选民是由于听了广播而决定改变投票意向的。[9]为了解释广播的效果，该所的研究人员提出了所谓的两级传播论。该假说是，意见领袖从媒介得到意见和态度，再传给社会中的其他人。如前所述，遗憾的是，这一假设未得到实践的验证，因此不再被当作产生政治影响的主要因素。

然而，讲实际的政治家也好，新闻记者也好，都不愿意接受以下两种观点：（1）媒介对舆论的影响很小，（2）媒介的主要影响是意见领袖通过两级传播产生的。新闻记者和长期研究舆论的沃尔特·李普曼①的《公共舆论》（*Public Opinion*）是研究舆论的拓荒之作，其第一章题名为"外部的世界和我们脑海里的图像"。他认为，把政治世界的图像搬进选民头脑的，主要是新闻媒介。[10]西奥多·怀特②所著的《总统的诞生》（*The Making of the President*）对最近的几次大选作了最好的总结和阐述。在 1972 年那一卷中，他写道：

在美国，新闻业是一种先行的力量。它设置公共讨论的议程，

---

① 沃尔特·李普曼（Walter Lippmann，1889—1974），美国新闻评论家，对美国 20 世纪政治产生了重大影响，在《纽约先驱论坛报》开辟专栏《今天与明天》达数十年。代表作有《政治序论》、《公共舆论》等。

② 西奥多·怀特（Theodore White，1915—1986），中文名为白修德，美国记者、普利策奖得主，抗战期间曾访问延安，采访中共领袖，并与人合著《中国的惊雷》，还著有四本的《总统的诞生》（1951—1980）。

其席卷一切的力量不受任何法律的约束。它决定人们的言论和思想——在其他国家里，这样的力量是专属于暴君、教士、政党和官员的。

*239*　　　　除非新闻界已经为公众的头脑作好准备，国会的任何法案、任何的对外冒险、任何重大的社会改良都是不可能成功的。新闻界捕捉住了重大的问题并将其塞入讨论的议程时，问题就能自动运行、促使人行动了，环境问题、民权运动、越战的清算、沸沸扬扬的水门事件等都是新闻界率先将其列入议程的。[11]

也许是机缘巧合，也许是水到渠成，在 20 世纪 70 年代初，西奥多·怀特所谓设置公共讨论的议程成为有些传播学家和政治学家苦苦思考的问题。政治学家伯纳德·科恩（Bernard Cohen）言简意赅地表述了这一思想。他写道，很多时候，就告诉人们应该思考什么问题而言，媒介可能并不成功，但在告诉人们有什么问题可以思考方面，媒介却是非常成功的。传播研究人员把议程设置的概念用来检验实际的竞选活动。马克斯韦尔·麦科姆斯和唐纳德·肖（M. McCombs & D. Shaw）写于 1972 年的文章，是率先研究议程设置的经验报告。[12]他们有力地证明，在特定时空里，选民关心和讨论的主要问题，正是此间主要新闻媒介里突出的问题。在整个 70 年代，麦科姆斯及其同事继续检验这一观念，试图发现它们何时有效，何时无效。于是，议程设置的新理论浮现出来，总体上看，它似乎比两级传播论更为有用。

议程设置的理论有两个基本观点：（1）媒介必然是报道世界新闻的把关人（不对巨量消息作严格的选择，就不可能做新闻报道），（2）在复杂的政治世界里，人们需要不断定向。换言之，在自己有限的经验范围外，人们需要把关人帮助，方能决定哪些事件和问题值得关心，值得注意。

在处理新闻的每一个阶段，一切新闻媒介包括通讯社、报纸、新闻杂志、广播和电视都设有把关人，都在进行选择。把关人有地方记者、通讯社的新闻编辑、电讯编辑等。每个把关人都不可能采用所有的新闻，都必须进行选择。每个人都要作出自己的决定，这些决定最终都会对政治议程产生一定的影响，这是为阅读、收听、收视的受众提供的议程。因此，每家通讯社、报纸、电台和电视台的新闻编辑部，最终都要达成自己的议程，然后才提供给受众。麦科姆斯指出，各新闻媒介的议程与其新闻来源的议程必然是密切相关的：总统的发言人把总统对当前议程的看法告诉记者；政党候选人决定讲什么，借以传达自己的议程；政府机构、大型企业、工会都有各自的新闻议程，即自认为新闻媒介应该报道的议程。

在有限的范围内，新闻媒介都反映了先前的议程。但只是有限的反映，而不是完全的反映。它们仍然必须选择。它们仍然有机会挖掘出自己选择的事件，决定报道的问题，以便让公众了解。一个戏剧性的例子说明地方媒介可以主动出击挖掘消息，这就是"水门事件"。起初《华盛顿邮报》深挖线索时，遭到了知情人的激烈反抗，但它抓住一点朦胧的线索，连续几月，穷追不舍，硬是把这一消息塞进了其他新闻媒介的议程，最终引起了公众的注意。这家报纸的两名记者伯恩斯坦（C. Bernstein）和伍德沃德锲而不舍、追根溯源，终于使其他报纸、电台和电视的新闻编辑部不得不跟进，于是，诸多媒体协力，成就了当年甚至十年里的重大政治新闻。[13]

研究议程设置的学者一般认为，在议程设置形成的过程中，报纸比电视的作用大。这是因为报纸能较早地介入并推动新闻，且能提供更多的细节。事实上，报纸经常为电视新闻部起到把关人的作用。首先，电视台要对新闻的潜在价值进行评估，然才能决定是否派出摄制组，因为三人以上的摄制组和二三十万美元的器材耗资不菲。然而，新闻发展到推出激动人心的场面时，电视报道就极为生动，电视本身就成为公众议程的有效把关人了。

关于议程设置，还有一点需要注意：议题的熟悉程度决定媒介参与议程设置的程度。关于通货膨胀或捐税这样的问题，麦科姆斯写道：

> ……对这类问题的重要性，受众就没有必要从媒介得到线索。日常生活已提供了充分的经验和信息。至于一些遥远和抽象的问题，如伊朗人质、苏联入侵阿富汗、核扩散之类的问题，媒介就成了我们了解世界的有限窗口了。[14]

# 第五节　广告

241

　　关于媒介比较明显的效果，再举一例，这就是广告。

　　倘若媒介主打的广告无效，那么，美国商界每年 200 亿至 300 亿美元的广告费就打水漂了。最新的一组数据（1977 年）表明，约 100 亿元的广告费付给了报纸，70 亿元付给了电视，50 亿元付给了电台，另外还有不少广告费分散用于杂志和其他媒介。

　　倘若有人能得出相反的结论，证明一切广告研究和广告商自己的一切结论都不对，各种媒介的广告都不起作用，那么，几乎在一夜之间，美国的大众媒介就会发生一个神奇的变化：电视业会消亡；只剩下公共电视，靠政府补贴和私人赞助维持，却失去了工商界的赞助。电台也会消亡。报纸会瘦身，从目前的一大沓缩减到区区 4～8 版。当然，如果公众愿意付费，电视和广播还可以维持一定的规模。如果公众愿意付费看电视听广播，以维持他们习惯的节目水平，每家看电视平均大约要支付 100 美元；听广播要支付 30 美元。这样的收费标准并非不可能实施；但如果要想让美国公众踊跃地承担起失去广告支持的大笔费用，那是不容易的。如果没有广告，要想法维持周日版《纽约时报》重达 3 至 5 磅的篇幅，那简直难以想象。

　　有些观众和读者不会因为失去广告商感到遗憾，电视观众尤其不喜欢节目插广告；许多人觉得，和新闻及娱乐节目相比，广告是太多了。但 1978 年一次全美的抽样调查显示，78% 的人认为，"为了能看电视，电视插播广告是公平的代价"。然而，儿童一年看 2 万次商业广告，平均每周看广告的时间长达 3 小时，这样的代价总会使为人父母者心有不甘。在这次抽样调查中，三分之一的人说，希望完全取消儿童节目中的广告；有一半人说，宁可减少儿童节目，也要取消广告。[15] 至于报纸广告，大部分受访者并没有表达出如此强烈的不满情绪。两种广告的情况不一样。看电视听广播时，除非关机或换台，否则你无法摆脱广告。印

刷的广告却是另一回事，读者可以挑选，可以决定看多看少。他们并不 242
反对周日刊塞满广告，重达几磅，因为新闻、社论、特稿与广告如影
随形。

　　媒介各有不同，所以其广告必然不同。报纸广告跟随新闻的模式，
报道大减价、大甩卖、新产品。家庭主妇像浏览新闻标题一样浏览杂货
广告，许多人把分类广告当消息看，寻找想要购买的东西。而电视广告
要在短短的 30 秒到 60 秒钟的时间（因为广告时间太贵）里把一个品
牌、一种观念、一种兴趣灌输进观众的脑子里。饮料或香烟的牌子、商
店的招牌、产品的名称、节目上演的时间，都要在观众的脑海里打上烙
印。比萨饼的香味、冰镇啤酒的醇美，都要储存在记忆中。为了使记忆
愉快而生动，广告推销的商品就必须和愉快或兴奋的事情产生联想。观
众在电视广告中经常看到俊男美女，其道理就在这里。一种牌子的油漆
广告经常和乔治·华盛顿或托马斯·爱迪生等名人的漂亮房屋放在一
起，其道理也在这里。同理，这就是为什么广告会尽可能配上上口的歌
词、优美的旋律或诱人的口号。

　　当然，广告商不会仅仅满足于观众记得一个名字、一件事或一种口
味，他们要敦促观众买自己的产品。一切广告的目的都是刺激购买。然
而，广告商又能做什么呢？时间仅有数秒钟，观众和听众可能会心不在
焉，任何广告都处在其他广告的包围之中，观众可能因为看娱乐节目受
到影响而厌恶广告——在重重困难面前，广告商能做什么呢？只不过能
促使观众在购买的方向上迈出第一步。假如广告能让观众记住，天热时
（或者冷天在炉火前等）冰镇啤酒的味道不错，那么，他们想喝啤酒时
就有可能去买这个牌子。再进一步，假如广告让观众记住××牌啤酒，
他们买××牌的可能性就大一些，不太熟悉的牌子的机会就减少了。倘
若广告能激起观众对一辆汽车、一台电脑、一件家具或是一双跑鞋的兴
趣，这个念头就可能在观众脑子盘桓，他考虑购物的想法达到一定程度
并步入一家商店时，这个牌子就有相当大的机会成为他猎取的目标。倘
若广告商能让观众记住代言人的品德、性格和才智等良好的形象，那是
值得付 30 秒钟的广告费去推销的。

243 　　电视广告已成为一种艺术形式。它可能是当前最昂贵、制作最精心、研究最仔细、最被充分反复测试的节目。1980 年，迈克尔·阿伦（Michael Arlen）出的一本小书《三十秒钟》（*Thirty Seconds*）[16]就讲述了这种广告的制作过程。它介绍了美国电话电报公司如何打广告以鼓励人们打长途电话。广告由一家大公司设计。广告公司就广告主题和内容展开研究长达一年之久，然后才把广告的制作交给一家专门的公司。其创意是消除打长途电话使人不快的顾虑：话费高、报告坏消息等等，并用轻松的心情取而代之："有趣，容易，便宜。"这一广告的配曲、配词言简意赅："伸伸手，触摸你要想说话的人；伸伸手，说一声'你好'。"广告聘请了作曲家、交响乐队和歌唱家演奏、歌唱和录音。广告的画面由一系列的镜头组成：一名士兵在军营里给妈妈打电话；一个黑人女孩和一个白人女孩一边倒立着做瑜伽，一边打电话；一位比赛时被打掉门牙的著名曲棍球运动员在更衣室打电话，边打电话边咧嘴笑，接电话的儿子正在换牙齿，他也咧着嘴笑；如此等等十来个人物，五个镜头。他们都伸出手去拨电话，不是传达坏消息，而是表示爱。到了录制的时候，制片者对只露面表演四五分钟的演员进行了精心挑选，就像星探为电视连续剧挑选明星一样。为了挑选两个倒立做瑜伽的女孩，他们让 200 多个候选人试镜。他们确保每一格画面都引人入胜，无论是运动员的更衣室还是纽约的公寓房。为了在一个场面中加一点特殊的情调，他们雇了一只受过特殊训练的猫。一个女孩打电话时，猫要叫着走过画面；但猫不太听使唤，所以这个镜头拍了一次又一次，直到这只猫在恰当的时间地点经过画面。一个 30 秒钟的广告就是如此这般制作出来的。因此，制作效果好的半分钟广告，成本要 5 万美元，而整个黄金时段节目的成本才不过 10 万美元，BBC 为英国开放大学制作的纪录片要价 2 万美元，就不足为奇了。

　　人们援引最多的"电视广告怎样起作用"的模式是一种理想化的模式，这是拉韦奇和斯坦纳（R. J. Lavidge & G. A. Steiner）1961 年提出
244 的。[17]它与其他劝说模式类似，尤其与采用—扩散论模型和卡特赖特的说服论模型类似。虽然如前所述，一则 10 秒钟的广告的效果只不过是

使观众走出第一步，但拉韦奇和斯坦纳这个模式却显示出，观者如何从发觉这一产品起步，再通过倾心该产品的一步，走到激发购买欲望的最后一步。下面就是拉韦奇和斯坦纳的模式：

| 效果类别 | 走向购买的过程 |
|---|---|
| 认知：思考阶段，<br>广告提供信息和事实 | 觉察<br>↓<br>知道 |
| 情感：情感阶段，<br>广告改变态度和感情 | 联想<br>↓<br>偏爱 |
| 意动：动机阶段，<br>广告激发或指引购买欲望 | 确信<br>↓<br>购买 |

把这个理想化模式拿到广告造势中去检验时，结果常常没有那么完美。许多人并没有走过模式的所有阶段。有些人不用多少信息就购买了；有些人并没有多少态度变化的迹象；有些人比较随意，并不相信这就是他们非买不可的心仪产品。当然，美国电话电报公司那一则"伸伸手"的广告并没有试图让观众走完所有的阶段，目的不外是播种。广告本身只是整个过程的启动器而已。

从某些方面看，还有一个更好的例子胜过商业广告，这就是对所谓的公共服务的研究。这就是社会学家罗伯特·默顿对流行歌手凯特·史密斯①的"公共服务"进行的分析，她在第二次世界大战时期为劝购战争公债进行了"马拉松"广播。[18]和任何商业广告一样，这次广播设计精巧，旨在促销，不过她促销的是政府战争公债。该节目长达 24 小时，是"马拉松"式的促销，史密斯小姐频繁地在电台上鼓动，但她不用 24小时不间断广播。由于这个节目时间很长，所以就能够推动走在购买路上各个阶段的听众。

---

① 凯特·史密斯（Kate Smith，1907—1986），美国歌唱家，有"南方歌后"之称，作品有《上帝保佑美国》、《月亮照在山上》等。

245  　　由于精心策划，这个节目如愿以偿。挑选史密斯小姐就是经过仔细
斟酌的。一些造势者可能会挑选一位性感偶像或一位选美皇后。而史密
斯小姐并不那么迷人；不客气地说，她有点胖，已近中年。但是，策划
者相信，而且后来默顿的随访也证实，她展现出一种异乎寻常的忠厚形
象。选择她的理由是容易理解的。这一清新形象使她有别于伶牙俐齿的
推销员，令人信赖，使她与听众的关系畅通无阻，买国债的人不会"小
心提防"。

　　况且，她是受欢迎的歌手。数以百万计的美国人每周听她的节目，
跟着哼她演唱的主题曲《月亮照在山上》（*When the Moon Comes over
the Mountain*）。因此，只要她上广播节目，就可以确保大量的听众。

　　这台节目充分利用了以上优势，集娱乐与"业余"推销为一体，属
混合型。节目设计时就考虑让史密斯小姐尽量长时间地上节目做动员，
这对她的体力和毅力构成挑战；许多人一直收听下去正是出于对凯特·
史密斯的同情，他们想知道她究竟能坚持多久。

　　节目的风格十分理想，符合策划所决定的讯息主题：牺牲。史密斯
小姐在"牺牲"。她不要报酬；出于爱国动机，她承受着严重的体力考
验；购买公债的人觉得，他们在和她一道作出牺牲。

　　她发出的许多讯息是呼吁牺牲。其他的许多讯息是"群策群力"：
忘却个人分歧，共同为美国而奋斗！听众难以忘怀，他们是在同凯特·
史密斯共同努力，共同牺牲，以让士兵平安回家。令人惊奇的是，很少
有人考虑购买公债的经济问题；策划者不试图证明这是回报不错的投
资，他们避开斤斤计较的盘算，使劝购的主张始终充满爱国热情。

　　在战时，劝购公债不会激起认识上的阻力，爱国的价值高于一切。
许多听众本来就打算买公债；在受访的 75 人中，38 人已经致电一家电
台，保证要购买公债，他们始终热情洋溢地收听广播，听广播之前就准
备购买公债了。对这些人而言，节目的效果仅仅是催化剂，推动已经作
出的决定。在 75 人中，有 28 人受气氛感染，但尚未决定购买。在这 28
人身上，史密斯小姐似乎成功地唤起了激情，使他们内心不安，觉得在
246  买与不买之间摇摆是不妥当的。有一小批人不太注意史密斯小姐的观

点，但还是决定要购买。对这些人，节目的效果只不过是提供了适当而简易的方法，便于他们实现已有的意向。他们可能更多考虑经济回报，也可能是史密斯小姐的崇拜者，容易受到她呼吁的影响。我们可以认定，这里起作用的机制与其说是唤起良心或改变决定，不如说是唤起了他们与明星认同的心理。

最后，还有人数更少的一批人，75 位受访者里的 3 个人，或 4％的人。在节目之前，他们不大动情，也没有决定购买公债。这些人明显地是经历了一番真正的回心转意。节目使他们感到不安，他们原先的立场和他们正在吸收的新观念之间产生了矛盾；动情以后，他们觉得要改换立场，采取行动。这一效果接近真正的变化和"改宗"，是节目的成就。至于那 72 人，节目的效果是：引导他们步入行动的道路，节目的诉求和他们原先的观点和感觉并不是不协调的。

这一劝购节目不仅精心策划了主题，凸显了史密斯小姐的人格，而且注意使认购手续简单而便于直接行动。认购者只需打个电话，自报家门，说清地址和认购数额，就有机会得到一个额外的奖赏：史密斯小姐将在广播中宣布他们的姓名，表示感谢。如果愿意，写封认购信也可以。认购时无需立即汇款。

再者，认购的行动被放进了时间的语境。在这次"马拉松"广播中，史密斯小姐能争取到多少人认购呢？在这个晚上认购，就可以支持她的努力，使她可能打破纪录，为她增光，而凯特也正在为他们增光。

事后看来，这一节目非常成功，史密斯的劝购活动很有技巧，设计周详。然而，值得指出的是，效果固然蔚为壮观，但大多数的变化本身并不那么令人眼前一亮。认购者身上的变化只是程度的变化，而不是 180°大转弯。

# 第六节 媒介对经济和社会发展的作用

近年来，大众媒介应邀参与社会经济发展，其中最富有戏剧性的一幕，当是在大约 50 个所谓欠发达国家（less developed countries）参与经济和社会发展工作。

247 　　在这些国家或地区，人口平均收入以 1971 年的美元计算，每年仍在 300 美元以下，其中许多国家在 100 美元以下。而发达国家人均收入约为 2 500 美元。在这些欠发达国家里，人口的预期寿命要比别的国家短 15 年；食物所含热量只及发达国家的 80%；务农的人口大约占三分之二，而发达国家只有五分之一，美国则不到 10%。欠发达国家中，平均约有 30% 的人是文盲，而发达国家的文盲不到 10%。

　　20 年以前，工业化的西方国家和工业化的非西方国家如日本，对这些不那么幸运的国家寄予厚望。它们愿意让欠发达国家分享他们的经验，输出工业、农业和通讯中最有效的技术，以帮助欠发达的国家获得与自己类似的大发展，而且不像西方那样花费几个世纪的时间，而是在几十年间达成这样的目标。提供资金的发展银行已经建立起来了，有雄厚资金的援助机构如美国的国际开发署成立了，这些机构的功能是督导技术的转让。[19]

　　20 世纪 60 年代中期，檀香山的东西方文化中心举行了一次国际会议，学者和发展问题专家济济一堂，报告了早期的一系列成功故事；失败的也有，但为数不多，气氛非常乐观。然而 10 年后，在同一地方举行的类似会议上，气氛却截然不同了，与会者显然更加忧郁。西方技术转让的效果不如预期。西方资本密集的工业化模式在欠发达国家的成效也不如预期。诚然，许多欠发达国家的平均国民生产总值如预期的那样有所增加，发展中国家的出口增加了一倍；然而，那一点点发展成果并没有像预期那样，向下渗透，惠及平民，贫困者和无地者并未受惠。而且，人口迅速增加，几乎耗尽了增长的那点平均收入，识字者的百分比上升了，但由于人口的增加，发展中地区的文盲实际上比 10 年前还要多。

　　关于发展项目的报告，也不像 10 年以前那样有利。美国政府慷慨
248 援助美属萨摩亚，开通了 6 条电视频道，派遣了优秀教师，大约 7 000 名儿童上学了。起初颇有成效；稍后，由于教师的抵制，加上官僚主义

问题，高年级的电视教学被取消了。岛民的兴趣从教育电视转向娱乐电视；每天晚上，三个频道都转播美国三大电视网的节目，很受观众欢迎。起源于加拿大的"乡村发展广播座谈"在印度的 150 个村庄示范时，效果显著。后来，印度试图把这个计划推广到 25 000 个村庄时，结果却大不一样，这一革新就虎头蛇尾，不了了之。推广新稻种的"绿色革命"发轫时，很有希望，在印度北方如旁遮普邦推行时发展得也很好。但许多农民发现，他们没有资金和土地去搞"绿色革命"。少数国家和地区如韩国、中国台湾、新加坡和中国香港，由于完成了农业革命，正走向工业化，实现了繁荣。然而，对大多数欠发达国家而言，到 20 世纪 60 年代，情况业已证明：

（1）任何"西方"发展模式都不可能适合所有的发展中国家，实际上，每个国家都需要它自己的发展模式；

（2）对欠发达国家而言，典型的发展模式是，寄望于劳动密集型的战略，把重心放在农村而不是城市，不能搞西方那种资本密集型的发展；

（3）技术的转让要扎根于本土的活动，要满足本地人的愿望，而不是依靠外部的鼓励，否则，技术转让就可能成效不彰；

（4）因此，从大城市向农村辐射的传播系统固然需要，因为它给予指导，但这还不够，还必须开通良好的渠道；除了自上而下的渠道，还需要自下而上的渠道；尤为重要者，在所谓发展中的人之间，还必须有横向的渠道；

（5）此外，无论传播系统的技艺多么高明，它都必须加以整合，必须与专门知识、资源和设备结合起来，才能够推动并加快发展。

因此，到 20 世纪 70 年代中期，发达国家和发展中国家都在重新审视发展的问题。欠发达国家问：我们究竟要向什么方向发展，达到这个目标的最佳途径究竟是什么？工业化国家问：既然现有的记录绝非完全成功，我们能提供的最好帮助是什么？1975 年，一位第三世界的发言人在一次发展会议上说："我们需要你们的帮助，但我们必须走自己选择的道路，而且主要是靠自己的努力来发展。"

然而，这种令人灰心和失望的经验给了我们一个反思的机会：在实现社会变革中，大众媒介能做什么，不能做什么。以下是一些正在浮现的结论：

249

（1）除非与经济、技术、社会的支持计划相结合，否则媒介本身几乎会一事无成。媒介能够灌输事实，提出建议，为人们考虑问题"设置议程"，但若要实施变革，媒介就必须鼓励人们去学习新的方法，并帮助人们将其用于实践。

（2）有了经济、技术、社会的支持保证以后，媒介就可以发挥"巨型扩音器"的作用，把中心站的声音传达到乡村（否则中心的声音是不大容易听到的），宣传造势，协助组织运动，使人集中注意需求和机会。换句话说，媒介可以扩大传播的范围，加快传播的速度。

（3）媒介可以达到人力资源缺少的地方，给没有教师的偏远地方提供远程教育，为医疗和农业技术人员训练不足的地方提供急需的专家指导和资讯。即使在那些有卫生和农业服务的地方，媒介也可以用特别的资讯提供支持。甚至在农业推广工作发达的国家比如美国，媒介也可以施以援手，比如广播节目《全国农业与农家时刻》和地方报纸的农业副刊。

（4）然而，即使有这些支援，也需要本地人大量主动的活动，媒介才能发挥有效的支持作用。许多国家建立了远程教育体系，为那些没有学校的边远地区提供基础教育，但为了使之发挥作用，各地首先要组织自己的学习小组，由主席和监管人负责。广播曾被用于有效地帮助"乡村发展广播座谈"的讨论小组，但其前提是，必须有一位推广员或本地村民来组织小组讨论，而且这些小组要有负责人。在没有老师的偏远地区，澳大利亚也曾经用广播来给学童授课。其做法是：父母合作，把儿童集中起来，学习广播课程，进行讨论。在英国，成人早晚在家里收听开放大学的广播课程，他们发现，必须非常勤奋才能学好这些印刷和广播的教材，所以常常利用一切可能的机会聚在一起学习，或是向一位老师请教。成功的社会变革计划必须有地方活动的配合；在这方面，大众媒介本身所能做的事情不多。不过，一旦地方活动组织起来以后，大众媒介还是能够给予支持和鼓励。

（5）由于发展计划越来越意识到自身对地方活动的依赖，因此它们越来越多地使用小型媒介而不是大型媒介。这就是说用广播而不是电视；用幻灯、小电影、图片，而不是电影；用油印材料或黑板报，而不是印刷品；用无线电收发机或普通收音机，而不是广播电台。在适当的时机，用民间媒介比如木偶戏、故事性的舞蹈、民歌等，而不是正规的媒介。在发展中国家里，除了口耳相传之外，收音机仍然是主要的信息渠道。小型媒介特别适合不同地区的不同需要，适合地区内的横向传播。发展计划使用媒介的另一趋势是将大型媒介用于较小的目的，例如，因为阿拉斯加偏僻地区和大城市相隔数百英里甚至数千英里，那里的医务人员就使用卫星的双向传播和大城市的医生交流。

（6）由于点到点的传播在发展计划中变得越来越重要，因此双向传播也更为可取。例如，澳大利亚乘飞机出诊的医生在悉尼和偏僻地区之间工作时，就使用双向无线电话；南太平洋大学在给边远小岛的学生授课时，就使用 ATS—1 卫星进行双向通话。

（7）用大型媒介如电视、电影双向交流有一定的困难，但它们在赋予地位、奖励成就、集中注意方面的效应却是很明显的。略举几例，如让一位地方农业顾问上电视或电台，显然可以抬高他的地位。如果地方性的计划受到媒介的称赞，那是相当大的奖赏。在媒介上发布的信息，显然有助于为新的运动造势，有利于新的诊所运作，能为推销新的农产品提供新的机会，如此等等。

（8）媒介可以宣传共同的观点、全国性人物或民族的象征，这有助于人民的团结与合作。在新兴的国家，在社会、政治或宗教利益存在分歧的国家里，这样的宣传有利于人民的团结与合作。

（9）长期以来，发展中国家和一切关心社会变革的国家都看到了"反馈"的必要，都需要了解社会运动传播的效果。如今，它们又感到"前馈"（feedforward）的必要；换言之，"前馈"需要的报告不是当前的运动进展如何，而是该运动有何需要。获得反馈的手段广为人知；在设计一个社会运动时，凡是有经验的传播者都会确保计划书里制定有关

*251* 反馈的条款。"前馈"的思想更需要独创性。凭借媒介获取"前馈"的办法有：关于地方活动和需要的讨论小组；演示本地发展计划的图文并茂的报告或口头的报告，加上当地观察者的评论；报刊的读者来信；如此等等。

### 思考题

1. 有人说，人们信赖电视新闻是因为他们能从中看见报道的事情。这样的说法有道理吗？

2. 如果你想了解政治候选人的情况，你可以与人交谈，也可以从传媒获取信息；二者相比有何不同？

3. 看过体育比赛以后，人们为什么还要看报上的评论？

4. 同是广告，为什么你对不同媒体上的广告的反感会有差别？哪一种广告最讨厌？哪一种最不讨厌？你有何建议，以便使之不那么令人讨厌呢？

5. 如今人们认为，村庄或社区的地方活动对发展计划的成功非常重要。为什么？

### 参考文献

In addition to the books listed in Chapter 13, let us suggest D. Boorstin, *The Image—A Guide to Pseudo-Events in America* (New York: Harper & Row, 1961); W. Lippmann, *Public Opinion* (New York: Macmillan, 1922); and D. Nimmo, *Political Communication and Public Opinion* (Pacific Palisades, Calif. : Goodyear, 1978); also the reviews by D. O. Sears in the two Handbooks listed in the References for Chapter 11.

For a start on the very extensive literature on advertising, try H. E. Krugman, "The Impact of Television Advertising: Learning Without Involvement," in W. Schramm and D. F. Roberts, (ed. ), *The Process and Effects of Mass Communication* (Urbana: University of Illinois

Press, 1971)pp. 485 – 515.

[1] G. Comstock et al. *Television and Human Behavior*. New York:Columbia University Press, 1978, p. 311.

[2]See H. Cantril, *The Invasion from Mars*. Princeton, N. J. :Princeton University Press, 1940.

[3]For an entertaining account of this process, see D. Nimmo, *The Political Persuaders*. Englewood Cliffs, N. J. :Prentice-Hall, 1970.

[4]D. Nimmo. *Political Communication and Public Opinion*. Pacific Palisades, Calif. :Goodyear, 1978, p. 378.

[5]*Ibid*. , pp. 377 – 378.

[6] The Roper Organization. *Changing Public Attitudes Toward Television and Other Mass Media*, 1959—1978, New York: Television Information Office. 1979.

[7]D. Boorstin. *The Image—A Guide to Pseudo-Events in America*. New York:Harper & Row, 1961.

[8] G. E. Lang and K. Lang. "The Unique Perspective of Television : A Pilot Study."*American Sociological Review*, 1953, 18, 3 – 12.

[9]See Lazarsfeld et al. , *The People's Choice*;Berelson et al. , *Voting*;Klapper, *The Effects of Mass Communication*. Cited in References in Chapter11.

[10]W. Lippmann. *Public opinion*. New York:Macmillan. 1922.

[11]T. White. *The Making of the President*, 1972. New York:Macmillan, 1973, p. 327.

[12]M. McCombs and D. Shaw. "The Agenda-Setting Function of Mass Media."*Public Opinion Quarterly*, 1972, 32, 176 – 187.

[13] See C. Bernstein and B. Woodward, *All the President's Men*. New York:Simon & Schuster, 1974.

[14] M. McCombs and D. Shaw. "An UP-to-Date Report on the

Agenda-Setting Function. "Paper for International Communication As-
sociation meeting at Acapulco, May 1980, p. 25.

[15] Roper Organization, *op. cit.*

[16] M. Arlen. *Thirty Seconds*. New York: Random House, 1980.

[17] R. J. Lavidge and G. A. Steiner. "A Model for Predicting Mea-
surement of Advertising Effectiveness. " *Journal of Marketing*, 1961,
25, 59 - 62.

[18] R. K. Merton. *Mass Persuasion*. New York: Harper & Row, 1946.

[19] See W. Schramm and D. Lerner, (ed. ), *Communication and
Change in the Last Ten Years—and the Next*. Honolulu: University
Press of Hawaii, 1976, pp. 6 - 14 and passim.

# 第十五章　信息革命

大多数已经进入发达阶段的国家可以称为后工业化时代的国家。这些国家有欧洲和北美各国、日本和其他一些国家。在过去的几百年里，它们经历了四次社会革命：

政治革命：权力分配更加规范，而不是集中在几个家族和一个特权阶级的手里；一些国家摆脱了殖民政府，获得了解放；

教育革命：大多数人学会了读书写字，如有能力，很大一部分人能获得比较高的学历；

农业革命：把土地按经济效益好的单位配置，引进了新的农业技术，从而为更多的人生产出更多的热量，并把大多数农业劳动力解放出来，转移到工商业；

工业革命：用新能源代替体力劳动，采用机器，加速了生产，创造了快捷运输和远程通讯。

在大多数地方，这些革命既没有暴力，也没有流血，但所有这些革命带来的变革都蔚为壮观，人的生活方式和社会形态都发生了惊人的变化。

现在，我们发现或者说我们相信，我们正进入另一场社会革命。有些当代史史学家称之为"信息革命"，另有人称之为"信息时代"。但越来越多的观察家把如此深刻的变化看成革命，把信息看成后工业时代的主要力量源泉，正像土地、能源和机器是过去农业革命和工业革命的主要资源一样。

在前面的各章中，我们探讨了人类传播的现状。这一传播体系历史悠久，所以我们能探讨其模式，研究其作用，检视其社会控制的性质，考察传播的对象以及传播的效果。到这里，我们必须了解，前文所谈的过去的一切，只不过是一个新时代的序曲。诚然，在这个新时代里，人类传播的基本性质不会改变，但传播的社会体系很可能和历代的体系大不相同。

我们总是容易低估新传播技术的效果。通讯卫星之父亚瑟·克拉克①退休定居斯里兰卡之前不久，在一次谈话中转述了英国邮政总长安东尼·韦奇伍德·本爵士（Anthony Wedgewood Benn）同他讲过的一件轶闻。安东尼爵士说，在一个世纪以前，邮局的总工程师应召到议会作证，在问他对美国新发明的电话有何评论时，他回答说："阁下，没有评论。美国人需要电话，但我们不需要。我们有很多信差。"克拉克对此补充说，倘若1450年有这样一个委员会要审议谷登堡的发明（活字印刷术），评判其是否值得开发，那么，委员会的决定可能就是不再拨款支持——委员会的裁决有完全合乎逻辑的理由。委员会可能会说，尽管他们承认金属活字印刷是聪明的主意，但它不可能大规模应用，因为识字的人太少。[1]

因为身居现代传播技术之中，所以我们很难理解这种新技术在人类经验中新到什么程度。克拉克作了这样的说明：

> 如果你向本杰明·富兰克林、伽利略、列奥纳多·达·芬奇和阿基米德这些跨越了2 000年的人物展示柴油机、汽车、汽轮机或直升机，他们都能理解这些机器的工作原理，谁都不会有困难。实

---

① 亚瑟·克拉克（Arthur C. Clarke，1917—2008），英国科幻小说家，科幻文学三巨头之一，有著作60余部，要者有《童年的终结》、《城市和星星》、《2001：太空探险》、《与拉玛相会》、《天堂的喷泉》等。

际上，列奥纳多会发现，其中的几种是他在笔记中描绘过的。但看到这些机器的材料与工艺，他们还是会感到吃惊，因为其工艺之精湛近乎神奇。然而，短暂的惊叹后，只要不深究那些辅助的控制系统和电力系统，他们还是会感到非常自如。

　　但倘若他们面前是电视机、电脑、核反应堆、雷达，那就是另一回事了。这些设备太复杂，此外，本世纪之前出生的人都无法理解其元件。无论他们受过多少教育、多么聪明，他们都不可能拥有如此广博的智力结构，都不可能理解电子束、半导体、原子裂变、导波器和阴极射线管等概念和元件。[2]

可见，我们正面对世界上出现的新事物。看来，我们可能会进入一个全新的、截然不同的时代。这个新时代有什么标志呢？

# 第一节　新时代的标志

## 第一个标志：新传播技术的爆炸

我们生活在 20 世纪 40 年代三个非凡年头的荫庇之中。1945 年，克拉克在英国广播杂志《无线电世界》（*Wireless World*）上撰写了文章《太空中继站》（Extra-Terrestrial Relays）。这篇短短 4 页的文章以惊人的预见提出了通讯卫星的构想，并展望了其潜力。1946 年，冯·诺伊曼①论述现代计算机理论的历史性专著问世；此后制造的每部计算机都遵循冯·诺伊曼提出的模式。1947 年，贝尔电话实验室的巴丁（Bardeen）、布拉顿（Brattain）和肖克利（Shockley）三位物理工程师发明半导体，并荣获诺贝尔奖。

　　可惜，在估计自己想法的前景时，这些先知太保守了。克拉克在给《无线电世界》编辑的信中写道，通讯卫星还只是一种想法，其时代可

---

　　① 冯·诺伊曼（John von Neumann, 1903—1957），匈牙利裔美国数学家，对量子物理、数学逻辑和高速计算机均有贡献，著有《量子力学的数学基础》、《冯·诺伊曼全集》（6 卷）。

*256* 能要等 50 年，大约 1995 年才会到来。实际上，苏联的第一颗人造地球卫星 1975 年就入轨了，离那篇拓荒的文章问世才 12 年；以后不到 10 年，世界范围的卫星通讯系统就用上了。冯·诺伊曼的文章发表后不到一年，首批大型计算机就造出来了。半导体一问世，一切电子设备就开始微型化了。

通讯技术发展之快真是令人难以置信。1945 年，它还仅限于一篇文章的理念，1957 年 10 月就有了一颗小型的人造卫星。从 1957 年到 1980 年，大约 25 000 颗人造卫星和太空探测器已经升空。1980 年就有了两个国际卫星通讯系统，6 个地区系统，6 个军事系统，8 个全美系统，还有大量用于特殊目的如航空导航、气象预报和数据转播的卫星和卫星系统。102 个国家已经签署了协议，合作使用最大的卫星通讯系统——国际通讯卫星。

计算机以同样的速度发展着。第一台大型电子计算机是在冯·诺伊曼的专题论文发表的同一年制成的；一位分析家说，和一部现代化的计算机相比，第一台电子计算机只能算是一把"算盘"。[3] 美国科学院 1970 年的一项研究估算，没有计算机，一个人做 1.25 亿次运算的费用是 1 250 万美元。给这个人一部手动计算器做同样的工作，费用是 250 万美元。在第一台电子计算机上做 1.26 亿次运算，费用是 13 万美元；用 1970 年最快的电子计算机运算，费用仅为 4 美元！然而，和现代化的计算机相比，连 1970 年最快的电子计算机也像是乌龟爬行的速度了。

继半导体之后，固态技术的发展随处可见，从半导体收音机到通讯卫星。半导体是小元件，替代真空管以后，许多电子设备就微型化了。另一种固态元件是芯片，小如指甲，可用作小型计算机的储存器，用作计算的线路。现在已有了储存量达 64 000 比特的芯片，到 1985 年，芯片的容量可达 100 万比特。10 年前，马奎德公司的航天部估计，固态电子技术发展以后，有望把过去 1 万年里记录的全部信息储存在长宽高各 6 英尺的方块内。克拉克惊奇不已，他说，这就意味着"不仅过去印制的书籍，而且一切语言记录的东西，包括纸张、莎草纸、羊皮纸或石

头上记录的一切东西"，都可以储存在芯片上。[4]也就是储存在长宽高各
6 英尺的方块里，即 216 立方英尺内。信息科学家们可以设想，把整座
整座图书馆的信息储存起来，使之唾手可得；用手表式的微型电台（像
科幻连环画预言的那样）和世界各地的任何人通话；设计出复制人、挑
战人的智力的智能机——这些又何足怪哉！

### 新时代的第二个标志：信息生产的巨大增长

用数字准确表述信息的总流量相当困难，因为信息的渠道和使用者
都太多。再者，信息渠道和使用者的联系多种多样，同样的讯息又分布
在众多的使用者中，所以，计算信息流量的问题尤其困难，这和计算工
资或卫星是迥然不同的。

但为了看清问题，让我们回顾一下电报刚发明的 1844 年。当时用
这一新工具可以用前所未有的速度传输信息，每秒钟 10 个比特，大约
是两个英文字母。有了导波器以后，就可以设计一个渠道每秒钟传送
10 亿个比特了。传播技术一代接一代，替代的速度不断加快，这也正
好说明我们的时代为何会发生这样的剧变。在 20 年里，我们就看到了
5 代通讯卫星；每 4 年我们就看到新一代的计算机；5 年里我们就看到
了 4 代显像管；4 年里半导体储存器更新了 4 代；5 年里微处理器也更
新了 3 代；如此等等。

技术在加速，传播也在加速。大型图书馆的藏书每 14 年增加一倍，
每 100 年增加 140 倍。14 世纪初，巴黎大学图书馆藏书 1 338 册，是当
时欧洲最大的图书馆；现在，世界上有 6 家图书馆的藏书已超过 800 万
册。在 50 年里，美国每年图书的销售量都增加了 6 倍。如今，世界上
估计有 10 万种学术刊物和技术刊物，据信，在过去 10 年里，期刊数目
增加了 50%。[5]有线电视扩张了，这在一定程度上说明公众愿意开辟新
的信息源头；有线电视用户的数目大约以每 10 年 5 倍的速度增长。在
1970 年至 1980 年年间，美国人打电话的次数几乎增加了 100 倍；在
1960 年至 1978 年年间，美国同欧洲的通话次数由每年不到 100 万次增
加到大约每年 5 000 万次。在同一时间里，每分钟的电话费降低了一

半。[6]国际电传以每年 25％的速度增长。在 1978 年至 1980 年年间，美国使用的小型计算机即台式电脑就增加了 50％。[7]据估计，电脑数据库检索的次数已从 1973 年的 290 万次增加到现在的 900 万次。[8]

与技术发展和信息产量增长平行发展的是投资的惊人增长。在 1968 年至 1978 年间，美国对大众传播的投资从 1 600 万美元增加到 3 700 万美元。[9]普林斯顿大学的经济学家弗里兹·马克卢普（Fritz Machlup）估计，在 1958 年，信息生产和分配已经占国民生产总值的 15％；"知识产业"正以大约 10％的速度增长。这种趋势并不限于美国。[10]日本已将其国民生产总值的约 6％用于电讯和计算机。加拿大科学委员会估计，在 1980 年，加拿大国民生产总值的 5％用于计算机。法国的计算机产业几年前就在规模上超过了汽车工业。

### 新时代的第三个标志：劳动力分布的重大变化

农业机械化解放了大部分农业劳动力，使之转向工业；同理，控制机器的伺服机制设施解放了大批产业工人，使之转向服务业和商业，如今的服务业和商业越来越多地与信息有关。丹尼尔·贝尔①预测，知识将是后工业化时代社会经济发展的主要因素。彼得·德鲁克预言，知识而不是资本，将成为后工业化社会的首要"产业"和基本的生产资源。而弗里兹·马克卢普更一鸣惊人，按照他 1958 年的计算，美国工资的 29％支付给了信息服务。1976 年，马克·波拉特（Marc Porat）在斯坦福大学发表的学术论文中，根据劳工统计局的数据估算，当年美国全部工资的 53％用于支付信息服务。[11]

对这些数字不应作过分的解释。显然，很大的一部分教育工作者是从事信息服务的。同样，许多电话、邮政和大众媒介从业人员也是从事信息服务的，至少他们很大一部分的职责与此有关。律师、会计师和许多政府官员也从事着这样的工作。如今，一个国家的一半劳动力可以说

---

① 丹尼尔·贝尔（Daniel Bell, 1919— ），美国社会学家、未来学家。哈佛大学教授，著有《意识形态的终结》、《美国的马克思主义社会主义》、《普通教育的改革》、《后工业社会的来临》、《资本主义文化矛盾》、《第二次世界大战以来的社会科学》、《第三次技术革命》等。

在从事信息服务，这一事实本身就引人注目。在以前的任何一个世纪里，这一情景都是难以设想的。

由于这样一些发展，历史学家说我们正在经历一场信息革命，未来学家说我们即将进入信息时代；他们对这几十年的看法类似，只是风格和词汇略有不同。展望这些趋势，我们有信心说，无论怎样称呼我们正在进入的这个时代，它都具有以下一些特征：

（1）更多的信息流动，有可能产生信息超载。

（2）信息将来得更快，迫使我们创建一些机制和机构，以更有效地对信息进行审视、分类和处理。 *259*

（3）来自远处的信息将占更大比例。有了观望世界的宏大电子窗口，有了与地球上任何地方和任何人直接联系的能力，人与人的关系、个人与政府间的关系都会作一些调整，个人与政府对世界的观照都会不同于过去。

（4）自无线电台问世以来，更多的信息流可能是点对点的流动而不是点对面的流动。这就需要我们重新审媒介系统。

（5）对那些能够迅速获取信息、有效地加工信息的人，信息将成为重要的力量的源泉。

假定上述特征真是人类传播未来走向的形态，那对我们意味着什么呢？我们可以提出这个问题，但很难假装知道问题的答案。

## 第二节　应对信息超载

以我自己的处境说吧。目前，我感到必须了解 50 来种学术刊物的内容。但这只是就我所知我应当了解的刊物，我不敢说，在那些我所不知道的成千上万种刊物中，还有多少是我应当了解的。为了维持专业水准，我每年应当阅读几百本新书，还有学者中交流的大量尚未付梓的手稿复印件。我应当和 50 位或更多的有共同研究兴趣的学者保持联系，还要回答另外 50～100 位学者的询问，处理回信。除此之外，我还要撰文写书。以上所列的任务已经难以招架；即使不做别的事情，不睡觉不休息，每天 24 小时都读书和写作，以上任务也不可能完成。这足以表明，信息爆炸对传播学者意味着什么。在一些自然科学领域，任务就更令人望而生畏。

面对这种问题，任何人所能找到的可行办法都只能是分担任务。学术界推出了评论、摘要和索引之类的办法，其道理就在这里。这样的办法当然远不如你自己直接阅读一切材料令人满意，但它们至少可以使学者们互通信息，了解新的文献，借以判断哪些是必须亲自阅读的。在未来几十年里，有些人会从事扫描和小结的工作，将其作为自己的主要任务，有人可能会发现以审阅和摘编作为自己的主要学术任务既有益又受惠。最后，这样一种工作体制将进入电脑一条龙的系列中。无论如何，这样的工作体制必须有丰富的馆藏图书支撑，因为即使哪位学者肯定他必须读完所有的书，他也不可能买得起所有新书。

260

再举一例。一个家庭的有线电视提供 36 个频道，约有一半已被启用。5 个频道被当地电视台占去。其他用于"超级电视台"即全新闻电视台、电影台、宗教台以及安保摄像台等。一个频道供地方团体和组织播送自己的节目。最终，我们希望 36 个频道全都用上。事实上，开通 80 个频道似乎指日可期，而且其中许多频道是双向的，于是，我们就有机会订购计算机化的课程、索取信息、检索数据或邮购商品。

展望家庭拥有 80 个可供选择的频道，令人头疼。即使是现有的频道，我们已经无暇应付，就算有时间去看一个频道，还有 16～17 个频道常常是不用的。在这种情况下，任何观众都会改变收视习惯。只有几个频道时，有人让电视开一晚上、一整天，始终固定在一个频道上；如今，这样的情况难以想象了。更加可能的收视习惯是，借助每周或每月的节目表，事先选定要看的节目，而不是任意去按遥控器。如果某一时段想看的节目不止一个，一个解决的办法就是买录像机，在观看选定的节目时录下另一个节目。即使有录像机，我们还是剩下十五六个频道无暇去用；试想有 80 个频道，其中的 78 个频道用不上，岂不惊人！假如一个频道一天平均播送 18 个小时，每个家庭每天就可以收到 1 440 小时的电视材料，等于每天整整 24 小时共 60 天的节目。目前，美国成人每人每天平均看电视 3 小时。有了 1 440 小时的电视节目可供挑选，我们会把更多的时间用于电视吗？或者我们会由此而感到沮丧？

　　假设有人真想了解我们这个复杂而不断变化的世界，这个本意良好的人会有很多资源。不仅有通常的广播电视电台新闻，而且有短波收音机，至少能收到 20 个国家的新闻节目。还有报刊和新书，每年至少有 1 000 种新书介绍世界大事。有线电视肯定会提供其他的服务，现有的 24 小时新闻节目就是其先导。所谓其他的服务很可能包括通讯社新闻、社论选辑尤其是解释性新闻，比如伦敦《观察家报》（*London Observer*）的对外栏目以及《纽约时报》、《华盛顿邮报》和《洛杉矶时报》的公共事务专栏等的解释性新闻。要不了多久，如果愿意付费，我们就可以在家里打印出这些材料了。我们就能够订购报纸的索引比如《纽约时报》的索引；如果想读这些索引，我们还可以订购其缩微胶片。我们能听到远方的外交家、记者、权威人士、学者和旅行家的谈话。如果我们确实想知道远方发生的事情，却身处这样的环境，我们会有什么感想呢？我们只有几小时用于媒介，却有如此之多的信息可供选择，我们会因此而心存感激吗？或者是另一种心情，我们将怀念那温馨而安静的岁月呢？在过去的岁月里，每天有两份报纸，一个月有两本杂志，我们的国会议员每年在镇上发表一次演说，每四年有总统竞选人乘火车来停留十分钟讲演，每年夏季有为期一周的讲演会，那就是我们了解世界的窗口。

　　以上所见几例说明了普通的信息超载。现在来看看另外一些数字。复印机工程师乔治·怀特（George R. White）曾作过一些估计，这些估计颇为奇特：人类大脑储存的信息量在印刷术发明以后大约增加了一个数量级，在电子革命后又增加了一个数量级，即增加了 100 倍。同时他又估算，由于印刷术的发明而产生的可资利用的数据增加了两个数量级，由于电子技术的出现而产生的可资利用的数据又增加了两个数量级，即 1 万倍！[12]

　　我们没有必要评论怀特估算的数字，即使他错了一个数量级，即使

261

我们现有的信息比 1 400 年的信息只增加了 1 000 倍而不是 10 000 倍。现实的问题是：担心信息超载的人该怎么办？是从现有的盛宴中挑选几道菜吗？换言之，是每天读一份报、一份新闻杂志，偶尔读一本书，听听晚间新闻，可能的话去听一次讲演——同时感到沮丧？把睡觉以外的时间全都用来寻求信息——仍然感到沮丧？抑或是咒骂这场信息革命，干脆只看看娱乐节目、只打打高尔夫球？

前文曾经提到，信息的速度可能会发生显著的变化。在 1805 年的特拉法加海战中，纳尔逊海军上将向其麾下的舰队发布了简短而具有历史意义的命令，而他旗舰上的水兵用旗语传达这一命令竟然用了 11 分钟！那简短的命令是："英格兰期望每个官兵履行他的职责！"直到 19 世纪中叶，传送远程的书信最多只能同运输工具的速度一样快。在蒙古帝王统治时代，中国有一种出色的邮驿，信使每天疾驰的路程大约可达 100 英里；直到 19 世纪，传递新闻最快的还是信鸽，路透男爵（Baron Reuter）用信鸽把消息带过英吉利海峡，它们在短距离飞行时的速度每小时可达 60 英里。

稍后，电报到来，40 年后有了电话，再以后有了其他电子媒介，于是，新闻开始绕地球传播，在月亮和地球之间传递，以光速传播。如果你视之为理所当然，你不妨和同事在某个下午坐下来，以消遣的心态计算传送以下数据所花的时间：以现有的设备，把巴黎国立图书馆藏书的全部内容传到伦敦；如果能将这些内容录入电脑，又有充足的电路横跨海峡，并接通另一台电脑，你只需花 7~17 分钟，具体所花时间当然取决于具体条件。

而且，出现如此巨量的来自远方的信息以后，生活就截然不同了。再过几十年，距离将不太重要，传播速度将基于卫星，而不再依靠电缆。届时，电子讯息经过 23 000 英里上卫星，然后经过 23 000 英里回到地球，于是，它从起点传到终点经过的距离，无论是 100 000 英里还是 10 000 英里，那都无关紧要了。我们已发现这造就了一个截然不同的世界。1963 年，四分之三的美国人聚集在电视机前看肯尼迪总统的葬礼，这变化已然发生。而当电视把越战带进我们的客厅，使越战近在咫尺，讯息刹那间穿越 23 000 英里回到地球，使我们几乎同步看到美国宇航员登月的情景时，这个世界就改天换地了。

事实上，上述一切新发展都在改天换地。有些发展令人焦虑，有些发展带来希望。有些是个人的变化，有些是社会的变化。

阿尔文·托夫勒①说，信息的超载是造成"未来冲击"的一个条件，又说"人处理信息的能力有限，系统超载将导致工作性能的严重倒退，它用过量的信息轰击人类，用求知的需要使人感到压力，使人不了解它潜在的影响"。他接着说：

> 我们在全面加快社会变革的速度。我们迫使人适应新的生活步调，去面对新形势，并越来越快地掌握这些新形势。我们迫使人从快速增加的选择中进行抉择。换言之，我们迫使人快速处理信息，其速度之快，远远超过慢速演变的社会。毫无疑问，我们至少使一部分人不得不接受认知上的过度刺激。[13]

有多少人能适应信息超载的问题？多少人能学会用索引，学会取样，学会尽量吸收并感到满意呢？多少人能学会抗击信息的滚滚洪流并从中受益，而不至于太后悔，惋惜自己没有吸收全部的信息呢？我们可以猜想，日子最难过的人将是深感有必要和义务学习却没有技能学习的人，没有自制力去学习却又内疚未能学得更多的人。心理困扰最少、社会贡献最小的人，就是那些不感到有求知的需要或义务的人。

现在要问，在信息超载的情况下，我们是去应对呢，还是退缩？我们应该努力获取形成意见、进行决策的更广泛的基础呢，还是接受凭空幻想的更广泛的基础？明天，面对传播的人中，有多少人会在大量信息前面退缩，并且把丰富的现实生活同幻想的现实混为一谈？托夫勒曾举例说明了后一种态度：影片《爆炸》（*Blow-up*）的高潮，是主人公正打网球，其实是空打，球并不存在——那些玩球的人已不再能分

---

① 阿尔文·托夫勒（Alvin Toffler，1928—　），美国未来学家，享誉全球，对改革开放初的中国人产生了很大影响，著有"未来三部曲"《第三次浪潮》《未来的冲击》《权力的转移》，以及《财富的革命》等。

辨幻想和现实。托夫勒评论说："数以百万计的观众似乎与主人公感同身受。"[14]

# 第三节 信息问题的社会延伸

在信息革命中，个人的问题与社会问题交织在一起。比如我们想问，在汹涌的信息浪潮中，一般人究竟能在多大程度上知道更多的信息？会不会像托夫勒所料，在看电视剧《达拉斯》（*Dallas*）时，人们会退却，或置之不理，让信息浪潮流过去？至少我们可以确信：人的受益各有不同，差别很大。遗憾的是，收获最大的人往往是已经掌握最多信息的人；因为知识状况和经济状况一样，富者更富，穷者更穷。典型的例子是，上学时已经不错的学童比其他学童学得快。因此我们要问，这个伟大的信息浪潮会造成两个社会阶级吗？会不会产生信息富人和信息穷人的差别呢？

264

有一些新近的例子说明了信息贫富之别。《芝麻街》是迄今最优秀的儿童电视教育节目之一，它似乎扩大了差距，而不是缩小了差距，知识较多的儿童学得更多，其他儿童学得较少。[15]信息革命会扩大知识沟（knowledge gap）吗？很可能开头会扩大的，因为信息富人比信息穷人能更快地接受新信息。另一方面，在过去的时代里，信息的增加通常会使社会人口中平均的信量水平提高，信息富人和信息穷人的都会提高。印刷术启用时，的确是这样的。在即将到来的信息浪潮中，信息穷人缩小知识沟将比较容易，因为任何人所能学到的知识量总是有某种限度的；当信息富人接近这个极限时，信息穷人就比较容易赶上他们了。我们不必假装知道将来的局面会是什么样子，至于是否能缩小知识沟，很大程度上似乎取决于我们能作出多大的努力。如果我们的主要政策是让知识较少的人更快地提高水平，知识沟就可以缩小，我们有缩小知识沟的工具。

今天，我们已经可能把信息传送到任何地方：家庭、学校、图书馆、办公室、工厂、村庄、海岛、雪屋。终身教育的舞台已经搭建，更多的教学走出了学校，学校走向人而不是人走进学校的条件已经具备。再者，凭借电脑化教学等方法，教育实现了个性化，学习者享有更多的自由，也负起了更大的责任。换言之，对那些错失教育和其他学习机会的人，我们可以提供前所未有的帮助。全世界的"开放大学"、坦桑尼亚的自我管理学校、墨西哥的电视中学以及"没有围墙的学校"等，全都采用广播电视教学手段，这足以说明，前所未有的教育机会业已具备。如果真想更广泛地传播知识和技艺，任何社会都是有办法的。

信息革命时代有一个重要趋势，即把个人从信息流中获取东西的责任转移到个人身上。这个趋势着重点对点的传播，而不是点对面的传播，是个人日益增长的"使用"媒介而不是被媒介利用的能力。在某种意义上，电话而不是电视可以被认为是更现代化的媒介，因为它是双向的、点对点的，并且是由使用者负责使用程序的。今天，多半的信息流就遵循这样的模式：数据、电话、电传等。有线电视是一种点对点的服务，扩大了收视者选择的范围。将来，有线电视会开通一些双向频道；届时，收视者能订购节目或信息，或电视购物，或"实时"表达意见，使用者能更主动地掌握有线电视。此外，普通人享用大众媒介的机会令人震惊，现代的里普·凡·温克尔[①]长睡不醒，几十年后醒来，会不知东西南北、身在何方。在一定意义上，打字机和影印机使人人都能出书。录音机、步话机、无线电收发报机、民用波段无线电台等设备使人人都能在广播中担任某种角色。摄影机相当便宜、操作简便，家庭电影正成为记录家事、进行交流的设备。录像机和放像机不仅使我们可以录下和保存我们想看的电视节目，而且配上摄像机后，我们就可以制作自己的录像带了。不但如此，已经有了开放的频道，让个人和团体可以播放自己制作的节目。微电脑在快速普及，使个人可以加工数据，分享大型学术和科学团体的巨型计算机处理数据的能力。换句话说，"大媒介"和"小

---

① 里普·凡·温克尔（Rip Van Winkle），美国作家华盛顿·欧文（Washington Irving）同名小说里的主人公，有人将其译为《李伯大梦》，此翁离家出走，进入"睡谷"，一睡几十年，醒来回家，物是人非。

个人"的时代似乎正在走向终结。媒介终于不再是那么难以接近、高深莫测了。

信息传播的新速度使各国政府面临一个特殊的问题。信息来得很快，又很充分，这让传统外交运筹帷幄的时间几乎减少到零。领导人知道的事情，一般公众几乎同时就知道了；政府通过媒介直接对其他国家放话的趋势使这个问题更加严重。例如，在人质危机时，伊朗就选择通过电视而不是外交照会向美国传话。外交部门由此而处境尴尬。传统的做法是，利用一段保密的时间阅读电报，研究形势，制定政策建议，而后再公之于众。如果失去了筹划的时间，外交部门就不得不发明一些新的机制来评估实际情况，以便尽快判断非官方的"讯息"是真是假，是谣言还是事实，是认真的还是偶然的。实际上，在非常快速而大量传播信息的时代，我们大家都不得不想出新的办法去判断在信息流中，哪些东西是值得注意和关心的。

266　　　另一个政府和人民必须共同面对的问题是隐私问题。我们生活的一切细节都被电脑记录下来，这一趋势与日俱增。我们的财务正在被电脑系统接管，一个无现金流动的未来并非不可能。我们的购物和服务订单越来越多地由电脑处理，电脑系统回答我们的询问，其回信措辞严谨、格式规范，这使我们感到不安。我们不敢肯定，我们是否真想要机器在我们的账户上把钱转进转出，查问遗失的物品或金钱时，我们得到的是电脑的回答，这使我们深为不满。

更重要的问题是，个人记录在很大程度上已经公开化。在一些情况下，一个运转良好的政府有必要将每个公民的大量信息记入档案，这无疑是好的主意。对征信所、银行和零售商而言，掌握顾客商务诚信的信息，无疑有利于良好的业务交易。然而，任何电脑密码都是能够破译的，而且大多数情况下甚至是无需破译的："合格的"机构有资格获取我们的个人信息。所谓合格的机构有：其他政府部门；需要知道我们的信用、健康状况或是警方记录（如有的话）的企业；或者是需要直接向我们邮寄广告的企业；或者是一些新闻机构；律师有时可以依法了解我们档案材料。我们再次重申，这之所以令人不安，与其说是因为商业机构把我们的地址出卖给另一个机构（虽然这有时令人烦恼），或者是因为征信所是否向其他机构透露了我们是否有过期未付的账单，毋宁说是因为我们生活的细节过多地暴露无遗了，没有必要了解这些的人也知道我们的信息了：比如，1978 年的违章停车罚款单、1950 年的一次小手术、1961 我们得到的 500 美元的咨询费、1970 年的收入、几年前关于赞成吸大麻合法化的言论，如此等等。看来，个人信息暴露这个问题难以改善，而是会变得更糟。由此可见，关于个人信息储存和利用的问题，需要制定基本的法律予以规范。

## 第四节　计算机的特殊重要性

电子计算机可以对大量信息进行分类和处理，几乎可以无限量地储存信息，并且接受指令提取信息，根据这一新的能力，我们可以认为，它可能成为信息革命里伟大的传播机器。计算机无疑是有益的，但它提出了两个问题。目前，这两个问题很大程度上还是理论性的，但在未来的岁月里，它们却可能成为非常实际的问题。一个问题是如何考虑信息的经济意义，而信息的主要守护者则是计算机。信息具有一种非凡的特性。如果我给你一个苹果、一本书或 10 美元，那么你拥有的东西多了，我所有的东西少了。如果我把自己的汽车卖给你，你要付给我一些钱，我的钱比你多了，但我失去了汽车。因此，这样的交易可以从经济角度来估价。但如果我给你一点信息，你的信息多了，我的信息却不会减少。换句话说，信息的价值是乘法，而不是减法。一被传播，信息就不再完全为私人所有。可见，信息的价值提出了一个很不寻常的经济学问题。有些信息占有的人越少，价值就越高，如何制造中子弹的信息就有这样的价值。另外一些信息却是另一种情况：占有的人越多，其价值就越高；海啸或台风一个小时之内将要来袭的预报就是这样的信息。因此，我们需要从经济价值的角度去思考信息，和思考大多数财产的价值相比，这是截然不同的问题。

*267*

其次，信息革命要求我们以极为严肃的态度去思考一个问题："思维机器"（thinking machine）在人类社会的前途如何？

在下一页里，我们将要在科学和科幻之间走钢丝。描写电子计算机的远景时，你不得不走钢丝。因此，请读者正襟危坐，准备怀疑。

电子计算机真是"思维机器"吗？它会思想吗？

一般的论点是，没有任何机器会比其设计者和制造者更聪明。不能期望任何机器会具有原创性或创新性。因为原创性或创新性是"人类的"特性。

亚瑟·克拉克断言，这种看法"大谬不然"。他引用了控制论宗师诺伯特·维纳博士的一段话，以为证明：

> 我的论点是，机器（维纳博士说的是计算机）能够且已然超越了设计者的局限……很可能，原则上说，我们不能制造我们不懂的任何机器，其运行要素我们无论如何弄不懂的机器是没有的。但这绝不是说，我们能在大大少于机器运行的时间之内理解其运行，甚至不能说，我们一定能在几年或几代人的世界里了解机器……这就是说，虽然机器理论上容易招致人们的批评，但在很长时间里，人的批评不会起什么作用。[16]

克拉克说，这意味着"尽管机器不如人那样聪明，但其单凭运行的速度就足以摆脱我们的控制。实际上，一切理由足以使人认为，将来的机器会比其制造者聪明得多，其运行速度之快将使人望尘莫及"。

维纳是数学家、科学家。克拉克是工程师和未来学家，他对通讯卫星理念的贡献表明，他的未来学并非幻想。在计算机的性能方面，他们两人及其他许多专家有以下几点共识：

（1）诚然，今天的计算机的运行速度和数据处理都令人叹为观止，但就智能水平而言，它们还是低能者。

（2）有些计算机能纠正自己的错误，而且永不再重犯同类的错误。（有些作家说，纠正自己的错误是人的智能特征，永不再重犯同类的错误是超人的智能特征！）

（3）有些计算机设计的主旨是搜寻证据，证明逻辑命题；但它

268

们有时提出的证据却超乎设计者的想象。

　　（4）有几台用于研究人工智能的计算机能为适应新的需要而修正自己的线路。

　　（5）有些计算机能下一手漂亮的好棋，能演奏相当美妙的乐曲。

　　诚然，这些只不过是智慧的"微弱闪光"而已。但热衷者坚持认为，计算机不过处在其发展过程的石器时代，不久就会截然不同。计算机设计甚至制造计算机的原理已制定出来。这是已经接近于物种繁殖的危险想法，因为物种繁殖的理念一直被认为是"有生命的"生物垄断的功能。在《作为通讯机器的计算机》（The Computer as a Communicating Machine）一文里，J. R. 利克利德（J. R. Licklider）描写了一台名为"奥利弗"（Oliver）的人工智能机；有些计算机试图造出"奥利弗"，以帮助人们从决策负担过重的困境中解放出来。在臻于完美的情况下，"奥利弗"将是一台个人计算机，能作出次要的决定，并能为主人提供所需的信息。因此，它将是同伴或助手，而不仅仅是商用机。在目前的设计阶段，它将能"储存你朋友喜爱什么饮料的信息，提供旅行路线、气象、股票价格等的数据，提醒你记住妻子的生日、续订杂志、按时付房租……联通世界性的数据库……于是，它成了无所不知、有问必答的智能机"。然而，有些计算机科学家"看得更远。从理论上说，制造一台聪明的'奥利弗'是可能的。这台'奥利弗'有超强的功能：分析主人语词的内容，仔细检查他的选择，推断他的价值体系，更新程序以反映主人价值观的变化，并且最终能为他处理越来越重要的决定"[17]。

　　使计算机走出石器时代的下一步，可能是制造"奥利弗"式的个人电脑（至少是第一阶段的"奥利弗"）；按照设计和程序，它能使主人生活得轻松一些。假如再进一步，那就是制造一台工作更独立的计算机。英国数学家阿伦·图灵①设想了这样一场游戏：两部电传打字机的两位

*269*

————————

　　①　阿伦·图灵（Alan Turing，1912—1954），英国数学家、人工智能之父，提出"图灵机"和"算法"的概念，为计算机科学打下了理论基础。

操作者在相邻的两个房间里工作，彼此看不见和听不到，也不知道对方是人还是机器。图灵说，如果允许彼此提任何问题，如果在一两个小时之后，一方不能根据另一方的问答判断彼方是人还是机器——而其中一方的确就是机器的话——那么，那位操作机器的人能够说，对方那台机器没有智力吗？他能够说，对方不能"思考"吗？诚然，这样的"思想"机器还没有造出来，但图灵已提出了它的原理，而且克拉克还断定，这样的"思想"机器一定会被造出来——将在"几十年内造出来——肯定不用几百年"。[18]

计算机有胜于人的优势。比如，其"脑细胞"运行更迅速。如果愿意的话，我们可以给它嵌入更多、更好的感觉器官，使之能探测无线电波，具有能看得更清楚的眼睛。其脑子的结构比较简单，不像人脑那么复杂，因为人脑拥有数以亿计的脑细胞。然而，即使这种脑子不太复杂的计算机也可能是一台会思考的机器；不过，这种会思考的机器一定是其他计算机制造的，而不是由人类工程师制造的。我们此刻所说人工智能机还有另一个胜于人的优势，即它不像人那样受制于一些常见的问题，比如吃饭、睡觉、呼吸，而且，人有时还得看病、找牙医。

说到这里，我们已经濒临科学幻想。一台个人电脑，一台比较复杂、功能众多的计算机，一台按程序能做比较复杂、近乎"人性"工作的计算机，虽然眼下还造不出来，却已经在规划范围之内。沿此路再前进一步，就能造出人工智能机器了。那将是像"图灵机"一样的计算机，会说话，仿佛能思考；这种智能机能设计并制造计算机，能查找并解决自身的问题。到了那个阶段，大概我们我们就进入科幻境界了，因为那样的计算机事实上将是一种有机体。它将能够同人竞争。好几位科幻作家和剧作家已做了这样的预测，如恰彼克①的剧本《罗素姆万能机器人》（*Rossum's Universal Robots*）和克拉克的小说《2001：太空探险》。一些高明的科学家也预测，智能机可能"接管"人类的事务。再引用克拉克一段话，因为他的文字比大多数人的文字都更生动："猿人

---

① 卡雷尔·恰彼克（Karol Capek，1890—1938），捷克小说家、剧作家、思想家，在剧本《罗素姆万能机器人》中首次使用 robot 这个词。

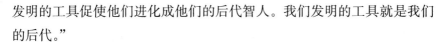

发明的工具促使他们进化成他们的后代智人。我们发明的工具就是我们的后代。"

读者无需按照我们这条思路走很远，也无需相信智人已经创造出他的后代——智能机。但你应该知道，计算机在信息革命中特别重要。它不仅可能是迄今威力最大的通讯机器，而且是翻越比天梯还难的征途的第一步，这架难以逾越的天梯就是人和机器之间的天堑。这样的成果仍然是有疑问的。

信息革命的未来岁月可能会令人鼓舞。在某种意义上，这场革命是很有希望的；在另一种意义上，它又构成很大的威胁。最好的时代也是最坏的时代。在工业革命的初期，人们必定有过前途未卜的感觉。然而，我们和他们不一样，我们能够议论和评述正在发生的事情。

**思考题**

1. 本章讨论了不久的将来可能会发生的传播技术变革。除此之外，你还能预见到什么发展？就改善人的生活质量而言，50 年后什么新技术将最有用？

2. 本书曾提到这样的可能性：就像综合性杂志很大程度上已经被专门兴趣杂志取代一样，大电视网也会消亡，因为大众媒介的专业化能力会不断增加。你认为这是必然趋势吗？20 世纪 60 年代综合性杂志的情况和今天大电视网的情况有何不同？

3. 在信息瞬间即达的信息时代，你觉得国际关系的维持比过去困难了还是容易了？除了本章讨论的因素之外，每一种方向里起作用的还有哪些因素？

4. 新的信息时代会带来许多问题，其中之一就是上面的问题三。本章指出了其他一些问题，而显然还有其他许多问题未能探讨。你看还有哪一些？

**参考文献**

It is hard to conceive of a book that we could confidently recom-

mend to you as an authoritative introduction to the future. But some of
the books mentioned in this chapter will stimulate your thinking—for
*271* example, Arthur C. Clarke's *Profiles of the Future* and Alvin Toffler's
*Future Shock*. Some articles are also mentioned in this chapter, and other
articles appear frequently that deal with the shape of things to come.

[1] A. C. Clarke. "Beyond Babel," In W. Schramm and D. F. Roberts,
(eds.), *The Process and Effects of Mass Communication*. Urbana: University
of Illinois Press, 1971, pp. 453 – 454.

[2] *Ibid*.

[3] H. Goldhamer. "Effects of Communication Technology." In
Schramm and Roberts, *ibid*., p. 902.

[4] A. C. Clarke. *Profiles of the Future: An Inquiry into the Limits
of the Possible*. New York: Harper & Row, 1958, p. 221.

[5] Adapted from J. Martin, *Faster Development of Telecommuni-
cation*. 1976. Quoted in R. J. Solomon. *World Communication Facts: A
Handbook for an International Conference on World Communica-
tions—Decisions for the* 80's, Philadelphia, Pa. : Annenberg School of
Communications, 1980.

[6] Quoted by Solomon, *ibid*. From Hough and Associates, Ltd., re-
port for Canadian Department of Communication, 1979.

[7] Quoted by Solomon, *ibid*. From report by International Data
Corporation in CDP Industry Report, January 1980.

[8] P. B. Silverman. "International Television as a Tool for Techno-
logy Transfer." Paper for Technology Exchange 1978, Atlanta, Georgia,
February 9, 1978.

[9] Quoted by Solomon, *op. cit*. Citing *Journal of Communication*,
1980.

[10] F. Machlup. *The Production and Distribution of Knowledge in the*

*United States*. Princeton, N. J. : Princeton University Press, 1962.

[11] M. Porat. *The Information Economy*. Stanford University Ph. D. dissertation, Stanford, California, 1976.

[12] G. R. White. "Graphics Systems. "In G. Gerbner et al. , (eds. ), *Communications Technology and Social Policy*. New York: Wiley, 1973, pp. 49 – 50.

[13] A. Toffler. *Future Shock*. New York: Bantam Books, 1971, pp. 354 – 355.

[14] *Ibid.* , p. 365.

[15] See T. Cook. *Sesame Street Revisited*. New York: Russell Sage Foundation, 1975.

[16] Quoted by Clarke, *Profiles of the Future*, p. 218.

[17] Toffler, *op. cit.* , pp. 434 – 435.

[18] Clarke, *Profiles of the Future*. p. 217.

# 人名索引
（所注页码均为英文原书页码，即本书边码）

# 主题索引

（所注页码均为英文原书页码，即本书边码）

# 译后记

　　施拉姆的《传播学概论》在中国传播学发展史上功不可没，至今畅销不衰，新译本自然就应运而生了。迄今为止，我介绍的传播学经典和名著偏重媒介环境学派和批判学派。这个译本问世后，我就可以三大学派兼顾了。所以，我要衷心感谢中国人民大学出版社的信赖和委托。

　　我大量译介传播学的经典和名著从他们这里起步，多年来与这里的十来位"小将"亲密合作，使我感觉就像他们其中的一员，但我还是要说一句："多谢!"

　　今天是除夕，在辞旧迎新之际能够向新闻传播界推出这一经典的新译本，不亦快哉!

何道宽
于深圳大学传媒与文化发展研究中心
2010 年 2 月 13 日

**图书在版编目（CIP）数据**

传播学概论 . 2 版/（美）施拉姆，（美）波特著；何道宽译 .
北京：中国人民大学出版社，2010
（当代世界学术名著·新闻与传播学译丛·大师经典系列）
ISBN 978-7-300-12214-4

Ⅰ. ①传⋯
Ⅱ. ①施⋯②波⋯③何⋯
Ⅲ. ①传播学-概论
Ⅳ. ①G206

中国版本图书馆 CIP 数据核字（2010）第 098934 号

当代世界学术名著
新闻与传播学译丛·大师经典系列

# 传播学概论
第二版

[美] 威尔伯·施拉姆
威　廉·波　特　著

何道宽　译
Chuanboxue Gailun

| | | |
|---|---|---|
| **出版发行** | 中国人民大学出版社 | |
| **社　　址** | 北京中关村大街 31 号 | **邮政编码**　100080 |
| **电　　话** | 010 - 62511242（总编室） | 010 - 62511770（质管部） |
| | 010 - 82501766（邮购部） | 010 - 62514148（门市部） |
| | 010 - 62515195（发行公司） | 010 - 62515275（盗版举报） |
| **网　　址** | http://www.crup.com.cn | |
| | http://www.ttrnet.com（人大教研网） | |
| **经　　销** | 新华书店 | |
| **印　　刷** | 涿州市星河印刷有限公司 | |
| **规　　格** | 155 mm×230 mm　16 开本 | **版　次**　2010 年 10 月第 1 版 |
| **印　　张** | 21.75 插页 2 | **印　次**　2022 年 1 月第 11 次印刷 |
| **字　　数** | 304 000 | **定　价**　59.80 元 |